अपू त्रयी का दृश्य पाठ

सतीश बहादुर
श्यामला वनारसे

वाणी प्रकाशन

वाणी प्रकाशन

4695, 21-ए, दरियागंज, नयी दिल्ली 110 002

शाखा

अशोक राजपथ, पटना 800 004

फ़ोनः +91 11 23273167 फ़ैक्सः +91 11 23275710

www.vaniprakashan.in
vaniprakashan@gmail.com

APU TRYEE KA DRSHYA PATH
by Satish Bahadur/Shyamala Vanarase

वाणी प्रकाशन की सिनेमा शृंखला के सम्पादक राकेश मंजुल, 2012

ISBN : 978-93-5000-848-5
Text Book/Cinema

प्रथम संस्करण
मूल्य : ₹ 295

आर.टेक आफसेट, दिल्ली-110095 में मुद्रित

वाणी प्रकाशन का लोगो मक़बूल फ़िदा हुसेन की कूची से

अनुक्रमणिका

जादू की खड़िया और ब्लैकबोर्डः प्रो. सतीश बहादुर

बहादुर साहब

वर्ष 1970 में जब मैं इस दुविधा में था कि फ़िल्म इंस्टीट्यूट में प्रवेश लूँ या न लूँ, बहादुर साहब से मेरी मुलाकात हुई और पहली मुलाकात में ही मेरी यह दुविधा समाप्त हो गयी। उनका वर्णन करने के लिए सौभाग्य से मराठी भाषा में एक अत्यन्त उपयुक्त शब्द है और वह है प्रशस्त।

मध्यम कदकाठी, ढीलेढाले कुर्ते में चौड़ी देहयष्टि, सत्तर की उम्र के निकट पहुँचने पर भी काले घने बाल, मोटी फैली मूँछें और बड़े काले फ्रेम वाले मोटे चश्मे से भी दिखाई देने वाली खुशनुमा तेजस्वी आँखें, भारी लेकिन धारदार आवाज बोलती हुई भावभंगिमा, उन्मुक्त हास्य और सामने वाले की बात ध्यान देकर सुनने का महत्त्वपूर्ण वैशिष्ट्य। इन सब बातों को देखकर ही मुझमें यह विश्वास जागा कि जिस इंस्टीट्यूट में ऐसा शिक्षक है, वहाँ जाने में कोई हर्ज नहीं है।

पहली बार उन्हें देखने पर उनके बारे में जो मेरी धारणा बनी थी, परिचय की प्रगाढ़ता के बाद भी उसमें कोई विशेष अन्तर नहीं आया। उनके स्वभाव व उनकी शिक्षण पद्धति के कई पहलुओं से अवगत होते-होते यह परिचय पहले शिक्षक शिक्षार्थी सम्बन्ध व कालान्तर में मित्रता में परिवर्तित हो गया।

1970 के दशक में फ़िल्म इंस्टीट्यूट में आने वाले अधिकांश विद्यार्थियों की मानसिकता व परिस्थिति आज के विद्यार्थियों की अपेक्षा बहुत अलग हुआ करती थी। उस समय एक किफायती व्यवसाय के रूप में इस फ़िल्म शिक्षण संस्थान को नहीं देखा जाता था। टेलीविजन मात्र सरकारी था। इस इंस्टीट्यूट में वही लोग आते थे जो सिनेमा से पागलपन की हद तक प्यार करते थे। इसे वे एक व्यवसाय के रूप में नहीं वरन् कला के रूप में तथा आत्माभिव्यक्ति व सृजनात्मकता के लिए प्रभावशाली माध्यम के रूप में देखते थे।

विद्यार्थियों में कुछ ऐसे विद्यार्थी होते थे जो अपना व्यवसाय छोड़कर यहाँ आया करते थे और कुछ अपना घर छोड़कर। एक वर्ष की फीस लगभग चार सौ रुपये थी। अधिकांश विद्यार्थी निम्न मध्यम वर्ग के थे। ऐसे लड़के-लड़कियों को घर जैसा प्रेम देना और कभी-कभी उनके भोजन की भी व्यवस्था करना, इन महान शिक्षकों का विद्यादान के अतिरिक्त एक

अलिखित कर्तव्य था, जिसे बहादुर साहब ने अपनी धर्मपत्नी की सहायता से अच्छी तरह से निभाया। कभी-कभी तो ज्ञान की भूख व पेट की भूख दोनों के ही शमन के लिए अनायास ही विद्यार्थी बहादुर साहब के घर खिंचे चले आते थे। तीन-चार घंटे वहाँ रुककर दोनों ही क्षुधाओं को शान्त कर सन्तुष्ट होकर हॉस्टल वापस लौटते थे।

इंस्टीट्यूट में बहादुर साहब का कक्ष क्लासरूम थियेटर से सटा हुआ था, जिसमें गिनाचुना फर्नीचर रखा था। बाहर हरियाली थी, अस्तव्यस्त झाड़ियाँ थीं, कक्ष में सरकारी हरे रंग से पुती दीवारों में बनी खिड़कियों से बाहर झाँकने पर इस वास्तविक हरियाली का अनुभव होता था। कमरे की खिड़कियाँ बन्द होकर बहादुर साहब की कक्षा प्रारम्भ होते ही सिने जगत के विविध रंग इन्द्रधनुषी छटा के सदृश दिखाई देने लगते थे। बाहर से आने वाली पक्षियों की कलरव ध्वनि के स्थान पर विविध भाषाओं के संवाद, अलग-अलग शैली के संगीत और ध्वनि से एक नये ध्वनिविश्व का परिचय होने लगता था।

विविध देशों के, विविध वर्गों के अनेक प्रकार के लोग प्रकृति की विविध छटायें, मानवी जीवन की विविध उलझनें उनके समाधान, जैसे ही थियेटर की खिड़कियाँ बन्द होतीं, मन की खिड़कियाँ खुलने लगती थीं। इन्हीं मन की खिड़कियों को खोलने का कार्य बहादुर साहब लगभग चालीस वर्षों तक निष्ठापूर्वक करते रहे।

प्रॉस्पेरो के द्वारा जादू से निर्मित विश्व की तरह यह विश्व हमें मन्त्रमुग्ध कर डालता था। उसमें आँधी से लेकर सृष्टि के सारे चमत्कार हुआ करते थे। जहाज टूटते थे, विमान धराशायी होते थे, बम गिरते थे और पत्तों पर ओस की बूँदें ढलके बिना चमका करती थीं। युद्धपोत प्रत्यक्ष कक्षा में आकर स्वयं पर चढ़ाई होने का अनुभव कराते थे। और कितने ही व्यक्तित्व ग्रेटा गार्बो, वहीदा रहमान, चिशुरियू, ओझू, ब्रेसॉ, आइजेन्श्टाइन, जॉनफोर्ड, ऋत्विक घटक, मिझोगुची ये सभी कक्षा में अपने अस्तित्व का अहसास कराते थे। सफेद, काले, गोरे, पीतवर्णी, भले, बुरे, कुछ परदे के पीछे से ईश्वर सदृश विश्व का निर्माण करने वाले तो कुछ परदे के सामने दिखाई देने वाले, लेकिन फिर इस दुनिया में प्रकाश का प्रवेश होते ही, मुर्गे की बाँग होने पर जैसे निशा का अस्तित्व समाप्त हो जाता है वैसे ही सब कुछ अदृश्य हो जाता था और शेष रह जाते थे तो केवल हाथ में जादू की खड़िया लेकर ब्लैकबोर्ड की ओर बढ़ने वाले बहादुर साहब और हम।

केवल जादू के प्रभाव से प्रभावित होना अलग बात है, लेकिन स्वयं मन्त्र सीखकर जादू को आत्मसात कर उसका प्रभावशाली प्रयोग करने की योग्यता प्राप्त करने के लिए योग्य गुरु से शिक्षा लेनी पड़ती है। स्वयं तपस्या करनी पड़ती है। इंस्टीट्यूट के शिक्षकों में बहादुर साहब और भास्कर चन्दावरकर का विशेष स्थान था। सैकड़ों कलाओं और शास्त्रों के समुद्रमन्थन से निर्माण होने वाली सिनेमा कला को सिखाने के लिए जैसे शिक्षक होने चाहिए बिल्कुल वैसे ही ये महान शिक्षक थे। बहादुर साहब को सिनेमा के साथ ही संगीत, साहित्य, काव्य, चित्रकला इत्यादि कलाओं से भी प्रेम था। उन्होंने इनका भी अध्ययन किया था। इनमें अपनी हाथ आजमाइश भी की थी। पढ़ाते समय उनके गुनगुनाने से, ब्लैक बोर्ड पर बनाई लकीरों से और कलाओं के विषय में बोलते समय उनकी आँखों में झलकने वाले अनन्य प्रेम से इसकी अनुभूति होती थी। उनमें अदम्य उत्साह था। कोई भी विषय पढ़ाते समय, विद्यार्थियों को पूरी तरह से समझ में आने तक विविध उदाहरणों के द्वारा बार-बार उसे

समझाने में उन्हें जरा भी आलस नहीं आता था। वे वास्तव में सच्चे शिक्षक थे।

पढ़ाना भी एक कला है और इस कला के लिए शिक्षक में विद्वत्ता के साथ ही अनेक गुण अपेक्षित होते हैं। इनमें प्रेमसहृदयता और सहानुभूति प्रमुख हैं। बहादुर साहब में ये सभी गुण विद्यमान थे। जिस एकाग्रता से वे विद्यार्थियों के विचारों को सुनते थे, उससे किसी विद्यार्थी में आत्मविश्वास न होते हुए भी वह अपनी बात कह पाने का साहस जुटा पाता था। स्पष्ट रूप से समझ में न आने वाली बातें भी धीरे-धीरे वह अपने शब्दों में अभिव्यक्त करने लगता था। फिर वही विद्यार्थी तीसरे वर्ष तक पहुँचते-पहुँचते आर्ग्यूमेंटेटिव-इंडियन बन जाता था। उसकी आवाज में आत्मविश्वास और शब्दों में धार उत्पन्न हो जाती थी।

स्कूल-कॉलेज में साहित्य एवं नाटक इत्यादि के अध्ययन की थोड़ी-बहुत आदत सभी को होती है। सिनेमा या तो तन्मय होकर देखना या मन न होने पर न देखना, ये दो ही विकल्प विद्यार्थियों को मालूम होते हैं। ऐसे विद्यार्थियों को, सिनेमा भी अध्ययन का विषय है और उसका अध्ययन अनिवार्य भी है, यह अहसास कराना बहादुर साहब की पहली कोशिश रहती थी।

जब तक विद्यार्थी कथानक में उलझा रहता है वह सिनेमा के प्रति विश्लेषणात्मक दृष्टिकोण से नहीं देख सकता। और जब तक वह विश्लेषणात्मक दृष्टि से नहीं देखेगा तब तक वह उसे आत्मसात नहीं कर पाएगा। इस बात को बहादुर साहब अच्छी तरह से समझते थे। इसके लिए उन्होंने एक मार्ग ढूँढ़ निकाला था। वे फ़िल्म दिखाने से पहले ही उसका कथानक विद्यार्थियों को बता देते थे और इस तरह कथानक के प्रति उनकी उत्सुकता समाप्त कर देते थे। यह एक तरह से दुष्टता ही थी। परन्तु यह दुष्टता उसी प्रकार आवश्यक थी जैसे एक माँ के लिए सन्तान की स्तनपान की आदत को छुड़ाने के लिए स्तन पर कड़वा पदार्थ लगाना। अन्यथा विद्यार्थी अधिक पौष्टिक भोजन की ओर कभी उन्मुख नहीं होगा, यह अनुभूति ही इस दुष्टता का प्रधान कारण थी।

दूसरा मार्ग था एक ही फ़िल्म को अलग-अलग तरह से और बार-बार दिखाने का। एक बार कथानक के प्रति रुचि समाप्त होने पर फ़िल्म में क्या हो रहा है की अपेक्षा वह किस प्रकार हो रहा है इस ओर ध्यान देना सम्भव हो जाता है। इसके लिए वे फ़िल्म को अलग-अलग तरह से दिखाया करते थे। कम रोशनी में उसे दिखाते हुए उसकी ध्वनि कम करके उसकी व्याख्या करते थे। उसके दृश्यों के वैशिष्ट्य को रेखांकित करते थे। कभी उसे ध्वनिरहित करके दिखाते थे। जिससे विद्यार्थियों का ध्यान संवाद और कथानक की ओर नहीं बँटता था और वे फ़िल्मांकन शैली की ओर ध्यान केन्द्रित करने लगते थे। कभी वे केवल ध्वनि सुनाकर उसके संगीत पक्ष अथवा ध्वनि संयोजन का विश्लेषण किया करते थे। शरीर विज्ञान पढ़ाने वाला अच्छा शिक्षक जिस प्रकार शरीर की सोद्देश्य चीरफाड़ करता है, उतने ही सामर्थ्य से वे फ़िल्म का विश्लेषण करते थे। और इस प्रकार फ़िल्म की सारी गुत्थियाँ विद्यार्थियों के सामने सुलझने लगती थीं।

जिस प्रकार से संगीत सिखाने वाला उस्ताद प्रत्येक बंदिश को कभी स्वरों से कभी ताल से और कभी पकड़ की विशेषताओं का विश्लेषण करते हुए सिखाता है, जिससे वह बंदिश विद्यार्थियों के कंठ एवं मस्तिष्क में पूरी तरह से रच-बस जाती है वैसा ही कुछ बहादुर साहब फ़िल्मों के लिए किया करते थे। इसके लिए वे फ़िल्म को हमेशा अपने पास में रखते थे।

वे विद्यार्थियों में शब्द की अपेक्षा प्रतिमा और ध्वनि के माध्यम से फ़िल्म को देखने व समझने की स्वस्थ आदत डाला करते थे।

फ़िल्म के अलग-अलग अर्थ निकालने की अपेक्षा वे फ़िल्म के रचना सौष्ठव की विशेषताओं को खोजने पर अधिक बल दिया करते थे। चाहे वो सूक्ष्म वैशिष्ट्य हों अथवा फ़िल्म के मेरुदण्ड सदृश महत्त्वपूर्ण वैशिष्ट्य हो, उनको खोजने में वे जुट जाया करते थे। मार्ग निर्देशक पटल लगे हुए राजमार्गों पर चलना आसान होता है, परन्तु जहाँ मार्ग ही न बना हो ऐसे स्थान में प्रवेश करना और उसमें से मार्ग ढूँढ़ निकालना कठिन होता है और यह काम बहादुर साहब ने किया। और उसका लाभ अपने विद्यार्थियों के अतिरिक्त देश के कोने-कोने यहाँ तक कि परदेश तक पहुँचाने का कठिन कार्य भी उन्होंने किया।

बहादुर साहब जिस काल में सिने जगत में पले-बढ़े वह सन् 50 का समय था। उस समय सिनेमा को कला के रूप में मान्यता नहीं मिली थी। संगीत, नाट्य, नृत्य व चित्रकला की अकादमियों की स्थापना हो गयी थी। उनके माध्यम से राष्ट्रीय स्तर पर शिक्षा देने के प्रयास चल रहे थे। इन कलाओं के रस ग्रहण की विविध किन्तु दीर्घ परम्परायें थीं परन्तु सिनेमा के प्रति लोगों की सोच थी कि यह एक व्यवसाय है या फिर प्रचार का साधन मात्र है। आज भी फ़िल्म इंस्टीट्यूट का कार्यभार मिनिस्ट्री ऑफ इन्फर्मेशन एंड ब्रॉडकास्टिंग के अधीन है।

संगीत और फ़िल्मों के विषय में बोलना अत्यन्त कठिन है क्योंकि ये दोनों प्रवाहपूर्ण कलायें हैं। फ़िल्म को रोक देने पर केवल उसकी फ्रेम का विश्लेषण करना सम्भव हो पाता है उसके प्रवाहमान स्वरूप अथवा लय का नहीं। संगीत का विश्लेषण व रचना करने के लिए संगीतज्ञों ने नोटेशन की रचना की है। फ़िल्म की इस प्रकार की कोई सर्वमान्य नोटेशन पद्धति नहीं है। बहादुर साहब फ़िल्म इंस्टीट्यूट के प्रारम्भ से ही वहाँ पर शिक्षक थे। मूलरूप में फ़िल्म- रसग्रहण नामक विषय ही भारत के लिए नया था। वैश्विक धरातल पर भी समीक्षा के तत्त्वों का प्रारूप तैयार नहीं हो पाया था। परिभाषा नहीं थी। समीक्षा के निश्चित सोपान तय नहीं हो पाये थे। बहादुर साहब फ़िल्म सोसायटी के आन्दोलन से निर्माण की ओर उन्मुख हुए। जिन लोगों ने फ़िल्म सोसाइटियाँ स्थापित कीं उनके उद्‌देश्य स्पष्ट थे। एक तो सेंसर के बन्धन से मुक्ति और दूसरा अच्छी फ़िल्मों का प्रदर्शन उन पर चर्चा और मुख्य रूप से अलग प्रकार के चित्रपटों के निर्माण के लिए वातावरण बनाना। चित्रपटों का आस्वादन और उनकी निर्मिति इन दोनों प्रक्रियाओं को एक साथ लाना, इस रूप में इस आन्दोलन का परिचय दिया जा सकता है। सत्यजित राय, हरीदास गुप्ता, चिदानन्द दास गुप्ता, विजया मुळे इत्यादि ने इस आन्दोलन की अगुवाई की। नेहरू परिवार के नजदीकी मारी सीटन भी इसमें शामिल हुए। बहादुर साहब उन्हीं के विद्यार्थी थे। आइजेन्श्टाइन, पुदोव्हकिन जैसे अग्रणी दिग्दर्शकों ने अपनी निर्मिति प्रक्रिया का विश्लेषण करके सिनेमा के विषय में चर्चा करने की भाषा तैयार की। उसका उपयोग रशियन चित्रपट शिक्षण के साथ ही रशियन दिग्दर्शकों के इस नये मार्ग पर चलने वाले ग्रिअर्सन, पॉल रोथा इत्यादि ने प्रत्येक चित्रपट के वृत्तपत्तीय परीक्षण के लिए प्रारूप तैयार करने के लिए किया।

बहादुर साहब ने इस पार्श्वभूमि का उपयोग कर भारतीय वातावरण में भारतीय चित्रपट निर्माता के लिए उपयुक्त उदाहरणों के माध्यम से एक शिक्षण पद्धति तैयार की। इसमें

उन्होंने सिनेमा के विषय में तार्किक चर्चा करने के लिए सिनेमा की निर्मिति प्रक्रिया के आकलन पर बल दिया। इसीलिए वे चित्रपट सदैव अपने पास रखते थे। जिस विषय में चर्चा की जानी है वह सामने परदे पर दिखाई देना चाहिए। और उसके विश्लेषण से ही निष्कर्ष तैयार होने चाहिए। उनका केवल सैद्धान्तिक स्वरूप किसी काम का नहीं होता, इस बात पर उन्होंने हमेशा बल दिया।

इसके लिए वे चॉक और ब्लैकबोर्ड का हमेशा प्रयोग करते थे। परदे पर दिखाई देने वाले दृश्यों की चित्रों व आलेखों की सहायता से वे पुनर्रचना किया करते थे। इसके लिए उन्होंने एक लघुलिपि बनाई थी। संगीत के नोटेशन जैसी ही, उसकी सहायता से वे चित्रपटों की बंदिश बनाते थे। उसमें बार-बार आने वाले दृश्य और श्रव्य अलंकारों को समझाते थे, रूपकों के अर्थ की व्याख्या करते थे, स्वरूप स्पष्ट करते थे। संगीत रचना पर चर्चा करते थे, रेखा, रंग व प्रकाश संयोजन के विषय में समझाते थे। इसके अतिरिक्त दृश्य और श्रव्य घटकों के परस्पर सम्बन्ध से निर्मित होने वाले अलग-अलग अर्थों को वे ढूँढ़ा करते थे।

बहादुर साहब ने वारली चित्रकला के सदृश रेखाओं की मानवी आकृति के द्वारा शॉट की रचना का विश्लेषण करने की पद्धतियाँ ढूँढ़ निकालीं। विशेष रूप से जो दिग्दर्शन के विद्यार्थी थे उन्हें अपनी चित्रपट निर्मिति के लिए इस लघुलिपि का बहुत उपयोग होता था, क्योंकि अन्य चित्रपटों का विश्लेषण करने वाली यह लघुलिपि स्वयं के मन की कल्पनाओं को अपने सहयोगियों तक पहुँचाने के लिए सहायक होती थी। सबका शिक्षण एक साथ होने के कारण सबको समझ में आने वाली एक साझा भाषा के रूप में लघुलिपि का उपयोग होता था।

उनकी आकृतियों ने केवल दृश्यों की ही लघुलिपि नहीं बनाई उसके साथ ही फ़िल्म में बार-बार आने वाले अनेक ओटिस को दर्ज करना भी प्रारम्भ किया, जिसके कारण बार-बार आने वाली घटनायें, संगीत रचना, ध्वनिरचना इन सबको मिलाकर चित्रपट के विविध आलेख बनने लगे। उनकी सहायता से एक चित्रपट ही नहीं वरन् एक दिग्दर्शक अथवा एक शैली के चित्रपटों में समान स्थलों को ढूँढ़ना सम्भव हुआ। विभिन्न प्रकार के चरित्रों की जानकारी होने लगी और ये सब उनके स्वयं के पटकथा लेखन में उपयोगी पड़ने लगे।

बहादुर साहब द्वारा बनाई गयी अनेक प्रकार की लघुलिपियाँ प्रसिद्ध दिग्दर्शकों द्वारा निर्मिति के लिए की गयी तैयारियों के आधार पर ही बनाई गयी थीं। सत्यजित राय, हिचकॉक, आइजेन्स्टाइन द्वारा चित्रण के लिए बनाये गये रेखाटनों का भी अध्ययन किया था। इसके कारण विश्लेषण और निर्मिति प्रक्रिया इन दोनों में विद्यमान समान स्थल स्पष्ट होने लगते थे, और सीधे चित्रपट निर्मिति करके बड़ी और महँगी गलतियाँ करने के स्थान पर पहले निर्मिति के आकार का जायजा लेने की सुविधा व आदत दोनों ही होने लगी।

मैंने स्वयं लगभग चालीस वर्षों तक फ़िल्म के विषय में अलग-अलग देशों में एवं अलग-अलग स्तरों पर शिक्षण कार्य किया है। आज कॉलेजों एवं विश्वविद्यालयों में सिने शिक्षण के लिए पावर-पॉइंट प्रेजेंटेशन्स का प्रयोग किया जाता है। एक सीमा तक यह उपयोगी है परन्तु मुझे ऐसा लगता है कि अच्छे शिक्षण के लिए खड़िया (फिर वो मैजिक मार्कर ही क्यों न हो) और बोर्ड (फिर वो किसी भी पदार्थ का हो) इसका स्थान कोई नहीं ले सकता। पावर-पॉइंट की कुछ सीमाएँ हैं। जो पढ़ाना है उसकी पूर्व तैयारी कर उसे आकर्षक

व स्वादिष्ट बनाकर परोसना पावर-पॉइंट की विशेषता है। वहीं हवा में तैरने वाली अमूर्त कल्पनाओं को क्षण भर में आकार देने का सामर्थ्य चॉक और बोर्ड में ही है। कला के शिक्षण में पूर्व तैयार भोजन को सुन्दर ढंग से पैक कर विद्यार्थियों के हाथ में देने की अपेक्षा किन्हीं तीन पत्थरों से चूल्हा कैसे बनाया जाय और किसी खाद्य सामग्री को देखते-देखते उनसे खाद्य पदार्थ बनाने की विधि कैसे सोची जाय यह बताना अधिक महत्त्वपूर्ण है।

बहादुर साहब की शिक्षण पद्धति से इस सत्य का मुझे पुनः अनुभव हुआ।

जैसे कोई महान कलाकार महान शिक्षक भी होता है यह आवश्यक नहीं है। वैसे ही महान शिक्षक महान कलाकार हो ही यह भी आवश्यक नहीं। बहादुर साहब ने कभी चित्रपट नहीं बनाये परन्तु वे एक महान शिक्षक थे। उनके द्वारा निर्मित पद्धतियों का प्रयोग करने का प्रयत्न जब अन्य लोगों ने किया तो वे उनमें यशस्वी नहीं हुए क्योंकि उस पद्धति में बहादुर साहब के व्यक्तित्व का भी समावेश था। उनकी शिक्षण पद्धति की कोई भी नकल कर ले, ये सम्भव नहीं था क्योंकि उसमें उनकी आत्मीयता, उनका उत्साह और उनकी नम्रता इन तीनों का समावेश आवश्यक था, जिसके बिना उसके निष्प्रभावी होने की सम्भावना को नकारा नहीं जा सकता था।

बहादुर साहब आजीवन ग्रन्थ लेखन को टालते रहे। सत्यजित राय के अप्पू नामक पात्र पर केन्द्रित तीन चित्रपटों पर उन्होंने इतना प्रेम किया कि अपने पुत्र का नाम भी उन्होंने अपूर्व उर्फ अप्पू ही रखा। लेकिन बहुत पीछे पड़ने पर अपने जीवन के अन्तिम दिनों में उन्होंने अपने असंख्य कागजों को एकत्रित किया। प्रो. श्यामला वनारसे तथा *वाणी प्रकाशन* और विशेष रूप से उसके सम्पादक राकेश मंजुल जी के सहयोग से 'अपू त्रयी का दृश्य पाठ' नामक हिन्दी पुस्तक और 'A Textual Study of the Apu Trilogy' नामक अंग्रेजी पुस्तक दिनांक 23 अगस्त को प्रकाशित हुई है।

अब वीडियो निर्माण सिखाने वाली संस्थाएँ ढेरों हो गयी हैं। छोटे से गाँव की गलियों में भी जगह-जगह उनके बोर्ड दिखाई देते हैं, कॉलेजों में भी इसका प्रशिक्षण दिया जा रहा है। परन्तु इसके लिए योग्य शिक्षक मिलना मुश्किल है। पाठ्यपुस्तकें नहीं हैं, सुविधाएँ नहीं हैं। केवल विद्यार्थियों को तरह-तरह के आश्वासन देकर उनसे भरपूर फीस ली जाती है। परन्तु ऐसी संस्थाओं से विद्यार्थियों को कुछ लाभ नहीं होता। अधिकांश लोगों का यही अनुभव रहा है। कुछ विद्यार्थियों को तो विषय की इतनी कम समझ होती है कि उन्हें कुछ भी नहीं आता, यह भी वे नहीं जान पाते।

दूसरी ओर विश्वविद्यालयों में चित्रपट प्रशिक्षण के लिए विशेष विभाग हैं। उनमें अनेक विद्वानों द्वारा सेमिनार्स का आयोजन होता है, उसमें कभी-कभी महत्त्वपूर्ण तात्विक चर्चायें भी होती हैं परन्तु दमड़ी की मुर्गी और टका मुड़ाई जैसा उसका स्वरूप होता है। इन विश्लेषणों से किसी भी दिग्दर्शक को निर्मिति प्रक्रिया अथवा आत्मविश्लेषण के लिए तिलमात्र भी मदद नहीं मिलती। इसमें से अनेकों को डिग्रियाँ मिलती हैं। बहुत-सी डॉक्टरेट की उपाधियाँ भी मिलती हैं। परन्तु जितने अधिक डॉक्टर हैं भारतीय सिनेमा भी उतना ही अधिक रोगी होता जा रहा है। ऐसी स्थिति में बहादुर साहब की शिक्षण पद्धति के मूलभूत तत्त्वों की पुनर्रचना अनिवार्य हो गयी है।

जो पुस्तक बहादुर साहब के जीवन काल में निकलनी चाहिए थी अथवा ऐसी कितनी

ही पुस्तकें लिखी जानी चाहिए थीं, अन्ततः आज वह हमारे सामने है। परन्तु इन पुस्तकों में सिनेमा के विषय में जानकारी प्राप्त करने का आसान मार्ग नहीं बताया है। अरस्तू ने सिकन्दर को बताया था कि जीवन में राजमार्ग और सामान्यजनों का मार्ग अलग हो सकता है। परन्तु ज्ञान के क्षेत्र में ऐसा सम्भव नहीं है। उसका सही मार्ग कठिन ही होता है। क्योंकि दूसरा मार्ग होता ही नहीं है। और शिक्षक कितना ही श्रेष्ठ क्यों न हो सबको अपना मार्ग स्वयं ही ढूँढ़ना पड़ता है। अगर शिक्षक उत्तम हो तो मार्ग मिलने की सम्भावना बढ़ जाती है यह भी उतना ही सच है। इसके लिए हाथ में पुस्तक और साथ में डी.वी.डी. हो तो 'पाथेर पांचाली' जैसी रचनाएँ स्मृति-पटल पर अंकित हो सकती हैं। जिन्हें मात्र आस्वाद लेना है वे रसास्वादन कर सकते हैं। जिन्हें निर्मिति का कठिन रास्ता ढूँढ़ना है उन्हें इन गीतों से स्फूर्ति मिलती रहेगी और वे एक महान शिक्षक के हमेशा के लिए ऋणी हो जाएँगे।

अरुण खोपकर

मराठी से अनुवादः डॉ. रंजना वैशम्पायन

अपनी बात...

फ़िल्म और टीवी इंस्टीट्यूट के लगभग शुरू से ही, 1963 से 1983 तक मैं फ़िल्म एप्रीसियेशन (आस्वादन) का प्रोफ़ेसर था। उससे पहले 1958 से 1963 तक आगरा में दो फ़िल्म सोसाइटी चला रहा था, एक शहर में, दूसरी विश्वविद्यालय में। उन दिनों मैंने कुछ काम यूनेस्को की योजना के लिए भी किया था जिसमें 17 देशों के फ़िल्मी हीरो की छवियों का अध्ययन किया जा रहा था उसके तहत भारतीय फ़िल्मों के निर्माण ढाँचे पर भी कुछ अध्ययन किया था।

शुरुआत में, मैं सोचता था कि किसी भी फ़िल्म की जो बातें मुझे अच्छी लगती हैं, उनके आधार पर फ़िल्म को आँका जा सकता है। परन्तु जब फ़िल्म इंस्टीट्यूट के छात्रों के साथ पठन-पाठन शुरू किया तो यह बात नहीं बनी। मेरी पसन्द मेरी है। उसे अन्य लोग क्यों मानें?

फ़िल्म आँकने की गवाही फ़िल्म ही में होनी चाहिए। फ़िल्म विश्लेषण की एक ऐसी प्रणाली बनानी थी जिसके तथ्य स्वयं फ़िल्म ही में हों। और इसी प्रणाली को आधार देने वाला फ़िल्म कलाशास्त्रीय सूत्रों का ढाँचा भी। छोटे-छोटे टुकड़ों के जोड़ से सम्पूर्ण फ़िल्म कैसी बनती है, यह बात भी इस प्रणाली से समझ में आनी चाहिए। यहाँ कलाकृति का विभेद उन फ़िल्मों से भी करना होगा जो जनता के मनोरंजन के फार्मूले से बनाई जाती हैं। जानीमानी कहानी के ढाँचे पर जानेमाने अंग जोड़-तोड़ कर बिठा दो – हीरो, हीरोइन, विलेन, खूबसूरत चेहरे, लकदक बदन, नाच, गाने, नयी-नयी लोकेशन, फ़ाइट, यह सब बहुत कारीगरी से फिट कर दो, फ़िल्म बन गयी।

फ़िल्म इंस्टीट्यूट के छात्रों को फ़िल्म संरचना (Film Structure) पढ़ाने के लिए अभिजात (classic) फ़िल्में ही सुविधाजनक थीं। आइजिंसटाइन का लिखा हुआ 'दि बैटिलशिप पोटेमकिन' के बृहद् विन्यास (Macro Structure) और सूक्ष्म विन्यास (Micro Structure) की चर्चा, यह पहले से हाथ में थी; इसी को आगे बढ़ाते हुए बहुत-सी अन्य क्लासिक फ़िल्मों और लघु फ़िल्मों का विश्लेषण किया गया, फ़िल्म आस्वादन के पढ़ाने की सामग्री (Teaching Material for Film Appreciation) तैयार की गयी। उदाहरणतः वह फ़िल्म क्लासिक्स जिनका मूलपाठ कभी न कभी विद्यार्थियों ने किया है। उस सूची में आएँगीः बाइसिकिल थीव्स (इटली,

विटोरिया डि सिका) Bicycle Thieves (Italy, Vittorio de sica), राशोमेन (जापान, अकीरा कूरोसावा) Rashomon, (Japan, Akira Kurosawa), वाइल्ड स्ट्राबेरीज़ (स्वीडन, बर्गमैन) Wild strawberries (Sweden, Bergman), सिटिज़न केन (यू. एस. ए., ऑरसन वैल्स) Citizen kane (U.S.A, Orson Welles), ला डोल्से विटा (इटली, फ़ैडरिको फ़ैलिनी) La Dolce Vita (Italy Federico, Fellini), हिरोशिमा मोन एमूर (फ़्रांस, ऐलेन रैने) Hiroshima Mon Amour (France, Alain Resnais)। लघु फ़िल्मों की सूची में आएँगी, नाइट मेल (यूके; हैरी वाट और बेज़िल राइट) Night Mail (U.K., Harry Watt and Basil Wright), ग्लास (नीदरलैंड्स, बर्ट हांस्ट्रा) Glass (Netherlands, Bert Haanstra), डेल्टा फेस वन (नीदरलैंड्स, बर्ट हांस्ट्रा) Delta Phase One (Netherlands, Bert Haanstra), बिग सिटी ब्लूज (नीदरलैंड्स, चार्ल्स वान डेर लिंडेन) Big City Blues, (Netherlands, Charles vander Linden), लव दाई नेबर कनाडा, नार्मन मक्लारेन (Love Thy Neighbour Canada, Norman Mclaren), हैप्पी ऐनिवर्सरी फ्रांस, पैरे ऐता और जां-क्लाड कैरिरे (Happy Anniversary, France, Pierre Etaix and Jean-claude Carriere), पंचथुपी, ए विलेज इन वेस्ट बंगाल, भारत, हरी दासगुप्ता (Panchthupi, A Village in West Bengal, India, Hari Dasgupta)।

सत्यजित राय की पाथेर पांचाली (Pather Panchali) 1955, एक उत्कृष्ट कलाकृति थी। इस फ़िल्म की पाठ्यवस्तु (Text) का अध्ययन अनेक छात्र वृन्दों के साथ किया गया है। अपराजितो (Aparajito) 1956 और अपूर संसार (Apur Sansar) 1959 में अपू की कहानी आगे बढ़ाई गयी है। विद्यार्थियों के लिए यह फ़िल्में आसान भी हो जाती हैं जब बांग्ला संवाद का अनुवाद हो जाए और बंगाली समाज की कुछ विशेषताओं को समझा दिया जाए। ऐसी स्थिति में फ़िल्म की व्याख्या भी आसानी से हो जाती है।

फ़िल्म एप्रीसियेशन के अनेकों सत्र (Film Appreciation Extensive Course) जो हमने भारत के अनेक नगरों में किए थे उन सब में भी पाथेर पांचाली की चर्चा हुई है।

इंस्टीट्यूट में फ़िल्म एप्रीसियेशन का पठन-पाठन अन्तरराष्ट्रीय फ़िल्म क्लासिक्स के आधार पर होना चाहिए, इस बात के दो कारण थे, एक तकनीकी और दूसरा नैतिक (Moral), दोनों एक-दूसरे से सम्बन्धित थे।

पहला कारण तकनीकी, कोई फ़िल्म जैविक बिम्ब (Organic whole) होती है इसकी बनावट के सभी भाग एक-दूसरे पर आधारित होते हैं। फ़िल्म का कोई भी भाग ऐसा नहीं होता जिसकी अलग पहचान हो। इस कारण किसी फ़िल्म में भी उसका विन्यास और कथ्य (Structure) का सम्बन्ध आसानी से समझ में आ सकता है। इस तरह, फ़िल्म का पठन-पाठन सुविधाजनक हो जाता है।

दूसरा कारण, नैतिक (Moral) था। फ़िल्म इंस्टीट्यूट भारत में सिनेमा सिखाने के उद्देश्य के लिए स्थापित हुआ था। फ़िल्म का माध्यम ही अन्तरराष्ट्रीय है। नयी पीढ़ी के फ़िल्मकारों की बुनियादी समझ भी वैश्विक होनी चाहिए। इसलिए फ़िल्म इंस्टीट्यूट में पठन-पाठन वैश्विक सिनेमा की उत्कृष्ट फ़िल्मों के आधार पर होना था।

यानी आपको मनोरंजन वाले सिनेमा से हटकर काम करना था। मनोरंजन वाले सिनेमा

का मूल्यांकन इसलिए सार्थक नहीं होता क्योंकि उसमें सामाजिक तथ्यों को झुठला दिया जाता है। लेकिन जब कैमरे और ध्वनि का इस्तेमाल केवल अन्तर्वस्तु को उत्तेजक बनाने के लिए होता है। अध्ययन के लिए वह सामग्री ठीक नहीं होती।

मेरा पढ़ाने का काम मुख्यतः फ़िल्म इंस्टीट्यूट के छात्रों को ही था। 1967 से गर्मी की छुट्टी में फ़िल्म एप्रीसियेशन के एक महीने का विस्तृत पाठ्यक्रम (Extension Course) भी शुरू किया। जिसमें देश भर से भिन्न-भिन्न प्रकार के छात्र आते थे, पत्रकार, शिक्षक, फ़िल्म सोसाइटी के सदस्य सभी लोग फिल्म संस्थान के परिसर में ठहरते हैं और रोज़ दस से बारह घण्टे फिल्में देखते हैं फिर उन फिल्मों पर विशेषज्ञों के व्याख्यन सुनते हैं और चर्चा करते हैं। इस शृंखला का पैंतीसवाँ सत्र 2009 की गर्मी की छुट्टी में हुआ। इसके अलावा हम छोटे-छोटे दस दिन के सत्र करने के लिए कितने ही बार वहाँ गये जहाँ कोई संस्था इन्तजाम कर देती, राजकोट से इम्फ़ाल, चंडीगढ़ से त्रिवेन्द्रम। इन सभी पाठ्यक्रमों में क्लासिक फ़िल्मों की चर्चा की जाती।

क्लासिक फ़िल्मों का विश्लेषण करने का मुख्य ध्येय यह होता है कि छात्रों को किसी भी फ़िल्म की रचना प्रक्रिया को समझने के साधन मिल जाएँ। फ़िल्मों के विश्लेषण में मेहनत तो ज़रूर लगती है, पर वह सार्थक होती है क्योंकि इसमें वह बातें उजागर होती हैं जिनसे फ़िल्म का भावबोधक आकार (Expressive form) बनता है। बहुत-से दर्शक क्लासिक फ़िल्म देखने पर प्रभावित तो होते हैं, परन्तु यह नहीं समझ पाते कि इसका कारण क्या है? फ़िल्म आस्वादन की प्रक्रिया फ़िल्म संरचना के सूक्ष्म भेद उजागर करती है।

इस पुस्तक की सह-लेखक श्यामला वनारसे मनोविज्ञान की प्राध्यापक और परामर्शदाता (Consultant) हैं, साथ ही कला समीक्षक भी। अनेक फ़िल्म आास्वादन के कार्यक्रमों में हमने साथ काम किया है। कई पुस्तकें भी लिख चुकी हैं। सत्यजित राय के फ़िल्म कथानकों की सामाजिक और मनोवैज्ञानिक पृष्ठभूमि पर उनकी मराठी पुस्तक प्रकाशित है।

प्राची दुबले संगीतज्ञ हैं, उन्होंने संगीत सम्बन्धी बहुत-सी बातों पर हमको राय दी है। मेरा पुत्र अपूर्व अब 47 साल का है और मैंने उसका नाम अपू त्रयी फ़िल्मों के सम्मान में रखा था। अपू ने इस पुस्तक में कम्प्यूटर और स्टिल-सम्बन्धी कामों में योगदान दिया है। हर्षवर्धन गुप्ता, एस. थ्योडोर भास्करन और सुषमा दातार ने पुस्तक पढ़ी है और अनेक महत्त्वपूर्ण बातें बताई हैं।

संदीप राय ने फ़िल्मों के स्टिल लगाने की अनुमति दी है, उनका बहुत आभार है। शमिक बैनर्जी ने बहुत मदद की है।

राकेश मंजुल ने इस पुस्तक को एक समग्र आकार देने में मुझे जैसा रचनात्मक सहयोग दिया वह मेरे लिए महत्त्वपूर्ण है।

सतीश बहादुर

15 दिसम्बर, 2009, पुणे

प्रास्ताविक

सत्यजित राय की तीन बांग्ला फ़िल्में हैं: **पाथेर पांचाली** (पथ का गीत, 1955), **अपराजितो** (अपराजित, 1956) और **अपूर संसार** (अपू का संसार, 1959)। इन तीनों फ़िल्मों का मुख्य चरित्र अपू है। इसलिए इन तीनों फ़िल्मों को **अपू त्रयी** (The Apu Trilogy) भी कहते हैं। इस पुस्तक में इन तीन फ़िल्मों के कथन के रूपबन्ध का अध्ययन है। यहाँ हम इन फ़िल्मों के उस ताने-बाने को समझेंगे जिससे फ़िल्मों को बुना गया है। दूसरे शब्दों में यह इन फ़िल्मों का दृश्यपाठ है।

इस अध्ययन में हम अपनी दृष्टि सिर्फ **अपू त्रयी** की फ़िल्मों पर ही केन्द्रित करेंगे। सत्यजित रे की अन्य फ़िल्में, विभूति भूषण बन्द्योपाध्याय का उपन्यास जिस पर त्रयी की फ़िल्में आधारित हैं और रे के जीवन सम्बन्धी तथ्य, इन सभी को इस अध्ययन की परिधि से बाहर रखा गया है। यह इसलिए नहीं कि उपर्युक्त सामग्री महत्त्वपूर्ण नहीं हैं बल्कि इसलिए कि आस्वादन पद्धति को समझने के लिए सिर्फ **अपू त्रयी** की फ़िल्मों पर दृष्टि टिकाना जरूरी है।

अब मैं उस पद्धति का वर्णन करता हूँ जो इंस्टीट्यूट में क्लासिक फ़िल्मों का अध्ययन करने में प्रयोग की जाती है। यह काम तीन चरणों में होता है।

पहले चरण में कुछ विशेष प्रोग्राम नोट्स पढ़ने के लिए हर छात्र को दिए जाते हैं। इनमें फ़िल्म के बनाने वालों का परिचय, फ़िल्म कथानक की कोई विशेष सामाजिक या राजनीतिक पृष्ठभूमि, चरित्रों का विवरण – इस तरह की बातों का संक्षिप्त उल्लेख होता है। इन नोट्स में मुख्य रूप से फ़िल्म वृहद् विन्यास होती है रचना (Macro Structure), पूरे फ़िल्म की बड़े-बड़े टुकड़ों द्वारा बनावट – यानी सीन या दृश्य, कई सीन को मिला कर सीक्वेंस, कई सीक्वेंस को मिला कर और बड़े अंग, और इन अंगों के जोड़ से पूरे फ़िल्म की बनावट का ढाँचा। यह सब चीज़ें पहले से ही हर छात्र को दी जाती हैं। अगर फ़िल्म की स्क्रिप्ट या स्क्रीन प्ले (पटकथा) किसी किताब में है तो उसको पढ़ने के भी कहा जाता है।

दूसरे चरण में फ़िल्म दिखाई जाती है। दिखाने से पहले एक छोटा-सा परिचय दिया जाता है फिर फ़िल्म लगातार दिखाई जाती है। फ़िल्म देखने के बाद एक छोटा-सा अन्तराल जिसमें कुछ मोटे-मोटे प्रश्न पूछे जा सकते हैं। मैं छात्रों का ध्यान उस मेक्रोस्ट्रक्चर पर दिलाता रहता, जो उनके पास है। अब फ़िल्म देखने के बाद उसको फिर से पढ़कर बहुत-सी और बातें भी समझ में आएँगी। शायद कुछ प्रश्नों के उत्तर भी मिल जाएँ।

तीसरे चरण में, अगले दिन फ़िल्म फिर से दिखाई जाती, पर कमरे में पूरा अँधेरा नहीं रहता, पीछे की कुछ लाइट जलती रहती है। इस तरह फ़िल्म के परदे से दर्शक की मानसिक दूरी बनी रहती है और वह पर्दे पर दिख रही फ़िल्म को बिम्ब (Image) के रूप में स्वीकार लेता है। और ध्वनिबिम्ब को भी बिम्ब जैसा ही सुन सकता है। यानी दृश्य-श्रव्य की अलग-अलग अनुभूति। मेरे हाथ में एक माइक रहता और फ़िल्म की ध्वनि कुछ कम करने से मेरी आवाज सब को सुनाई देती। फ़िल्म एक-एक सीक्वेंस कर के दिखाई जाती है। जब फ़िल्म चल रही होती तब मैं उसके सूक्ष्म रचना (Micro Structure) पर ध्यान केंद्रित कराता कि शाट की चाक्षुक (Visual) बनावट क्या है, ध्वनि की बारीकियाँ और एडिटिंग (Editing) के जोड़ तोड़ क्या हैं। एक सीक्वेंस समाप्त होने पर फ़िल्म रोक कर हाल की लाइट खोल दी जाती है। मैं ब्लेक-बोर्ड पर आकर प्रश्नों के उत्तर देता। अगर आवश्यक होता तो सीक्वेंस को फिर से दिखा देता। दृश्य या सीक्वेंस की ध्वनि बन्द करके देखने से चाक्षुक संरचना (Visual Composition) अधिक ध्यान से देखी जा सकती है। ध्वनि की महत्ता भी समझी जा सकती है, कि बिना ध्वनि के दृश्य-श्रव्य संरचना कितनी फ़ीकी लगती है, कहीं-कहीं अर्थहीन भी कि कोई बोल रहा है पर क्या, यह सुनाई नहीं

देता। इसी तरह, फ़िल्म के विजुअल बन्द कर के सिर्फ ध्वनि-ट्रेक सुना जाए तो ध्वनि-संरचना की बारीकियाँ भी समझ में आ सकती हैं। यह बातें उन पुराने सालों की हैं जब 16 या 35 एम एम फ़िल्म काम में आती थीं और फ़िल्म प्रोजेक्शनिस्ट (Projectionist) से मिल कर काग करना होता था। अब डीवीडी के ज़माने में अध्यापक स्वयं प्रोजेक्शन का पूरा काम कर सकता है।

इन सब अभ्यासों के दौरान यह बार-बार याद दिलाना आवश्यक है कि अब हम फ़िल्म देख नहीं रहे हैं, हम फ़िल्म का अध्ययन कर रहे हैं। हर कक्षा में हमेशा दो-चार ऐसे छात्र होते हैं जो इस बात पर विरोध करते हैं कि हम फ़िल्म को कत्ल कर रहे हैं, जैसे एक सुन्दर तितली के पंख उखार कर उसकी सुन्दरता को निहार रहे हैं। विश्लेषण का मरसले कलाकृति को जान से मारना नहीं है, बल्कि हम यह समझने की कोशिश में हैं कि फ़िल्म किस तरह से सजीव बनी मालूम होती है। हम दृश्य-श्रव्य के किन-किन टुकड़ों से कैसे-कैसे मिल कर फ़िल्म संरचना में गहराई आती है और उसमें गहन अनुभव पैदा करने की क्षमता पैदा होती है।

इस पुस्तक की पृष्ठभूमि में पढ़ाने का मेरा अनुभव है। इस कारण से कहीं-कहीं कक्षा में पढ़ाने की भाषा भी आ सकती है तो उस पर ध्यान न दें।

यह शिक्षक की पुस्तक है, जो शिक्षकों ने अन्य शिक्षकों और छात्रों के लिए लिखी है। शिक्षक की पुस्तक समालोचक की पुस्तक से भिन्न होगी, और विद्वान की पुस्तक से भी। समालोचक की पुस्तक की लेखन-शैली पढ़ने में आसान और पठनीय होगी। वह भी जब फ़िल्म के बारे में गहन विचार किया जा रहा हो। समालोचक की पुस्तक पढ़ने वालों का फैलाव राष्ट्रीय और अन्तरराष्ट्रीय भी है। विद्वान की पुस्तक शोध पर आधारित होती है, उसके पाठक प्राथमिक तौर से अन्य शोधकर्त्ता ही होते हैं। शिक्षक भी कुछ हदों तक उसका लाभ उठा सकते हैं। छात्रों को यह शिकायत रहती है कि विद्वानों की पुस्तकें उनकी समझ में नहीं आतीं, वह ठीक ही है, वह छात्रों के लिए नहीं लिखी जाती है।

शिक्षक की पुस्तक तो एक शिक्षण-औजार जैसी बनी होती है। उसकी लेखन शैली ऐसी नहीं होती है मज़े से पढ़ते चले जाओ। यह गहन लेखन है, धीरे-धीरे, पूरे ध्यान से पढ़ना चाहिए। छापने के स्टाइल में भी, जो ज़्यादा महत्त्व की बात है उसे मोटे टाइप में छापा जाएगा। फ़िल्म का बृहद् विन्यास (Marco Structure) छापने में छोटे टुकड़ों के शीर्षकों (Titles) को स्पष्ट करने के लिए अनेक भागों के शीर्षक दिए गये हैं। इस बात पर फिर जोर देते हुए कि फ़िल्म पूर्ण बनती है छोटे टुकड़ों के जोड़ से। यह इसलिए कि संपादन तकनीकी भी साथ-साथ समझ में आये।

इस पुस्तक में अनुक्रम नये ढंग से बने हैं यहाँ आधार केवल त्रयी फ़िल्मों का है, किसी भी और विद्वान लेखक या विचारक व्यक्ति का नहीं। सारी पुस्तक में केवल एक ही उद्धरण (Quotation) है वह है सत्यजित राय का।

पुस्तक को किस स्तर पर लिखा जाए, यह सोचते हुए हमने अपने पाठकों के बारे में भी अंदाज़ लगाया। पुस्तक **अपू त्रयी** की फ़िल्मों पर है, इसलिए पाठक ने इन फ़िल्मों को देखा ही होगा। साथ ही इन फ़िल्मों में जो अन्तरसम्बन्ध दिखाये गये हैं वह जाँचने के लिए पाठक की पहुँच फ़िल्मों तक होनी चाहिए। आज किसी भी फ़िल्म साधक को किसी भी बड़े नगर में सत्यजित राय की फ़िल्मों की डीवीडी मिल सकती है।

सत्यजित राय की इसके अतिरिक्त अंग्रेजी पुस्तक हैः "The Apu Trilogy" जिसमें मूल बंगाली फ़िल्मों पर आधारित स्क्रीन प्ले है, जहाँ सीक्वेंस और दृश्य का क्रम मिल सकता है और बांग्ला से अंग्रेजी में अनुवादित डायलॉग भी।

आगे-पीछे के संदर्भ (reference) की सुविधा के लिए हम फ़िल्म के दृश्यों का क्रमांक दे रहे हैं। इस अध्ययन में डिज़ाइन के ताने-बाने की खोज में आगे पीछे के टुकड़ों का बहुत सावधानी से, बहुत सहजता से अध्ययन आवश्यक है। इस काम में ही क्रमांक बहुत सुविधाजनक साबित होंगे।

सत्यजित राय की फ़िल्मों में साधारणतः कहानी कहने का ढंग इतना सीधा-सादा होता है कि हर दर्शक समझ सकें। परन्तु जो बात कही जा रही है वह बहुत गहरी होती है। यह गहराई पैदा होती है दृश्य-श्रव्य संरचना (Audio-Visual Composition) की सघनता (Complexity) से। सत्यजित राय ने स्वयं इस बात को ऐसे कहा हैः

"मेरे प्रयास के पीछे सदैव यह चिन्तन रहा है कि कथन

की सादगी में अधिक से अधिक सघनता कैसे लाई जाए। कलाकार की यही कोशिश रहती है कि संरचना के द्वारा अव्यक्त भावार्थ कैसे अभिव्यक्त किए जाएँ।'' कथन की संरचना में सघनता के दो उदाहरण विस्तार से देखें। पहला **पाथेर पांचाली में 30-31-32 सीक्वेंस है कि सर्वजया के पास बच्चों को खिलाने के लिए मुट्ठी भर दाना ही रह गया है। नीलमणि की पत्नी ने ज़बरदस्ती एक सिक्का उधार दिया है, उसे वह बड़े बेमन से उठा ही रही है कि अपू एक चिट्ठी लिए हुए शोर मचाता हुआ आता है। सर्वजया मीडियम क्लोज़ अप से बढ़कर क्लोज़ अप में आती है हाथ में चिट्ठी है और उसका पति हरिहर अपनी आवाज़ में कह रहा है कि इसके बाद अब वह घर लौट कर आ रहा है। सर्वजया का चेहरा मधुर मुस्कान से खिल उठता है। यहीं डिज़ाल्व होता है पोखरे की सतह में पानी की तरंगों पर/सर्वजया का यह सुखद क्षण अब फैलकर, प्रकृति तक पहुँच रहा है।**

बैकग्राउंड संगीत में सितार की धुन परदे के दृश्यों के साथ-साथ लहराती चलती है। इसके साथ ही शॉट की एक शृंखला आरम्भ होती है। **सहसा उत्तेजित सर्वजया से पानी की तरंगें, ताल पर फिसलते, खेलते जीव जन्तु, एक छोटी-सी पेड़ की टहनी, एक फूल, कुछ पत्ते, पानी पर तैरते हुए, और कीड़े-मकोड़े, उड़ते हुए, तैरते हुए, यहाँ से आगे बढ़े, एक छोटा-सा बिल्ली का बच्चा खेल रहा है एक बड़ी लेटी हुई शान्त कुतिया से। फिर पिंजरे में टँगी एक चिड़िया से कैमरा नीचे आता है तो दूर में बन्द दरवाज़ा है, जिसे खोल कर हरिहर घर में आएगा, नीचे बरांडे में लेटी हुई सर्वजया धीरे-धीरे हाथ में पंखा झलती हुई प्रौढ़ स्त्री, जिसकी प्रतीक्षा में भी अनुशासन है। आगे दुर्गा, आईने में निहारती, काजल-बिन्दी करती हुई किशोरी, अपने लिए अच्छा पति प्राप्त करने के लिए स्तुति-पूजन कर रही है। सीक्वेंस के साथ सितार की धुन भी यहीं समाप्त होती है।**

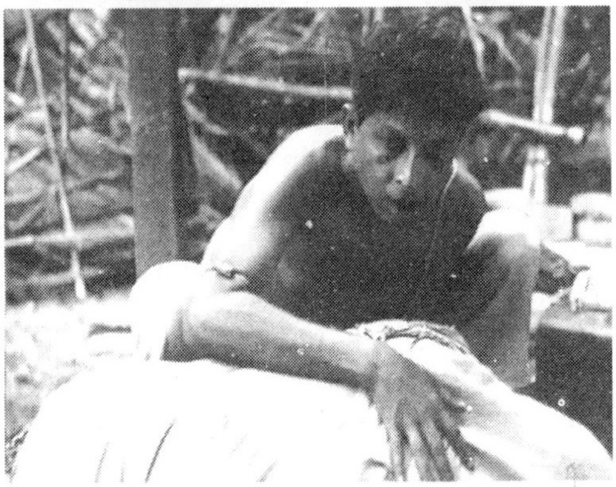

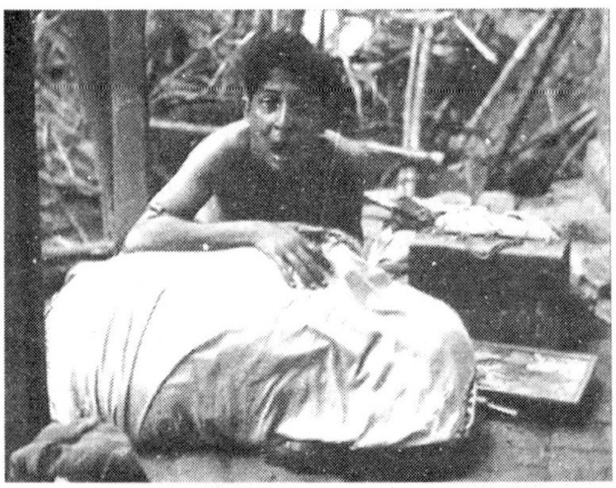

इस जटिल फ़िल्मी संरचना में जैसे भावना किसी तरल भाव-छटा (Some nvances of facing) को चित्रित कर रही है। दरअसल संरचना का मुख्य उद्देश्य यही है। भावनात्मक जीवन वह अभिव्यक्ति जो भाषा के परे है। उसे सिनेभाषा के माध्यम से अभिव्यक्त किया जाए।

दूसरा उदाहरण दो अलग-अलग कथा स्थितियों में निहित है। एक **पाथेर** पांचाली में और दूसरा **अपूर संसार** में। इन दोनों दृश्यों में पार्श्व संगीत समान है यानी धुन एक ही है। **पाथेर पांचाली-36 में जब सर्वजया हरिहर को दुर्गा के देहान्त की बात बताती है, तो ज़ोर से रोने लगती है। फ़िल्म में रोने की ध्वनि हटा कर संगीत की धुन लगा दी गयी है। राग प्रदीप के तार सप्तक में ऊँचे स्वरों में तारशहनाई/धुन का नाम रख दें माँ का क्रन्दन/** (माँ का क्रन्दन को सरगम संगीत के परिच्छेद में दखिए)। हरिहर पर अचानक दुख का बोझ आता है। हरिहर सर्वजया का सहारा लेने की कोशिश करता है। पार्श्व संगीत समान है। अगले शॉट में यही धुन है जब अपू घर लौटने में हिचकता है। कुछ रुक जाता है। यहीं फ़ेड आउट होता है।

अपूर संसार (81) में 'माँ के क्रन्दन' के पहले बंद को लिया गया है। उस दृश्य में जहाँ अपू अपने पुत्र काजल को मना रहा है। अपू ने बहुत कोशिश की थी कि अपने छः साल के पुत्र काजल से कुछ सम्पर्क बन सके, परन्तु बात बनी नहीं। अब वह निराश हो कर जा रहा है, नदी के किनारे, पीछे कुछ दूर काजल खड़ा है, तना हुआ अपू को जाते देख रहा है। अपू को यह पता है और मुड़ कर वह काजल से पूछता है कि क्या कुछ कहना है? एक छोटी-सी बातचीत में काजल अपू को 'एक मित्र' मान लेता है। जो काजल को 'उसके पिता' तक कलकत्ता पहुँचा देगा।

उधर नानाजी काजल को ढूँढ़ते हुए पुकारते हुए आते हैं। अपू काजल को बुलाता है कि वह बेफिक्र रहे, नाना को पता नहीं चलेगा। मिलन के इस क्षण में जैसे ही काजल अपू की ओर दौड़ता है साउंड ट्रेक पर 'माँ का क्रन्दन' का आरोह सुनाई देता है। (सरगम संगीत परिच्छेद में देखिए)। अपू और काजल एक-दूसरे से लिपट जाते हैं। अपू काजल को गोदी में उठा कर, फिर कन्धे पर बिठा कर नानाजी के घर से दूर ले चलता है। यहीं फ़िल्म के आखिरी दृश्यों में अपूर संसार का टाइटिल संगीत सुनाई देता है। (सरगम संगीत परिच्छेद में)।

काजल के दौड़ने का एक और पहलू है अपर्णा के देहान्त से छः साल बाद तक अपू घुटता रहा है, वह भी अब इसी क्षण पूर्ण होता है। अपर्णा की मौत से काजल के माँ-बाप दोनों ही छिन गये थे और इसी कारण से बच्चा दुखी रहता था। 'माँ का क्रन्दन' संगीत जैसे परिवार के मेल-जोल (Family togetherness) की दो चरम विरोधी स्थितियों में समान है। दुर्गा की मृत्यु से परिवार की लाड़ली बिटिया खो गयी। काजल और अपू के मिलन से बेटे को अपना खोया हुआ पिता मिल गया। 'माँ का क्रन्दन' चरम दुख और चरम आनन्द दोनों ही पर लागू है। शायद यह भी ठीक है कि आनन्द और दुख की चरम अनुभूति एक-सी ही होती है।

किसी भी कथन संरचना में भावनात्मक अभिव्यक्ति की परतें होती हैं। फ़िल्म की पूरी समझ के लिए इन भावनात्मक गहराइयों का अध्ययन भी आवश्यक है। अपू त्रयी की फ़िल्मों में कथन संरचना का विश्लेषण करते हुए हम इस भावनात्मक गहराई को भी उजागर करेंगे।

फ़िल्म विश्लेषण का आधार

एक फ़िल्म कई बिन्दुओं का एक तार्किक गठन होती है। फ़िल्मकार इस विजुअल आब्जेक्ट का अनुभव कराता है। फ़िल्म बिम्ब के कई स्तर होते हैं। जब किसी एक फ़िल्म पर बहस करनी हो तभी उसके वस्तुनिष्ठ विश्लेषण की ज़रूरत महसूस होती है। कलात्मक फ़िल्में देखने पर हमेशा ऐसा महसूस होता है कि इसमें बहुत और कुछ है जो एक बार देखने से समझ में नहीं आया। कलाकृति की गहरी पड़ताल करने से दो प्रकार के प्रश्न उठते हैं: **(1) कथन की संरचना के भीतर कौन-कौन से भावात्मक स्तर हैं?** (2) **फ़िल्म के रूपबन्ध (design) के अन्य पहलू क्या हैं?**

और इन पहलुओं या घटकों को जोड़ने के क्या सिद्धान्त हैं जिनसे फ़िल्म को लय (rhythm) मिलती है? इन दो प्रश्नों से फ़िल्म माध्यम के स्वरूप की बुनियादी बातें उभर कर आती हैं। इन बातों को यहाँ हम चार सुविधाजनक हिस्सों में बाँट रहे हैं। **(1) फ़िल्म बिम्ब का स्वरूप (2) फ़िल्म बिम्बों में पूर्ण और आंशिक सम्बन्ध (3) फ़िल्म बिम्बों की संरचना और कार्य (4) फ़िल्म बिम्बों रूपबंध दृश्य बिंब या चाक्षुबिंब।**

फ़िल्म बिम्ब स्वरूप

बिम्ब एक चाक्षुषबिम्ब (Visual Object) है जो साक्षात अनुभव के लिए होता है। चाक्षुषबिम्ब का उल्लेख वैज्ञानिकों ने तब शुरू किया जब आईने में दिखते हुए बिम्ब को समझने की कोशिश की। आईने के सामने रखी हुई मोमबत्ती का बिम्ब देख सकते हैं, मगर छू नहीं सकते और न किसी कागज़ पर उतार सकते। यानी ये बिम्ब केवल अनुभवगम्य था, इसी को दृश्यबिम्ब या चाक्षुषबिम्ब (Visual Object) कहा जाता है। प्रकृति में ऐसे कई दृश्य हैं, जैसे इन्द्रधनुष-आकाश में रंगीन कमान बनी दिखती है मगर उसका कोई स्थूल आधार नहीं है, यह सिर्फ बूँदों और किरणों के सम्बन्ध से बनी हुआ दृश्य बिम्ब है इसी तरह पानी की सतह पर बना हुआ प्रतिबिम्ब भी दृश्य बिम्ब है। फिर यह भी समझ में आया कि मानव हमेशा से नाना प्रकार के दृश्य बिम्ब बनाता आया है। जैसे किसी रंगीन चित्र में कोई महानुभाव बैठे हैं, या पेड़ है, फल हैं – उस सज्जन से आप अपना हाथ नहीं मिला सकते, उस पेड़ पर चढ़ नहीं सकते, न वह फल खाने के हैं। वे सभी दृश्य बिम्ब है, जो केवल हमारे साक्षात अनुभव के लिए हैं। इसी प्रकार कितने ही माध्यमों में बिम्ब बनता है। नृत्य में, संगीत में, नाटक में कहानी, उपन्यास, कविता, फोटोग्राफी, फ़िल्म... आप लिस्ट बढ़ाते जाइये। कुछ दृश्य बिम्ब बिलकुल असली लगते हैं, मगर वह असली नहीं, छवि हैं। कितने ही किस्से कहानियाँ इस बात पर आधारित हैं कि दृश्य बिम्ब को वास्तविक माना गया। जैसे चीन के एक कलाकार ने जंगल का इतना सुन्दर चित्र बनाया कि वह उसमें चला गया–और खो गया। इसी तरह ग्रीस के पिग्मैलियन की कहानी है कि मूर्तिकार ने पत्थर की इतनी सुन्दर मूर्ति बनाई कि वह उसी पर आशिक़ हो गया। देवताओं को उस पर दया आ गयी और पत्थर को हाड़मांस की मानुषी बना दिया। ऐसी ही एक घटना महाभारत में है। पांडवों ने एक ऐसा महल बनवाया था जहाँ पानी के ज़मीन होने का आभास होता था और दुर्योधन उसमें गिरे थे, द्रौपदी हँसी थी। दुर्योधन अपमानित हुए थे।

सिनेमा माध्यम का विशिष्ट गुण है फोटोग्राफिक वास्तविकता (Realism) जिसकी चर्चा शुरू से ही थी। 1895 में लूमियेर बन्धुओं ने जब सिनेमेटाग्राफ का प्रदर्शन किया तो अगले ही दिन अखबार में शीर्षक था कि ''यह तो बिल्कुल जीवन्त है। यह भी कहा गया कि इस आविष्कार का नाम सिनेमा ठीक नहीं है तो सिनेमा, कीनों, 'चलने' पर आधारित है, इसका नाम होना चाहिए बायोग्राफ, या बीटाग्राफ जो लेटिन मूल बायो, बीटा (bio, vita) यानी जीवन पर आधारित है। कोई तीस साल बाद जब चलते चित्रों से

ध्वनि का मेल भी हो गया, यानी ध्वनि युक्त फ़िल्में आ गयी तब वास्तविकता और भी बढ़ गयी। परदे पर लोग चल फिर रहे हैं और क्या बोल रहे हैं। सुनाई भी दे रहा है। जैसे समुद्र तट पर अमिताभ बच्चन घूम रहे हैं और गाना गा रहे हैं। यह है तो बिम्ब, मगर ऐसा बिम्ब है जैसे अमिताभ स्वयं समुद्र तट पर घूमते हुए गाना गा रहे हैं ठीक हमारे सामने। दर्शक की दो सशक्त इन्द्रियों आँख और कान को सीधे-सीधे सिनेमा अपने अधिकार में लेता है। दर्शक अँधेरे हाल में बैठा है उसे केवल वही दिखाई-सुनाई देता है जो सामने परदे पर है। और परदे पर केवल वही दिखाई-सुनाई देगा जो कैमरा और माइक ने देखा-सुना होगा जब फ़िल्म बन रही थी। अर्थात् फ़िल्म बनती है ऐसे है जैसे दर्शक की आँख कैमरा के पीछे हो, और दर्शक का कान माइक और ध्वनि मशीनों के पीछे है। जब फ़िल्म बन रही थी तब कैमरा और माइक उस ही स्थान पर, अमिताभ बच्चन के साथ समुद्र तट पर थे। इसी कारण दर्शक को भी यह महसूस होता है कि वह अमिताभ के साथ समुद्र तट पर हैं। अँधेरे सिनेमा हाल में दर्शक अपनी सीट पर बैठा फ़िल्म देख रहा है पर उसको ऐसा लगता है कि वह उसी समुद्र तट पर है जहाँ अमिताभ गाना गाते हुए घूम रहे हैं।

उसी स्थान पर होने की भ्रांति (illusion) होना बड़े परदे पर अँधेरे हाल में फ़िल्म देखते समय ही हो सकता है। छोटे परदे पर टीवी या वीडियों में दर्शक को हमेशा उस कमरे को फैलाव का अन्दाज रहता है जहाँ उसके सामने वाली मेज पर टीवी का डिब्बा रखा है और उस डिब्बे पर बिम्ब दिखाई-सुनाई दे रहा है। ऐसा कभी नहीं होता कि दर्शक को यह लगे कि वह 'वहीं' है जहाँ का प्रदर्शन बिम्ब में हो रहा है। बड़े परदे और छोटे परदे के बिम्ब में यही एक मुख्य अन्तर है। यह बात भी...लुमियेर बन्धुओं की फ़िल्म से शुरू होती है, कहा जाता है कि जब परदे पर रेलगाड़ी दर्शकों की ओर बढ़ती हुई आयी थी तो कुछ लोग अपनी सीट छोड़ कर हाल की दीवारों की तरफ़ भाग खड़े हुए।

फ़िल्म की भाषा और मानव की शारीरिक व्यवस्था में स्वाभाविकता-सी है। अधिकांश लोगों को कैमरा, ध्वनि और एडिटिंग का कुछ भी ज्ञान नहीं होता है पर वह फ़िल्में देखते हैं और ठीक से समझ भी जाते हैं। जब हम लोग शॉट से मीडियम शॉट को कट कहते हैं तब कैमरा की पोज़ीशन सहसा 20 फ़ीट बदलती है, पर फ़िल्म देखने वाले को कोई झटका नहीं लगता। कारण यह है कि फ़िल्म जो कर रही है वह ठीक वैसा है जो हम बराबर करते ही हैं। यानी अगर हम किसी व्यक्ति को देख रहे हैं, और यदि हमारी दिलचस्पी बढ़ती है तो बिना अपनी जगह बदले हम उसको और ध्यान से देखते हैं, और पास से देखते हैं। यानी लांग शॉट से मीडियम शॉट और मीडियम से क्लोज तक पहुँच जाते हैं। बिना अपनी स्थिति बदले हुए। शॉट लेने और एडिटिंग में जब शॉट से मीडियम और मीडियम से क्लोज़ तक बदलता है तो फ़िल्मकार वही कर रहा होता है जो हमारी ध्यान देने की प्रवृत्ति करती है। इसी कारण हमको कोई झटका नहीं लगता। बात यह है कि एडिटिंग या संपादन उन सब प्रणालियों से की जाती है, जिनके अनुसार मनुष्य का दिमाग़ चलता है। यदि कालानुक्रम (Chronological) में शॉट जोड़ दिए जाएँ तो दिमाग उनको जोड़ कर कथानक (Narrative) बना लेगा। दो शॉट जो सम्बन्धित न हों, अगर इनको एडिटिंग से जोड़ दिया जाए तो उनके सम्बन्ध जोड़ कर कोई विवेकशील निर्णय (Judgement) बना लेगा। यदि किसी विषय पर बहुत सारे डिटेल (Detail) पेश किए जा रहे हों तब उनको ग्रहण करते हुए दिमाग़ मन-बहलाव करेगा। अगर शॉट मुक्त संयोजन (Free assocation) में लगे हों तो दिमाग़ उनको स्वप्नक्रम (Dream) में बाँध लेगा। मनुष्य का दिमाग़ अत्यन्त प्रतिभाशाली होता है, शॉटों को किसी भी ढंग से एडिट करें, कुछ न कुछ अर्थ निकल ही आएगा।

लड़के और लड़की के बीच एक साधारण दृश्य बनाने की सोचते हैं। लड़की बाग़ में लड़के की राह देख रही है। लड़का आता है। दोनों के बीच बात होती है। बात के बाद दोनों विदा लेते हैं। फ़िल्माने के लिए कैमरा तथा मायक्रोफ़ोन की ज़रूरत होगी। बाग का स्थल भी होना चाहिए। लड़का और लड़की के पात्र निभाने वाले कलाकार चाहिए। यंत्रों के बिना फ़िल्म असम्भव है। कैमरा तथा माइक फ़िल्म बनाने वाले के आँख-कान हैं और आगे चलकर प्रेक्षक के भी। अगर हम इन यंत्रों को × कहते हैं तो फ़िल्म में एक अदृश्य उपस्थिति (Invisible Presence) होगी, जिससे कोई भी दृश्य...लड़का लड़की और × के बीच बनेगा। × की भूमिका हर स्थान बदलने के साथ बदलती रहेगी।

चलिए अब इसे फ़िल्माना शुरू करते हैं। हमने लड़की

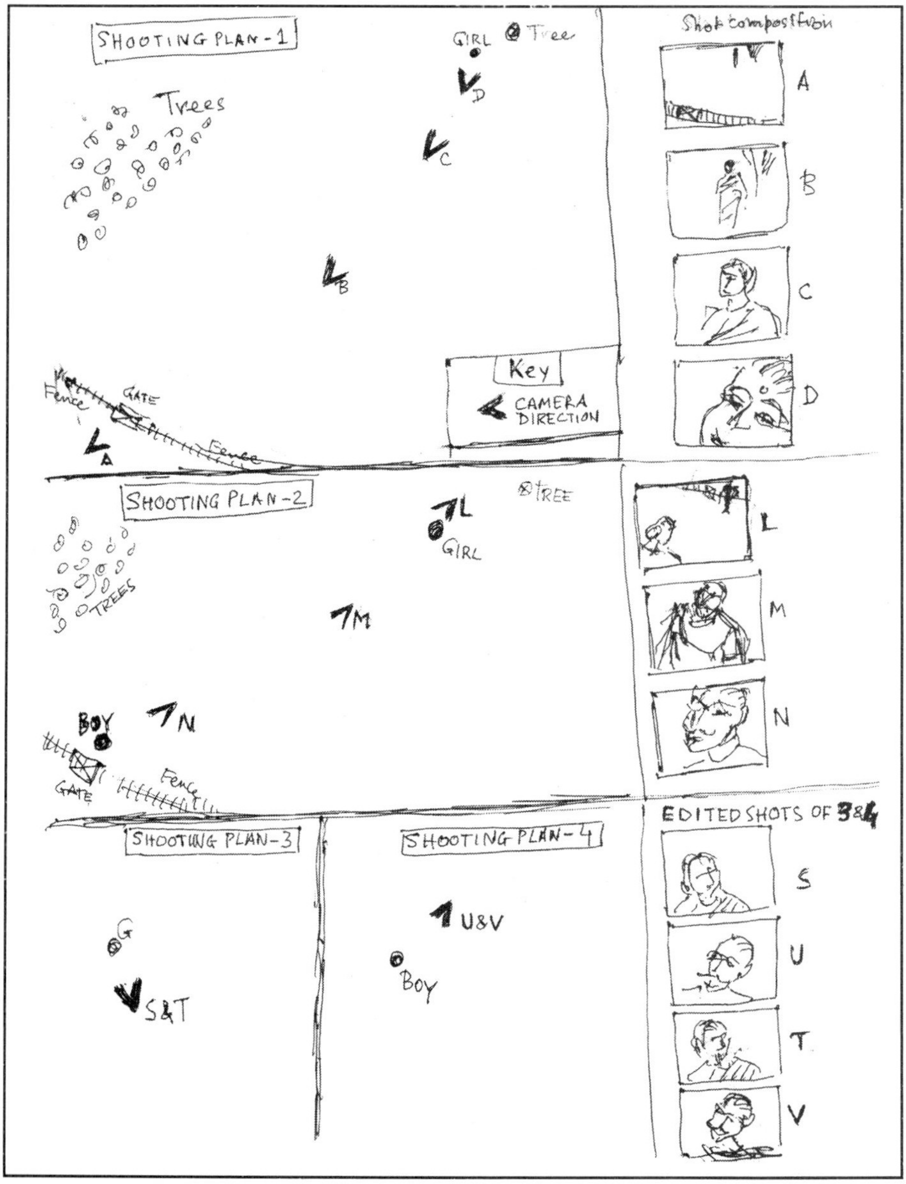

को एक्सट्रीम लांग शॉट (Extreme long shot) में दिखाया कि...एक सुनसान बाग़ में लड़की खड़ी है। देखने वाले के मन में प्रश्न उठेगा, यह है कौन? अकेली इस बाग में क्या कर रही है? कैमरा अब इस अन्तर को कम करके मिडशॉट (Mid Shot) लेगा। दिखेगा कि लड़की कुछ दुखी सी है। कैमरा और पास जाकर क्लोज़अप (Close up) लेगा। जिसमें उसकी आँख में आँसू भी दिखाई देंगे। और इसके मन में गूँजती उस गाने की धुन भी सुनाई देगी, जो गाना दोनों ने मिलकर कभी गाया था। × इसमें एक प्रेक्षक (Observer) की भूमिका में है जिसकी दूरी और नज़दीकी बदलती रहती है, सुदूर से समीप तक और इतने समीप तक कि मन के गीत की धुन भी सुन सकें।

अब कथा के उस बिन्दु पर जाते हैं जहाँ लड़का आता है। लड़की उसकी प्रतीक्षा कर रही थी यह दिखा चुके हैं,

तो उचित होगा कि अब कैमरा लड़की के पीछे से उसके कन्धे के पीछे से उसको कोने में रखते हुए लांगशॉट (Long Shot) बनाये जिस दिशा में अन्दर आने का फाटक दिखाई देगा। लड़का हाथ हिलाता कुछ बोलते-बोलते आ जाएगा। अब लड़के का मिडशॉट (Mid Shot) होगा। इस समय × ने लड़की के मन की इच्छा पूरी कर दी। उसने चाहा कि लड़के को ज़रा नज़दीक से देखूँ तो कैमरा बीस फ़ीट आगे चला गया।

यह दूरी पार करते समय कोई दिक्क़त नहीं होती क्योंकि × ने लड़की की इच्छा से यह छलाँग मारी थी। थोड़ी देर बाद दोनों के बीच कुछ टकराव होता है। इस वाद-विवाद में संघर्ष का भाव है इसलिए यह अच्छा होगा कि दोनों के शॉट अलग-अलग लेकर बाद में जोड़ दिए जाएँ। एक शॉट में लड़का × से बोला। दूसरे शॉट में लड़की x से बोली दोनों शॉटों को जोड़ कर देखें तो यह लगेगा कि लड़का और लड़की एक दूसरे से बात कर रहे हैं। यहाँ x दोनों के संप्रेषण का माध्यम (Medium of communication) भी बन गया है।

यह सब प्राथमिक स्तर फ़िल्माने का ढंग है। इससे यह बात स्पष्ट हो जाएगी कि फ़िल्म बनाते समय कैमरा और माइक ऐसी जगह पर होते हैं जहाँ से हर चीज़ सबसे अच्छे ढंग से देखी-सुनी जा सके। पात्रों की अन्तःक्रिया से बने इस दृश्य के भीतर मनोविज्ञान को समझना आवश्यक है। कैमरा-माइक उसी जगह रखा जाता है जहाँ से फ़िल्मकार का भाव अभिव्यक्त हो सके।

लड़का-लड़की के दृश्य फ़िल्माने में कैमरा-माइक उन-उन स्थानों पर रखा गया जहाँ से दृश्य-श्रव्य संरचनाओं में प्रतीक्षा, मिलन, जुदाई के भाव अभिव्यक्त हो सकें। फ़िल्म-कथा... की कुछ अपनी माँग (Demand of the Story) होती है, उसी के अनुसार दृश्य रचना होती है।

इसी सन्दर्भ में यह भी समझ में आ सकता है कि फ़िल्मस्टारों की अन्ध भक्ति (Blind devotion) का कारण क्या है हीरो और हीरोइन के प्रेमसम्बन्धी फ़िल्म दृश्य का निर्माण होता है हीरो-हीरोइन और × के बीच यानी हीरो-हीरोइन और कैमरा-माइक के बीच/कैमरा-माइक प्रेक्षक के आंख-कान हैं। यानी लव-सीन की क्रिया में सबसे कारगर स्थान पर दर्शक है और उसी की उपस्थिति के लिए हीरो-हीरोइन का लव-सीन बन पाता है।

यहाँ हम सब समझ सकते हैं कि लोकप्रिय फ़िल्मों की लोकप्रियता का आधार किस बात में है। यहाँ कथा-कहानी किसी वास्तविक समस्या से शुरू होती है और फ़िल्म उसके स्वप्निल हल का संसार पेश करती है और इस सुहावने संसार के ठीक बीच केन्द्र-बिन्दु पर दर्शक की आँख-कान और दिमाग़ है। और क्या चाहिए? दर्शक को और कुछ नहीं करना है, यही तो फ़िल्म माध्यम का गुण है।

पूर्ण-अंश सम्बन्ध

एक फ़िल्म कई दृश्यों को जोड़कर बनती है। एक दृश्य छोटे-छोटे शॉट के संकलन से बनता है। यह शॉट दृश्य की भावना को अभिव्यक्त करते हैं। यहाँ दृश्य को पूर्ण मानते हैं और शॉट को अंश। यह छोटे-छोटे अंश कहानी में फ़िल्मकार के दृष्टिकोण को व्याख्यायित करते हैं। पात्र की क्रिया में 'मोटिव' को स्पष्ट करते हैं। यानी केवल इसी संरचना से पूर्ण भावरूप (Shape of feeling) निखर आता है। दूसरे शब्दों में कोई भी अंश एक पूर्ण के निर्माण में योगदान देता है और उसी पूर्ण के द्वारा उस अंश का विशिष्ट अर्थ समझा जा सकता है।

अब एक छाते का उदाहरण पाथेर पांचाली के दो दृश्यों **से लेते हैं। पाथेर पांचाली-33 दृश्य में बारिश की पहली बूँद गंजे आदमी के सिर पर टपकती है। वह जल्द ही अपना छाता खोलता है। छाते का प्राथमिक काम है बारिश से बचाना।**

दूसरा दृश्य 36 पाथेर पांचाली में अपू दुकान पर जाने की तैयारी में बरांडे से उतर आता है। दुर्गा की मौत कुछ ही दिन पहले हो चुकी है। हाथ में बोतल लेकर अपू आँगन में आकर आकाश की ओर देखता है और लौटकर कमरे के अन्दर जाता है। जब वह बाहर निकल कर आता है तब उसकी बगल में छाता है। इस पूरे क्रम से छाता लाने का मतलब अपू की मनःस्थिति और उसकी बढ़ी हुई समझदारी; यहाँ पर पूर्ण से अंश का अर्थ स्पष्ट होता है।

रचना और कार्य

कलाकार बिम्ब का निर्माण करते हैं। इस बिम्ब के निर्माण के लिए कोई सामग्री (Material) चाहिए। यह सामग्री वास्तविक जीवन से उठाई जा सकती है या कहानी के आधार पर भी बन सकती है। जैसे पंचतंत्र की कथाओं में जानवर भी मनुष्यों की भाषा बोलते हैं। फ़िल्म की सरचना करने में फिल्मकार को तय करना होता है कि सामग्री के कौन से घटक लें और उनके आपसी सम्बन्ध क्या होंगे। जो फ़िल्म बनेगी उसी के द्वारा दर्शक को कलाकृति के भावार्थ इत्यादि समझ में आएँगे।

इसी बात को और ढंग से समझें। दो किस्म के विश्व हैं। एक है वास्तव का विश्व जिसमें व्यवस्था (Order) है और अव्यवस्था (Chaos) है और मनुष्य निर्मित कानून (Laws) भी।

दूसरा मनुष्य निर्मित ललित विश्व (Fiction) है जिसमें कलाकार के द्वारा दिखाए बिम्ब हैं। जीवन का यह भी एक पहलू है। उस पर कलाकार की अपनी समझ है। इस समझ को वह बिम्बों के द्वारा अभिव्यक्त करता है। कलाकार वास्तविक जीवन के कुछ घटक चुनता है और उनको इस ढंग से सँजोता है कि वह जीवन के किसी पहलू के प्रसंग की रूपरेखा (Contour of Delevence) खींच जाएँ।

कथात्मक फ़िल्मों के शुरू होने के दो कारण हैं। दरअसल मनुष्य दो तरह से समझता है। एक, साक्षात अनुभव द्वारा और दूसरा ढंग है रूपक (Metaphor) के माध्यम से।

एक उदाहरण लेते हैं। अगर कोई मित्र कहता है कि तुम मेरे सूखे जीवन में एकमात्र हरियाली हो तो इस वाक्य में छिपे भाव हम समझ लेते हैं, पर कैसे? जब 'सूखा' और 'हरा' एक ही वाक्य में लाये गये हों तो इस विलोम (Contrast) से उसके जीवन का विस्तार और उसमें दोस्ती का भाव साफ़ उभर कर आता है।

मेरे मित्र ने अपने जीचन के सूखेपन के अनुभव के बारे में कुछ भी नहीं कहा फिर भी इस वाक्य में बिम्ब निर्माण से भाव में छिपा अर्थ मुझ तक पहुँच गया भी 'सूखा' और 'हरा' इन दो शब्दों का शब्दार्थ (Pictoral Meaning) नहीं लगाया, रूपक (Metaphor) का आश्रय ले कर समझा। रूपक में एक बात कही जाती है, पर दूसरी समझी जाती है। यह क्षमता केवल मानवों में ही है कि रूपक बनाएँ और रूपक को समझें। रूपक ही के आधार पर ललित विश्व (Fiction) सम्भव होता है।

बिम्बों की रचना किसी भी सामग्री (Material) के चुने हुएं घटकों से की जा सकती है। इन घटकों से विभिन्न आयामों को ले कर ऐसी संरचना बनती है कि भाव और अर्थ साथ-साथ दिख सकें। एक उदाहरण लेते हैं। भगवान बुद्ध की मूर्ति या चित्र बनाया जाता है। उसमें बुद्ध ध्यानमग्न मुद्रा में बैठे हैं और उनके सामने शिष्य भी आकारों की रचना भिन्न है। बुद्ध का आकार बहुत बड़ा है और शिष्य छोटे-छोटे हैं। हम इस रचना को तुरन्त समझ जाते हैं कि बुद्ध महान हैं और शिष्य छोटे। वह सिद्ध हैं और शिष्य अभी तक साधक हैं। भौतिक रूप से बड़े-छोटे का आयाम आध्यात्मिक बड़े-छोटे आयाम को दर्शक स्पष्ट हो गया।

कलाकार सदैव ऐसे सममूल्यों की खोज में रहते हैं कि एक बात कही जाए जिसका अर्थ कुछ दूसरा हो। रूपक सम्बन्धी नियम स्थायी नहीं होते। इनकी खोज और निर्माण से भाषा स्पष्ट और विकसित होती है। बहुत प्रचलित रूपक भाषा ही में समा जाते हैं। माँ को प्यार उमड़ पड़ा, वह परेशानियों से दबे जा रहे हैं। ''उमड़ पड़ा'', ''दबे जा रहे हैं'' कभी रूपक रहे होंगे अब भाषा में समा गये हैं।

बच्चे भाषा कम जानते है और बातें कहनी ही होती हैं। इसलिए वह रूपक बड़ी खूबी से बनाते हैं। एक बच्चे ने हाथी का चित्र बनाया। खूब बड़ा काला-काला और उस के पेट में सफेद रंग भर दिया। पूछा यह क्या है वह बोला हाथी के सफेद दाँत यहीं से तो निकलते हैं। रास्ते में खड्डे बहुत थे और गाड़ी बार-बार यहीं से तो उछल रही थी। बच्ची

ने कहा कि इस सड़क का नाम खड़बड़ रोड रख देना चाहिए। एक बच्चे ने प्लेटफॉर्म पर खड़ी रेलगाड़ी का चित्र बनाया। किसी ने मुश्किल सवाल पूछा कि स्टेशन का उल्टा प्लेटफॉर्म कहाँ है। बच्चे ने क्षण भर सोचा फिर पेंसिल उठाई और दूसरी तरफ स्टेशन का नाम आईने में बिम्ब जैसा लिख दिया। यह रहा उल्टा प्लेटफॉर्म। इन चुटकलों में रूपक का मूल स्रोत साफ़ दिखाई देता है। कलाकार इसी वृत्ति को आगे बढ़ा कर भाषा को और सम्पन्न करते हैं।

फ़िल्म के अंश अलग-अलग दीखने लगें तो पूर्ण रचना का आकार भी समझ में आएगा। पूर्ण रचना में आन्तरिक सम्बन्धों के धागे होते हैं। यह रचना तीन स्तरों पर होती है। पहला स्तर आशय सूत्रों के ताने-बाने (Web of themes) का है जिस पर सारी संरचना का आधार है। दूसरा स्तर कथन का है, जिसमें दृश्य (Scenes) और सीक्वेंस (sequence) एक क्रम से बँधे होते हैं। यह बृहद् विन्यास (Macro Structure) का स्तर है।

तीसरा स्तर है दृश्य शॉट, ध्वनि शॉट और एडिटिंग की विधाओं का। यह सूक्ष्म विन्यास (Micro Structure) का स्तर है।

फ़िल्म की रचना में यह तीनों स्तर एक-दूसरे पर आधारित होते हैं।

रचनाएँ कार्य के हेतु बनती हैं। (Structure are functional)। यह नियम प्रकृति की रचनाओं पर भी लागू होता है। जब मानव अपने जीने की आवश्यकताएँ पूरी करने के लिए कुछ चीज़ें निर्माण करता है तब इसी नियम के अनुसार काम करता है। प्रकृति की बनाई हुई रचना का उदाहरण लें। मानव के अस्थि पिंजर (Human skeleton) की रचना मछली के अस्थि पिंजर से बिल्कुल भिन्न है। इसका कारण उनके जीवन के परिवेश (Environment) भिन्न-भिन्न हैं और उसका कार्य (Function) अपने-अपने परिवेश में जीवित रहने का है।

जीवित रहने की सम्भावनाएँ और मर्यादाएँ (Limits) रचना की बनावट से बँधी होंगी। छोटी-सी चीज़ हो जैसे छड़ी की मूठ (Handle of walking stick) या बड़ी चीज़ हो जैसे मकान बनाना है, दोनों ही में द्रव्य के घटकों (Units of material) को ऐसा जोड़ा जाएगा कि कोई कार्य सम्पन्न हो सके। परन्तु जब कलाकार बिम्बों का निर्माण करता है तब उसका ध्येय केवल कलात्मक अभिव्यक्त (Artistil expression) होता है। इस बात को आगे समझेंगे।

मकान बनाने का उदाहरण लेते हैं। अगर मैंने अपने आर्किटेक्ट से कह दिया कि मेरे लिए मकान का नक्शा बनाओ तो वह जरूर पूछेगा, 'आपको मकान किसलिए चाहिए?' इस पर मैं तो कहूँगा, 'ज़ाहिर है, मैं वहाँ रहना चाहता हूँ।' तो वह मुझसे माँग करेगा कि तुम्हारे 'रहने' का अर्थ क्या है? इसका विवरण चाहिए। तो आगे मैं अपने कुटुम्ब के सदस्य, उनकी उम्र, उनका रहन-सहन बताने जाऊँगा। तब आर्किटेक्ट उसका विभाजन रसोई, बेडरूम हॉल, बालकनी और आँगन जैसे कार्यात्मक घटकों में करेगा-मेरी आर्थिक स्थिति ध्यान में रखते हुए! उसके नक्शे के रूपबन्ध में घर वालों का अपना-अपना निजी स्थान भी होगा, सब के लिए मिलकर कुछ करने की जगह भी होगी और मेहमानों के आने पर आवभगत के लिए स्थान के प्रावधान होंगे। इस मकान का नक्शा उस प्रोफेशनल दम्पति के मकान के नक्शे से बिल्कुल अलग होगा जो...पूरा दिन बाहर रहते हैं। और थोड़ा ही समय घर में बिताते हैं।

अगर हम इन उदाहरणों में रचना और कार्य का सम्बन्ध देखते हैं तो साफ समझ में आएगा कि मेरे घर के रूपबन्ध में मेरे जीने के तथ्यों का अभिव्यंजन है। जीवन के किसी पहलू को देखें तो उसमें अनेक भावनात्मक धागे-डोरों की बुनावट होगी। इसी जटिल बुनावट की अभिव्यक्ति बिम्ब द्वारा की जाती है। फ़िल्म समझने के लिए उसकी रचना से उभरने वाले डिज़ाइन की खोज करना जरूरी है।

बिम्बों के डिजाइन की जटिलता (Complexity) समझने के लिए हम अपना एक निजी अनुभव याद करें। मैं किसी छोटे गाँव से शहर के बड़े कॉलेज में दाखि़ल हो गया हूँ, और हर किसी से कह रहा हूँ कि हमारे प्रिंसिपल राव बहुत अच्छे इन्सान हैं। इस वाक्य के पीछे मेरा अनुभव क्या है? उसका पुनर्निर्माण करते हैं। जब मैं गाँव से आया, तब मेरे पास हमारे स्कूल के हेडमास्टर की चिट्ठी प्रि. राव के नाम थी। वे एक-दूसरे को पहचानते थे। जब मैं प्रि. राव के मकान पर पहुँचा तब सहमा-सा, दबा-सा, नर्वस (Nervous) था। मैंने दरवाजा खोला। ज़ोर से म्यूज़िक चला रहा था, वह नौकर

ने कम कर दिया और मुस्कराया। तब तक मिसेज राव अन्दर से आयीं, मुझे बिठाया—ये कहते हुए कि बरांडे में गरमी है, अन्दर कूलर चल रहा है, आराम से बैठो। उन्होंने मेरे आने का कारण पूछा, तो मैंने चिट्ठी उन्हें दे दी। यह बात चल रही थी। तो प्रि. राव भी बाहर आ गये। जब मैंने अपनी पहचान बताई तो उन्होंने प्रसन्नता से मुझे स्वीकार कर लिया। मिसेज राव अन्दर चली गयी और हमारे लिए कॉफी ले आयीं। प्रि. राव ने पूरी मदद करने का आश्वासन दिया।

इस पूरे घटनाक्रम में प्रि. राव की 'भलाई' के बहुत सारे घटक हैं। उनका आश्वासन, पूरे कुटुम्ब का स्वागत भाव, अच्छा आतिथ्य, मेरे प्रति बर्ताव और यह भी कि कॉफी के कप कितने सुन्दर थे। यह कॉफी कप भी उसी भलाई का एक स्वरांश (Acoustics) है।

स्वरांश की संकल्पना ध्वनि विज्ञान (Accoustics) से है अगर हम एक ट्यूनिंग फोक (Tuning fok) या सितार का तार छेड़ते हैं, तो उसका मूल स्वर कम्पन मानो 'न' है, तो उस तार से 7/2 7/4 7/8 जैसे स्वरांश भी निकलते हैं। इन स्वरांशों के कारण मूल स्वर की संपन्नता (Richness) बढ़ती है। जब कथाकार बिम्बों का निर्माण करते हैं, तब मुख्य आशय सूत्र (Theme) को व्यक्त करते समय उसके स्वरांश भी संरचना में लाते हैं। इससे बिम्ब की सम्पन्नता (Richness) बढ़ती है। अगर फ़िल्म में गरीब कुटुम्ब की कथा दिखाई जा रही है, तो मुख्य आशयसूत्र कुटुम्ब प्रमुख की आमदनी से है। लेकिन उसके घर का गिरा-पड़ा हाल, कपड़े, बरतन ये सभी घटक स्वरांश बन कर आशयसूत्र का संवर्धन करेंगे।

रूपबन्ध

अपू त्रयी जैसी कलाकृति का विश्लेषण करते समय रचना हमारे लिए सबसे अच्छा मार्गदर्शक है। इनमें कथन का बृहद् विन्यास किस प्रकार से आशय सूत्रों का अभिव्यंजन करता है, यह देखना जरूरी है। सूक्ष्म विन्यास में भी इन सूत्रों का अभिव्यंजन किन-किन दृश्य-श्रव्य घटकों की संरचना से हो रहा है और पूरी कलाकृति की तीन स्तरों पर कैसी बुनावट है।

दृश्य की रचना से पूर्ण निर्माण और उस संरचना से रूपबंध का उभरना ये सम्बन्ध ठीक से समझना आवश्यक है। पूर्ण का भावार्थ उसी में छुपा है। बृहद् रूपबंध में विन्यास और उनका क्रम देखना है। फ़िल्म रचना में जो तार्किक आधार है उसे सूक्ष्म विन्यास के तन्तुओं में भी देखना है। इस प्रयास से बृहद् विन्यास-सूक्ष्म विन्यास इन स्तरों की एकात्मता (Integration) और पारस्परिक आधार (Inter dependence) स्पष्ट हो जाएगी।

मोटिफ (motif) और उनके सम्बन्धों का विकास रूपबंध का निर्माण करते हैं। एक कथासूत्र का डिज़ाइन होने के कारण से फ़िल्म के मोटिफ में जटिलता और सम्बन्ध के कई स्तर हो सकते हैं। मोटिफ का उपयोग कुछ स्थितियों के परिवर्तन के साथ भी होता है। कथन की गति (Dynamics) से मोटिफ और उनके सम्बन्ध का निर्माण होता है। उनके परिवर्तन भी उसी गति से होते हैं। बृहद् और सूक्ष्म दोनों मिलाकर आशयसूत्रों का ताना-बाना अभिव्यक्त होता है।

मोटिफ के बीच साम्य (Similarity) और विपरीत (Contrast) जैसे सम्बन्ध होते हैं। सन्तुलन और सामंजस्य डिज़ाइन की आन्तरिक गति को बढ़ाने में महत्त्वपूर्ण भूमिका अदा करते हैं।

डिज़ाइन यानी रूपबंध की और बातें अगले अध्याय में।

अपू त्रयी का रूपबन्ध

अपू त्रयी के अध्ययन के दो तरीके हैं। हर फ़िल्म को पूर्ण मान लेना या तीनों फ़िल्म एक साथ लेकर त्रयी को पूर्ण के रूप में देखना। त्रयी की हर फ़िल्म अपू के जीवन की एक-एक अवस्था को दिखाती है। त्रयी के आरम्भ और अन्त के खंडों में साम्य-सा है। आरम्भ में छः साल की उम्र के अपू की कथा है। अभी अपू छोटा है। और जीवन की घटनाओं पर उसका कोई नियंत्रण नहीं है। फिर भी इन प्रसंगों से उसके जीवन पर प्रभाव जरूर पड़ा है। त्रयी के अन्त में अपू खुद पिता बन गया है और अपने छः साल के पुत्र काजल से सम्पर्क साधता है।

बृहद् विन्यास

अब बृहद् विन्यास देखते हैं और रूपबन्ध के घटक समझ लेते हैं। एक सतही निरीक्षण है कि त्रयी में तीन फ़िल्में हैं और हर फ़िल्म के तीन प्रमुख भाग हैं। ये तीन हिस्से कथा विन्यास की मामूली समझ के हिसाब से बने हैं। **पाथेर पांचाली** और **अपराजितो** के पहले हिस्सों में परिवार की पारम्परिक जीवन शैली दिखाई जाती है। दूसरे हिस्से में यह रहन-सहन का ढंग मुश्किल होता है, तनाव की तीव्रता बढ़ती है। तीसरे हिस्से में उस जीवनशैली को साधने वाले धागे टूट जाते हैं।

इन धागों के टूटने से परिवार को अपना ठिकाना छोड़कर कहीं और जाना पड़ता है। **अपूर संसार** के भी तीन हिस्से हैं मगर कथाक्रम और उसके जोड़ अलग ढंग के हैं। इस फ़िल्म में शुरू की बनाई जीवन शैली पूरी तरह से ध्वस्त हो जाती है और अन्त में एक बिल्कुल नये ढंग से पिता और पुत्र का रिश्ता बनता है।

पाथेर पांचाली

पहला भागः अपू के पिता हरिहर राय निश्चिन्दिपुर गाँव में पुश्तैनी मकान में रहकर जीवन बिता रहे हैं। अपू के जन्म के बाद छः साल बीत जाने के बाद हरिहर राय कुछ और पैसा कमाने के लिए कुछ दिनों के लिए गाँव से बाहर जाते हैं।

दूसरा भागः हरिहर की अनुपस्थिति में अपू की माँ बहुत कठिनाइयों का सामना करती है जिसकी परिणति उस तूफान और बारिश की रात को होती है जब मकान का हिस्सा गिर जाता है और दुर्गा की मृत्यु हो जाती है।

तीसरा भागः हरिहर अपना गाँव और पुश्तैनी मकान छोड़कर बनारस चला जाता है।

अपराजितो

पहला भागः बनारस में नयी जीवन शैली बनते-बनते ही ध्वस्त होती है, हरिहर की मृत्यु से। सर्वजया वहीं रहकर अपू की परवरिश चाहती है। लेकिन इस प्रयास को छोड़कर वह मामा के गाँव लौट जाती है।

दूसरा भागः मानस पोटा गाँव में अपू पारम्परिक पुरोहिती का काम सीख लेता है और स्कूल भी जाता है। छः साल बीतते हैं अपू मैट्रिक्युलेशन की परीक्षा विशेष योग्यता श्रेणी में उत्तीर्ण करता है। कलकत्ते में आगे की शिक्षा के लिए सर्वजया की अनुमति मिलनी कठिन है, पर अपू किसी न किसी तरह अपनी माँ को मना लेता है।

तीसरा भागः माँ सर्वजया अपू के दूर जाने पर अकेलेपन में सूखती-सी चली जाती है। और उसकी मृत्यु हो जाती है। परिवार का यह आख़िरी धागा टूट जाने पर अपू पुश्तैनी पेशा त्याग कर उच्च शिक्षा के लिए कलकत्ता चला जाता है।

अपूर संसार

पहला भागः कलकत्ता में अपू अकेला है। उसका दोस्त **पुलू** उसे ढूँढ़ निकालता है और खुलना ले जाता है। वहाँ

अचानक ऐसा घटनाक्रम होता है कि अपू की शादी अपर्णा से हो जाती है। वे दोनों अपना जीवन विश्वास और पारदर्शिता के आधार पर बिताने का निश्चय करते हैं।

दूसरा भागः कलकत्ता में अपू और अपर्णा एक सुखमय युगल का संसार बनाते हैं जो शिशु जन्म के समय अपर्णा की मृत्यु से उजड़ जाता है। उदासी की स्थिति में अपू अकेलेपन में खो जाता है। पूरे समाज से रिश्ता तोड़ कर वह अपने लेखन को भी छोड़ देता है।

तीसरा भागः छः साल बीत जाते हैं। खुलना में अपू का पुत्र काजल बिना माँ-बाप की निगरानी में बड़ा होता है। उधर अपू अपने दुख में डूबा यहाँ-वहाँ भटकता रहता है। पुलू फिर एक बार अपू को अकेलेपन से बाहर निकालता है। काजल को देखने अपू खुलना आता है। कुछ प्रयास के बाद अपू काजल से सम्पर्क साधने में कामयाब होता है।

पाथेर पांचाली का पहला पड़ाव हरिहर के गाँव छोड़कर जाने की घटना से बनता है। परिवार से हरिहर की दूरी। पहली बार कुछ दिनों के लिए। फिर गाँव छोड़ने का निर्णय परिवार के साथ। यानी जड़ों से विस्थापन। यह घटनाएँ कथा विस्तार में बड़ी सहजता से उभरती हैं। इसी तरह **अपराजितो** का पहला हिस्सा खत्म होता है। जब सर्वजया काशी से अपने भाई के गाँव में लौट जाने का निर्णय लेती है और दूसरा हिस्सा खत्म होता है जब अपू उच्च शिक्षा के लिए मानसपोटा छोड़कर कलकत्ता जाने का निर्णय ले लेता है। **अपूर संसार** के रूपबंध में आरम्भ और अन्त, परिवर्तन को दर्शाता है। यह आरंभ होता है अपू के अकेले रहने से और समाप्त होता है अपू के काजल से जुड़ जाने से। अलग होना और जुड़ जाना एक-दूसरे की विरोधी क्रियाएँ हैं। **पाथेर पांचाली** और **अपराजितो** के अन्त में जब बन्धन टूटते नज़र आते हैं तो प्रश्न उठता है कि आगे अपू का क्या होगा? इसका बिल्कुल उल्टा **अपूर संसार** का समापन है। जो कुछ नये मूल्यों पर आधारित है...अगली पीढ़ी में अपू का काजल से नाता केवल बाप-बेटे का नहीं 'एक मित्र' का भी है।

अपू त्रयी का पूरा रूपबंध एक नज़र में देखें। ये तीनों फ़िल्में मिलकर एक स्पाइरल (spiral) गोल घूमती सीढ़ी की आकृति बनाती हैं। **पाथेर पांचाली** की अन्दरूनी रचना इस प्रकार की लय में है—पहले जीवन शैली को बाँधने वाले धागे बढ़ते हुए तनाव से खिंचते हैं। और अन्त में टूटते हैं। हरिहर का कुटुम्ब इस गाँव में कई पीढ़ियों से बसा था। तनावग्रस्त होने से इस गाँव को हमेशा के लिए छोड़कर उन्हें बनारस जाना पड़ा— जहाँ सम्मानपूर्वक जीवन जी सकें। **अपराजितो** में यह विस्थापन बनारस जैसे शहर से मानसपोटा जैसे गाँव तक और अन्त में मानसपोटा से महानगर कलकत्ता की ओर अपू का प्रस्थान, जिसमें सिर्फ गाँव से महानगर जाने का बदलाव ही नहीं बल्कि पारम्परिक जीविका से भी दूर जाने का बदलाव भी स्पष्ट है। **अपूर संसार** में अपू अकेला ही सम्मानपूर्वक जीने की कोशिश में लगा है। वह शादी के बाद एक गहरे सहजीवन का अनुभव करता है। लेकिन वह दुनिया भी टूट जाती है। आगे चलकर अपू जब अपने बेटे को नये तरीक़े से अपनाता है तब यह घूमती हुई सीढ़ी सम्मान से जीने की खोज में सबसे ऊपर पहुँच जाती है। फ़िल्मों के पाठ्य विश्लेषण से यह स्पष्ट हो जाएगा कि घूमती सीढ़ी की आकृति का निर्माण अपू की कथा की हर व्याख्या में भी होगा।

अब हम इस ओर ध्यान दें कि फ़िल्मकार माध्यम की भाषा का उपयोग पूर्ण-अंश सम्बन्धों के निर्माण में किस तरह करता है।

दृश्य-घटक और श्रव्य-घटक इन दोनों के मेल से रूपबंध बनता है। रूपबंध से कहानी का कथन होता है। और फ़िल्म बनाने का अभिप्राय भी समझ में आता है। अब दृश्यों में इन घटकों की अलग अलग पहचान कर उनके अन्तरसम्बन्धों की व्याख्या किन तथ्यों पर निर्धारित की जाये, इसे समझा जायेगा।

हम कलाकृति की विवेचना दो प्रश्न उठाकर आरम्भ कर सकते हैं। कथन की रचना के संगठन तत्त्व कौन से हैं? फ़िल्म माध्यम में कथन के लिए कौन से दृश्य तथा श्रव्य साधन होते हैं? एक सुरचित घटक के विश्लेषण का काम कठिन-सा लगता है। इसलिए एक प्रश्न उठाकर आगे बढ़ते हैं। यह फ़िल्म क्या बात कह रही है? यह किन आशयसूत्रों के बारे में कुछ कहती है? इन प्रश्नों का उत्तर ढूँढ़ते हुए हमें फ़िल्म के **पूर्ण-अंश** सम्बन्ध धीरे-धीरे समझ में आएँगे।

एक और काम करते हैं। फ़िल्म से ब्योरे (detail)

उठाकर देखते हैं, कि इन ब्योरों का इस जगह, इस क्रम में क्या काम है? इसके उत्तर में हमें सम्बन्धों की शृंखला और उसकी कड़ियाँ समझ में आएँगी। हर ब्योरा एक अर्थपूर्ण यूनिट या दृश्य का शॉट या क्षणचित्र होगा। ऐसे अर्थपूर्ण दृश्यों की शृंखला से पूरी फ़िल्म का निर्माण होगा। ऐसे प्रश्न उठाने से हमें पूर्ण-अंश सम्बन्धों यानी दृश्य और क्षणचित्रों से बनी रचना की तीन स्तरों पर पहचान हो सकेगी।

एक, आशय सूत्रों की रचना जिसमें अलग-अलग धागे एक जाल का निर्माण करेंगे।

दूसरा **बृहद् विन्यास**, जो पूरे कथन का रूपबन्ध तय करता है। तीसरा **सूक्ष्म विन्यास**, जो दृश्य-श्रव्य और एडिटिंग से कथा का निर्माण करता है, साथ ही फ़िल्म भाषा में आशय सूत्रों को पेश करती है।

अपू त्रयी में ये तीन स्तर किस प्रकार से एकात्म हैं इसका स्पष्टीकरण करें? यह त्रयी किन आशय सूत्रों के बारे में कुछ कहती है? इस प्रश्न से हमें इन फ़िल्मों के निर्माण, उद्देश्य और कलाकृति होने का प्रसंग-औचित्य समझ में आएगा।

अपू त्रयी के मूलभूत आशयसूत्रों का जाल कैसे बना है? हम दो अंगों से देखेंगे। पृष्ठभूमि के चित्रण में भारतीय वास्तविकता का 1910 से 1935 तक का कालखंड है। इस पृष्ठभूमि पर कल्पित पात्रों की कथा फिल्माई गयी है। पृष्ठभूमि के दो अंग हैं।

एक, इस कालखंड की भौतिक और सामाजिक वास्तविकता। दो, इस कालखंड की प्रशासकीय और आर्थिक नियंत्रण करने वाली व्यवस्थाओं का जाल।

पात्रों के परिवेश में सामाजिक-धार्मिक ढाँचे हैं। इसमें कौटुंबिक और सामाजिक व्यवहार के नियम परम्परागत रूप से मान्य हैं। जो दूर की व्यवस्थाएँ हैं वह इस परिवेश को प्रभावित करती हैं। जिसके कारण कथा के पात्र गाँव को छोड़कर नगर की ओर चले जा रहे हैं। यह पृष्ठभूमि और परिवेश के बदलाव कथा के पात्रों के भावनात्मक जीवन पर गहरा असर डालते हैं।

बदलाव के तीन क्षेत्र हैं जिनका सम्बन्ध आशयसूत्रों से है। आर्थिक बदलाव से गाँव के लोग शहर जाने पर विवश हो रहे हैं। यह स्वेच्छा नहीं, बल्कि जीवित रहने के लिए मजबूरी है। गाँवों की रहन-सहन की व्यवस्था इतनी बिगड़ती जा रही है कि पारम्परिक ढंग से अब...ससम्मान जीना मुश्किल हो रहा है। पारम्परिक अर्थव्यवस्था अब नक़द रुपये वाले व्यवहार में बदल रही है। रोज की ज़िन्दगी चलाने के लिए हाथ में पैसा चाहिए। तीसरा क्षेत्र शिक्षा का है। अंग्रेजों ने शिक्षा की बहुस्तरीय व्यवस्था प्रशासन और यहाँ के लोगों को नियंत्रण में रखने के लिए स्थापित की थी। इस शिक्षा के साथ ज्ञान विज्ञान की बिल्कुल नयी दुनिया खुल गयी। इससे रोजाना जिन्दगी के सामाजिक सम्बन्धों की नयी समझ भी सामने आयी। नयी शिक्षा से हर महीने नकद तनख्वाह...वाली नौकरी में दाख़िल होने वाले बाबू लोग तैयार होने लगे। इन बातों का कोई स्थान पारम्परिक आर्थिक ढाँचे में नहीं था...ब्राह्मण जाति के लोग इस समाज व्यवस्था में शीर्ष पर माने जाते थे। उनकी पारम्परिक जीविका पर्याप्त स्तर की नहीं रही। उन्हें गाँव छोड़कर शहरों की ओर जाना पड़ा। जहाँ आमदनी के लिए कई और नये साधन थे।

विश्लेषण के साधन : मोटिफ़

अपू त्रयी जैसी सम्मिश्रित या जटिल कलाकृति का विश्लेषण करने के लिए उसकी रचना विभिन्न आयामों का समझना जरूरी है। हम दो प्रकार की खोजबीन कर रहे हैं। वह अनेक मोटिफ़ (motif) जिनके सम्बन्धों से कथन की धारा प्रवाहित होती है, बार-बार आते हैं। अगर बार-बार आने वाले घटकों की पहचान हो जाए और उनमें परिवर्तन कैसे लाये गये हैं यह भी देखते रहें तब हमें मोटिफ़ और उनके आपसी सम्बन्धों की पकड़ मालूम हो जाएगी। दूसरा, फ़िल्म की लयात्मकता मोटिफ़ के ताने-बाने से बनती है अब हम मोटिफ़ों के बन्धन तत्त्वों की खोज करेंगे। इससे **अपू त्रयी** की लय के आयाम समझ में आएँगे। बन्धन तत्त्व चार प्रकार के हैं। **साम्य, विरोध, सन्तुलन** और **समाधान। साम्य** और **विरोध** एक दूसरे के पूरक हैं उसी तरह **सन्तुलन** और **समाधान** भी। अगर हम कलाकृति के मोटिफ़ और उनमें दिखने वाले...चार प्रकार के बन्धन तत्त्व समझ लें तो कलाकृति समस्त रूप से, या लाक्षणिक (metaphoric) रूप से कथन में क्या कह रही है उसकी समझ आसान हो जाएगी।

पहले, मोटिफ़ की बात करें, बाद में उनके बन्धन तत्त्वों

की। फ़िल्म रचना के किसी भी स्तर पर मोटिफ़ देखे जा सकते हैं। परदे पर आने वाला कोई दृश्य-श्रव्य बिम्ब मोटिफ़ हो सकता है। यदि वह बार-बार देखा सुना जा रहा है। **पाथेर पांचाली** में दुर्गा का काजल बिन्दी लगाते समय आईने में प्रतिबिम्ब दिखाने वाला शॉट याद किजिए। फिर अपू काग़ज़ से बनी मूँछें लगाता हुआ और फिर **अपूर संसार** में अपर्णा का सिन्दूर बिन्दी लगाता हुआ शॉट। यह एक आयाम है। दूसरा स्तर पर भिन्नता रखने वाले पड़ोसी या पति-पत्नी का रिश्ता। मोटिफ़ उन आकृतियों के भी होते हैं जो नजर नहीं आते, मगर मन में भावरूप लेते हैं जब हम पात्रों की अन्तरक्रियाएँ देखते हैं। **पाथेर पांचाली** की शुरुआत में अमरूद चुराने के प्रसंग में जो त्रिकोणाकृतियाँ बनती हैं, उन्हें सोचें। मोटिफ़ में परिवर्तन की छटाएँ भी होती हैं और स्वरांश रूप भी होते हैं। रेल व्यवस्था के कितने सारे अंग त्रयी में हैं। रेलगाड़ी, प्लेटफॉर्म, इंजन, पटरियाँ, यात्री, डिब्बों के अन्दर के दृश्य आदि। एक स्तर के मोटिफ़ अनुक्रम में बँधे होंगे। अब चुराने की क्रिया लेते हैं। दुर्गा पहले प्रसंग में फल चुराती है, यह आगे भी दोहराया गया। पूरे छः साल बाद। इंदिर सर्वजया की रसोई से मिर्च चुराती है। वैसे ही रामू। हर पात्र अपने अपने कारणवश। सर्वजया भी गिरा हुआ फल उठाती है। इस क्रम के अलावा मोटिफ़ आयु अथवा समय के आधार पर भी तय किए जा सकते हैं। यह बहुआयामी या संकल्पनात्मक भी हो सकते हैं। अपू की किताबों को लीजिए। तीनों फ़िल्मों में अपू की किताबें हैं लेकिन उनसे जुड़ा अर्थ अपू के ज्ञान अथवा आयु से निर्धारित होता है। किताबें संकल्पना के स्तर पर अपू की शिक्षा से जुड़ी हैं और अपू की शिक्षा समाज के परिवर्तन के साधन की व्यवस्था से, जो स्कूल और कॉलेज के रूप में भी है। इस तरह के जोड़ ब्योरों (ditail) की सघनता को इस क़दर बढ़ाते है कि भावार्थ गहरे बनते जाते हैं। आपू त्रयी में प्रकाश के स्रोत देखिये। **पाथेर पांचाली** में रात के दृश्य में सर्वजया तेल का दिया लेकर चलती है। जब हरिहर गाँव छोड़ रहा है। तब बैलगाड़ी के नीचे लालटेन दिखाई देती है। यह लालटेन मानसपोटा के घर में भी है, लेकिन अपू कलकत्ता के कमरे में बिजली का बटन दबाकर बल्ब पहली बार जलाता-बुझाता है, **अपूर संसार** में यह बटन दबाया जाता है घर मालिक के ताने सुनने के बाद जैसे बदला लेने के लिए। सूरज तो सब जगह है। किरणों से उज़ागर होते बनारस के गंगाघाट, धीरे-धीरे अँधेरे में डूब जाने वाली निश्चिंदीपुर की सन्ध्या। प्रकाश योजना व पटकथा में स्थान, समय और परिवेश तकनीकी तौर पर नियंत्रित होता है।

vc ge अपू त्रयी के कथन का रूपबन्ध निर्माण करने वाले मोटिफ़ देख लेते हैं। कथा अपू के कुटुम्ब की है। यही सबसे प्रधान मोटिफ़ है। इस कुटुम्ब की कथा कुछ प्रसंगरूपों से दिखाई जाती है। यह कथा अपू के जन्म से आरम्भ होती और बचपन-कुमारावस्था और युवा अपू की जीवनी चित्रित करती है। यह लगभग 25 सालों का कालखंड है जिसके अन्त में अपू अपनी अगली पीढ़ी यानी काजल से सम्पर्क साधता है। अपू के कुटुम्ब के सदस्य है उसके माँ-बाप, बहन, दूर के रिश्ते की इन्दिर और आगे चलकर पत्नी और पुत्र। ये सभी आपस में बहुत सारे नाते-रिश्ते बनाते हैं। अब देखते हैं माँ-बेटी का रिश्ता। यह भी कथा के रूपबन्ध में एक मोटिफ़ है। कथानक में यह कुटुम्ब चित्रण का आधार भारतीय वास्तविकता में है, जहाँ कुटुम्ब के नाते सम्बन्धों का जाल व्यक्ति को एक सुरक्षित पहचान दे देता है। जैसे कि एक कुलनाम और वंश परम्परा।

अपू के पड़ोस का कुटुम्ब पहले मोटिफ़ का एक छोटा परिवर्तित रूप है और उसे इस रूपबन्ध में उतना ही लाया जाता है कि मुख्य कुटुम्ब की कथा में कुछ योगदान दे सके। रोजबऊ के घर का कोई पुरुष पात्र कहानी में नहीं है क्योंकि उनका कोई काम नहीं है अपू के कुटुम्ब से जब कोई पात्र पड़ोसी कुटुम्ब के सदस्य के साथ होता है। तब एक और मोटिफ़ बनता है—जैसे दुर्गा और राजू।

अपू के दोस्त **पाथेर पांचाली** और **अपराजितो** में हैं, उनमें से एक है शम्भू जो उसे अंग्रेजी सिखाता है। कॉलेज के आरम्भ के दिनों में फ़ुरसत का समय अपू शिवनाथ के साथ बिताता है। बाद में अपूर संसार में उसका दोस्त है पुलू जो उसे अकेलेपन और अवसाद की स्थिति से बाहर निकालता है। अपू इस बात से अपने पिता हरिहर से भिन्न है। हरिहर के सामाजिक सम्बन्ध उसके पुरोहित व्यवसाय से बनते हैं।

'जीवन' या 'जीवित रहना' जैसी संज्ञाएँ अमूर्त हैं। जीवन की व्याख्या होती है भौतिक वस्तुओं से जैसे रहने का

घर, खाने का भोजन, हर रोज पहनने के कपड़े और भी आवश्यकताएँ जैसे पानी और रोशनी। ये सभी रूपबन्ध में मौजूद होंगे—अपनी-अपनी दृश्य सूक्ष्मताओं के साथ। दरवाज़े जैसा घर का एक अंग भी मोटिफ़ बनता है जब पात्रों के जीवन सम्बन्धी घटनाओं में दरवाज़े का अन्दर-बाहर होना महत्त्वपूर्ण हो। कुटुम्ब के सामने कितने ही प्रश्न हैं—प्रतिष्ठा के, आमदनी के, व्यय के, बीमारी आदि के कितने ही और प्रसंग...पात्र इन बारे में कुछ कहेंगे, कुछ करेंगे,...इसमें से हर बात मोटिफ़ हो सकती है।

कथन के डिज़ाइन में एक-एक पात्र, जोड़ी या तीन पात्रों की त्रयी मोटिफ़ के रूप में देखी जा सकती है। हर पात्र के व्यक्तित्व की रूपरेखा और उनके साम्य भेद से पूर्ण कलाकृति में पात्रों के चरित्र चित्रण का डिज़ाइन बनता है। अपू और उसके कुटुम्ब के सदस्य कथन के प्रधान चरित्र हैं। उनके जीवन में क्या होता है। यही इन तीनों फ़िल्मों का कथानक है। अन्य पात्र ग्रामीण समाज से हैं, जिनके साथ इनका व्यवहार चलता है। कई पात्र बाहर से आते हैं। ग्रामीण समाज की बुनावट का निर्माण प्रचलित बिम्बों से होता है, जिससे चित्रण अथवा दृश्य की सघनता बढ़ती है।

किसी भी दृश्य फ्रेम में वातावरण तो आता ही है। अपू त्रयी में इस वातावरण का डिज़ाइन एक है जिसमें अपू का जीवन है। इस वातावरण के दो अंग हैं, नैसर्गिक और मनुष्य निर्मित। दोनों के विस्तार डिज़ाइन में शामिल हैं जिनमें ऋतुचक्र और सार्वजनिक प्रसंगों का निर्माण होता है। मनुष्य निर्मित व्यवस्थाएँ भी दृश्य में पात्रों के साथ फ्रेम अथवा दृश्य के डिटेल (सूक्ष्मताओं) का हिस्सा बनती हैं। उदाहरण के लिए डाक व्यवस्था— लिखे जाने वाले और पाए गये ख़त दृश्य के विस्तार का हिस्सा हैं। डाक व्यवस्था की अन्तिम कड़ी के रूप में हम **पाथेर पांचाली** के अपू को देखते है जब वह ख़त हाथ में लिए दौड़ता पुकारता आता है। उस समय की रेल व्यवस्था और शिक्षा व्यवस्था भी हमें इस फ़िल्म में सजीव दिखती है।

रेखालेख (ग्राफिक) में दृश्य में पात्रों के मूवमेंट (चलन) एक आकृति का निर्माण करते हैं। अगर एक पात्र को एक बिन्दु की तरह देखें तो दूसरे पात्र को बिन्दु से जोड़ने वाली रेखा बनती है। तीन पात्रों से त्रिकोण बनता है। इनके मूवमेंट में परिवर्तन होने से आकृति के परिवर्तित रूप सामने आते हैं। इसी तरह गोलाकार आकृति का निर्माण भी पात्रों के चलन से होता है। दृश्यों को त्रिकोणाकृति और गोलाकार किस अनुक्रम में बिठाए जाना हैं। यह बृहद् विन्यास का एक अंग है। डिज़ाइन की संरचना में अगर जटिल मोटिफ़ विकसित होता है तो उसमें से और भी रेखाएँ और आकृतियाँ पैदा हो जाती हैं।

विश्लेषण का साधन

पात्रों के अन्तरसम्बन्ध कलाकृति में लय (rhythem) की रचना करते हैं। इसको समझने का एक साधन है मोटिफ, और दूसरा स्वयं मोटिफ़ों को जोड़ने वाले अन्तर्सम्बन्ध। मोटिफ़ बार-बार आते हैं तो कथन आगे बढ़ता है। अन्तर्सम्बन्ध भी बार बार आते हैं, पर उनका काम मोटिफ़ों को जोड़ना है जो कथन के अनुक्रम में आगे पीछे भी हो सकते हैं। इस बंधन से कलाकृति लय में बाँधी जाती है। ऐसे कुछ जोड़ रूपकों का निर्माण करते हैं। यह रूपक पात्र की भावनात्मक अभिव्यक्तियों की सूक्ष्मताओं को स्पष्ट करते हैं। डिज़ाइन में साम्य-विरोध तथा संन्तुलन-समाधान के तत्व हमेशा पाए जाते हैं। साम्य-विरोध तो आमतौर से देखे ही जाते हैं। वह एक-दूसरे के पूरक हैं। इनको एक साथ ही समझना चाहिये।

साम्य और विरोध

अपू त्रयी में जब किसी दिनचर्या का दृश्य होता है, या चक्र सूचित करना होता है, तब कुछ ब्योरे बार-बार आते हैं। जैसे किसी घर में सुबह के समय में कोई न कोई पानी भरेगा ही। **पाथेर पांचाली** में रोजोबऊ की बाड़ी में कुआँ है, वहाँ से पानी लाना पड़ता है। **अपराजितो** में घर के आँगन में ही पानी का नल बनारस की शहर व्यवस्था को दर्शाता है। मानसपोटा गाँव का घर ऊँचे स्तर का है, जहाँ अपने घर के अहाते में ही कुआँ है। **अपूर संसार** में तीन मंजिलों की इमारत में नीचे पानी का नल तो है लेकिन भारी बारिश में वहाँ की औरतें इस पर नाराज हैं कि सुबह पानी चला गया है। ऊपर अपू की बरसाती की छत से पानी टपक रहा है और अपू बारिश का मजा ले रहा है।

इसी तरह से पड़ोसियों से सम्बन्ध देखें। इस घटक में

साम्य तथा विरोध दोनों तत्त्व मिलते हैं। **पाथेर पांचाली** में रोजोबऊ और नीलमणि की पत्नी एक-दूसरे की विरोधी हैं। बनारस के घर में पांडे जैसे अच्छे पड़ोसी हैं और विरोध में नंदबाबू जैसा बुरी नजरवाला भी है। **अपूर संसार** में पड़ोसियों की बहुत भिन्नताएँ हैं। एक पिंटू की माँ है जो बड़ी आस्था से अपू के दुख भरे दिनों में उसके लिए खाना लाती है, एक दूसरी लड़की पास की इमारत में है जो अपू पर नज़र लगाए रहती है। एक और अपू का हमनाम साथी है ए.के. रॉय जो नीचे वाले हिस्से में रहते हैं। जिनको अपू के खत मिल जाते हैं। ऐसी बहुत छोटी-छोटी बातें त्रयी में हैं।

अब इस त्रयी विवाह जैसी बड़ी घटनाओं के दृश्यों को लेते हैं।

अपू त्रयी में दो शादियाँ हैं। **पाथेर पांचाली** में रानू की और **अपूर संसार** में अपू की। उनमें साम्य है कि दोनों पारम्परिक रस्म रिवाजों और धार्मिक विधि से सम्पन्न होती हैं, लेकिन भिन्नता यह है कि शादी जैसे सामाजिक संस्था के दो अलग पहलू दिखते हैं।

रानू की शादी सार्वजनिक सहभागिता की, एक पूरे गाँव को शामिल कराने वाली घटना है। रानू जिसकी शादी हो रही है उसने खुद ही पहले से बड़े-बूढ़ों के निर्णयों को स्वीकार कर लिया है। उसे कोई देखने आ रहा है यह बात घर वालों को कई महीने पहले ही पता थी। शादी की तिथि तय हो जाने पर यह बात सार्वजनिक हो जाती है। शादी के दिन बाहरी हिस्से में बज रहे बैंड से दृश्य शुरू होता है। गाँव के बूढ़े और बच्चे उत्साहित हैं। इस भीड़ में अपू शामिल होता दिखाई देता है- वो ध्यान से बैंड वालों को निहारता है। घर के अन्दर पूरे गाँव के लिए भोजन बन रहा है। रोजोबऊ काम की बातें बता रही है और सभी महिलाएँ सब्ज़ी काटने में लगी हुई हैं, जहाँ सर्वजया भी शामिल है। और भी छोटे कमरे में लड़कियों की भीड़ के बीच रानू को सजाया जा रहा है। कन्यादान की विधि को सिर्फ रानू, उसके हाथ, उसके पति के हाथ में दिए जाते हुए क्लोजअप में दिखाया जाता है। इसमें दूल्हे का मुँह भी दर्शाया नहीं जाता। बड़ों की मान्यता के अनुसार सब चल रहा है।

अपू के शादी के दृश्यों को बहुत ही अलग ढंग से रचा गया है। पटकथा में तेजी से एक घटनाक्रम विकसित होता है। अपर्णा की शादी जिससे तय हुई थी वह दूल्हा पागल है और होने वाली शादी रद्द कर दी जाती है। अब बड़ी मुश्किल है। अगर मुहूर्त टल गया तो लड़की को शाप लगेगा और वह कुँवारी रह जाएगी। कोई दूल्हा खोजना ही चाहिए। यही मान्यता है। घर के बड़ों के साथ पुलू अपू को मनाने जाता है। पहले पहल अपू इसे सरासर नकार देता है। लेकिन अपर्णा के कुटुम्ब की बेइज्जती के आसार देखते हुए अपू अपने आप को समझाता है कि अपर्णा से शादी करके वह बड़े गौरव का काम कर रहा है। जबकि कलकत्ता में उसके पास गृहस्थी करने का कोई साधन नहीं है। न ढंग का मकान, न पैसे और न ही कोई पक्की नौकरी। पुलू उसे नौकरी दिलाने का आश्वासन देता है उस घड़ी तो उसके पास दूल्हे लायक कुर्ता भी नहीं है—वह भी पुनू देगा। लेकिन शादी की रात अपू निश्चय करता है कि पत्नी अपर्णा के साथ उसके रिश्ते का आधार विश्वास और पारदर्शिता का ही होगा। वह उसे अपने पूरे हालात स्पष्ट कर देता है और उससे भी ऐसी गरीबी में संसार बसाने की सहमति लेता है। अपू के लिए इसकी अहमियत है। अपर्णा को अपू के साथ कलकत्ता जाकर घर बसाने का आत्मविश्वास है। अपू विवाह को व्यक्तिगत फैसला मानता है। और उसे यह पति पत्नी के बीच परस्पर विश्वास होने का मामला लगता है। अब फ़िल्म का बृहद् विन्यास भी देखें। रानू की शादी के दृश्य को सर्वजया के गहरे संकटों के दो दृश्यों के बीच लगाया है। (पाथेर पांचाली 28 और 30 के बीच) शादी के दृश्य के बीच अपू, सर्वजया और दुर्गा खुशहाल वातावरण के विरोधी घटक हैं। दुर्गा की मुस्कान में सहेली के दुल्हन के रूप में देखने के उल्हास के साथ विषाद की एक रेखा भी है।

अपू त्रयी में जन्म और मृत्यु भी एक अलग रूपबंध बनाते हैं। दो जन्म, अपू का और काजल का भिन्न या विरोधी है। अपू के जन्म से परिवार और परिवेश में सभी हर्षित हैं। अपू का अपना बेटा जन्मते ही माँ को खो बैठता है। पुत्रजन्म का आनन्द इस दुख में डूब जाता है। **अपू त्रयी** में मृत्यु की घटनाएँ पटकथा में टर्निंग प्वाइंट लाती हैं। जिनसे जीवन की धारा अचानक पलटती है। इन्दिर तो बहुत बूढ़ी हो गयी थी। उसकी मृत्यु तो होनी ही थी। लेकिन जाते-जाते वह भी अपने आत्म सम्मान का अधिकार जताती है। दुर्गा तो

किशोरी थी और उसकी मृत्यु ग़रीबी में दवा पानी ठीक से न होने के कारण मामूली बुखार में हो जाती है। हरिहर की मृत्यु बिल्कुल अचानक एक हादसे की शक्ल में उपस्थित होती है।

अपू की दूरी बढ़ जाने पर सर्वजया अकेलापन और नीरवता सहती हुई मिट जाती है। काजल को जन्म देते हुए अपर्णा की मृत्यु इस जन्ममृत्यु के रूपबंध में अन्तिम मृत्यु के रूप में दर्शायी गयी है।

सन्तुलन और समाधान

कथा के भिन्न-भिन्न घटक ही पटकथा के बन्धन तत्त्व होते हैं, यही तत्त्व फ़िल्म में कथन को गति प्रदान करते हैं। जब कोई मोटिफ़ अर्थात रूपक ऐसे बिन्दु पर पहुँचता है कि जटिलता और तनाव अपने चरम पर हो तब उसे सँभालने के लिए, समाधान घटक अर्थात हल जरूरी होता है। उदाहरण के लिए अपू-सर्वजया की दूरी बढ़ने का मोटिफ़ लेते हैं। यह दूरी साल दर साल बढ़ती जाती है। आधुनिक शिक्षा के नये वैज्ञानिक विषयों के अध्ययन से अपू की दुनिया का विस्तार सर्वजया की समझ के परे हो गया है और अपू को जीने के आधुनिक पर्याय की जानकारी मिल गयी है। इन कारणों से वह अपने मन में पुरोहित की जीवन शैली के बन्धनों से विमुख हो चुका है। इसी कालखंड में सर्वजया अपू पर पूरा ध्यान केंद्रित करती है। पारम्परिक कल्पनाओं में सर्वजया अपू का भविष्य पुरोहित के रूप में देखती रहती है। कुछ दिनों बाद अपू दो दिन की छुट्टी में घर आने की बात टाल देता है और पैसे भेजता है। जैसे मुआवजा दे रहा हो। वह अपनी बीमारी के बारे में अपू को सूचित करने से मना कर देती है वह चाहती है कि अपू खुद चला आये। किसी के बुलाने पर नहीं। अब यह बात पेचीदा हो गयी, एक गतिरोध-सा बन गया। इसका समाधान या हल सर्वजया की मृत्यु ही है। सन्ध्या की रेलगाड़ी की आवाज सुनने पर सर्वजया बेचैन हो जाती है; अपू पुकार रहा है, आया है—उसे यह प्रतीत होता है। वह अपने आपको पोखर के पास जैसे घिसटा कर लाती है। सुनसान अँधेरा है, जंगली जानवरों की आवाज़ें सुनाई पड़ती हैं, जुगनुओं की चमक दीख रही है। यहीं प्राण छोड़ती है—बस। अपू का पारिवारिक व्यवसाय से आखिरी धागा टूट गया और वह सब कुछ छोड़कर नया रास्ता अपनाने का निर्णय कर लेता है।

एक और उदाहरण है। यह **अपूर संसार** से है। छः साल तक अपू अपर्णा की मृत्यु के लिए काजल को दोषी ठहराता रहा। उसके जन्म से अपर्णा की मृत्यु जोड़ देने से अपू ने काजल की ओर देखा तक नहीं था। पुलू से बात होने के बाद अपू काजल से मिलने जाता है। काजल का असहायपन और कोमलता देखने के बाद अपू को समझ में आता है कि काजल का जन्म अपर्णा के प्यार का उपहार है, अपर्णा के अन्त का नहीं। इस नयी समझ से भीतरी घुटन से राहत मिलती है और वह बाप की जिम्मेदारी उठाने को तैयार हो जाता है।

सूक्ष्म विन्यास

फ़िल्म के रूपबन्ध में सूक्ष्म विन्यास का विश्लेषण करने के दो तरीके हैं—एक परदे पर दिखाई, सुनाई देने वाले ब्योरे और दो, इन ब्योरों को जोड़ने का अनुक्रम। दर्शक परदे पर इन दोनों को साथ-साथ देखकर कथन का अनुभव करता है। फ़िल्म माध्यम की कार्यप्रणाली समझने के लिए इन दोनों प्रक्रियाओं की पहचान आवश्यक है। सत्यजित राय ब्योरों का चयन इस ढंग से करते हैं कि आशयसूत्रों की अभिव्यक्ति में वे एकात्म हो जाते हैं। इस एकात्मकता की व्याख्या हो सकती है। इसलिए हम इन ब्योरों से कथन और आशय सूत्रों में निहित अर्थ शृंखला की कड़ियाँ पहचान सकते हैं। इन्दिर को याद करें। उसका चेहरा, पहनावा, उसकी चाल, काठी, लोटा, उसकी गठरी के फटे पुराने कपड़े और बच्चों को कहानी सुनाने की आवाज और भजन गाने की लय। ये सभी ब्योरे उसकी उम्र, उसके व्यक्तित्व, उसकी ख़स्ताहाल ग़रीबी और उसकी हरिहर के घर में गहरी जड़ें, यह सब अभिव्यक्त करते हैं। उसके हावभाव और व्यक्तित्व से उसके पारम्परिक जीवन का भी बोध होता है। अपू त्रयी में सूक्ष्म विन्यास के ब्योरों के चरित्र चित्रण और आशय की अभिव्यक्ति की व्याख्या करते हैं। इनका वर्णन अगले अध्याय में होगा। सूक्ष्म विन्यास के तत्त्व कुछ इस प्रकार के होते हैं।

देखना, सुनने से अलग है। दृश्य घटकों की भावबोधकता अन्तराल की विशेषताओं से बनती है और श्रव्य-घटकों की

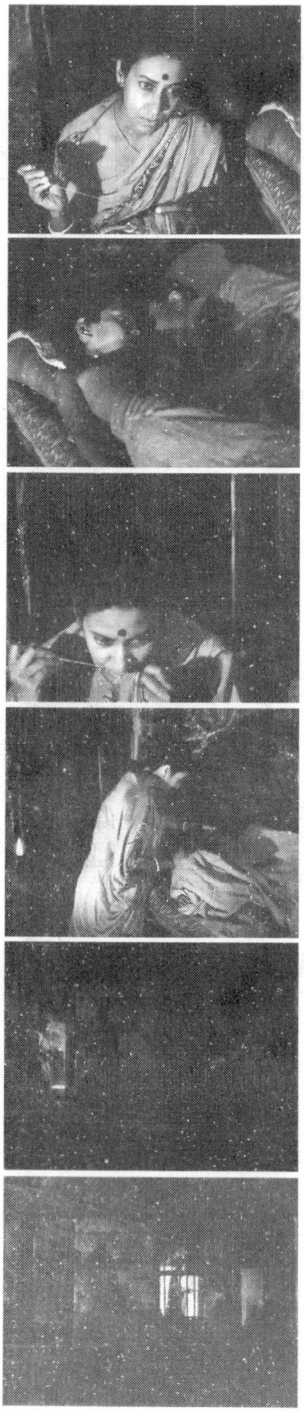

काल और स्वर की विशेषताओं से। इसलिए सूक्ष्म विश्लेषण के लिए दृश्य की परिभाषा और संज्ञाएँ श्रव्य की परिभाषा से अलग होती हैं। पूरी बन गयी फ़िल्म की अभिव्यक्ति दृश्य एवं श्रव्य के समकालिक और क्रमिक संयोग से बनती है।

दृश्य की भावबोधकता...रेखा कृतियों के रेखालेखात्मक आधार पर निर्भर है। किसी भी प्रकार की रेखा अपनी आलेखात्मक विशिष्टताओं से अभिव्यक्ति पाती है। सारे विश्व का हर एक मानव गुरुत्वाकर्षण का अनुभव करता है और उसका रेखा संवेदन पर असर होता है। खड़ी रेखा सामर्थ्यशाली प्रतीत होती है क्योंकि वह गुरुत्वाकर्षण शक्ति के ख़िलाफ खड़ी है। लेटी रेखा विश्राम का भाव बनाती है और स्थिर भी लगती है क्योंकि वह गुरुत्वाकर्षण के सापेक्ष है। तिरछी रेखा टेंशन की होती है क्योंकि इस पर स्थिरता के लिए दो भिन्न दिशाओं का खिंचाव है। यह गिर जाए या खड़ी हो जाए पर इनका तिरछापन सहा नहीं जाता। वक्र रेखा कई दिशाओं में मुड़ सकती है। वक्र रेखा का 'कथन' सीधी रेखा के बस की बात नहीं है।

अपू त्रयी में दर्शक की प्रतिक्रिया का आधार दृश्य श्रव्य रचनाबन्ध हैं। इससे कथानक की उद्दिष्ट रूपरेखा स्पष्ट होती है।

अगर हम दृश्यों को उनकी अभिव्यक्ति के क्रमानुसार देखें तो कथानक की रूपरेखा स्पष्ट हो जाती है। उदाहरण के लिए सर्वजया जिस रात घर के काँसे के बरतन बेचने का निर्णय लेती है वह दृश्य और माहौल, वहाँ का प्रकाश, उसके फटेहाल कपड़े, बाँस का बक्सा, ख़ास जतन से रखे बरतनों की चमक, उस पर 'बेश थाक' (मंगल हो) की खुदाई के ब्योरे और इसके बाद पौ फटने का समय, जब वह चुपके से घर से बाहर निकलती है। इधर-उधर देखकर आश्वस्त है कि कोई उसे देख नहीं रहा ओढ़ने की चादर से बरतन

ढक कर चल देती है और अनाज लेकर लौटती है। **पाथेर पांचाली** की थीम धुन इस दृश्य में पार्श्व संगीत है। उस पर बना बोझ और दबाव, उसकी पहले दृश्य की भारी चाल, और पूरी परिस्थिति से बना उदासी का भाव। यहाँ पर वह अपनी हालत छुपाना चाहती है। लेकिन घर का दरवाजा है कि बन्द ही नहीं रह पा रहा।

श्राव्य बिम्ब काव्यात्मक होता है। इसलिए इन बिम्बों में लयात्मकता होती है। फ़िल्म में किसी भी चरित्र की अभिव्यक्ति के साथ जुड़कर यह लयात्मकता एक जटिल गठबन्धन बनाती है। ध्वनि के गुण अलग-अलग भावबोधन करते हैं। वातावरण ध्वनि, डायलॉग या संवाद जिनसे भाषा के अर्थ की सारी विधाएँ भी आ जाती हैं– और पार्श्व संगीत–ये तीनों मिलकर फ़िल्म के अनुभव का श्राव्य सूक्ष्म विन्यास बनाते हैं। अपू के जन्म की रात में मेढकों की आवाज सुनाई देती है। यह वातावरण या एम्बिएंस ध्वनि है। फ़िल्म का डायलॉग दृश्य में अर्थ भरता है। सर्वजया को 'सब नोतुन' बौ बुलाते हैं। (नयी भाभी) नीलमणि की लड़की बिनी उसे 'नोतु खुड़ी' (नयी काकी) पुकारती है। यह एक विधा है जिससे समाज में पारम्परिक सम्बोधन रूप लेते हैं। पार्श्वसंगीत दृश्यों में उपयुक्त भाव देता है।

सूक्ष्म विन्यास का विश्लेषण करते समय पटकथा ध्वनि और सम्पादन के लिए शॉट चयन को समझना जरूरी है क्योंकि इन्हीं से फ़िल्म का पूरा भावार्थ स्पष्ट होता है।

इसके लिए हम **पाथेर पांचाली** 7-8-9 के रसोईघर दृश्य का उदाहरण लें। इस दृश्य में 17 शॉट लगे हैं। इस दृश्य की रचना को देखिए। पहले दो शॉट इन्दिर, झूले में अपू और पास बैठी दुर्गा पर है। यह इन्दिर के बरांडे का हिस्सा है। अगले तीन शॉट में हरिहर रसोई में आता है और सर्वजया से बातें करने बैठता है। छठे शॉट में पूरे परिवार को साथ-साथ दर्शाया गया है।

अगले नौ शॉट सर्वजया और हरिहर के मिडशॉट हैं जो बारी-बारी से आते हैं। सोलहवाँ शॉट फिर पूरे परिवार को दर्शाता है और सत्रहवाँ शॉट फिर इन्दिर से टिल्ट होते हुए अपू को दिखाकर फेड आउट होता है। इस दृश्य के संयोजन में अर्थ भी साफ़ दिखता है। पहले सबसे बूढ़े और बच्चे फिर प्रौढ़ व्यक्तियों की अंतरंगता सारे परिवार के भविष्य पर

1

2

3

4

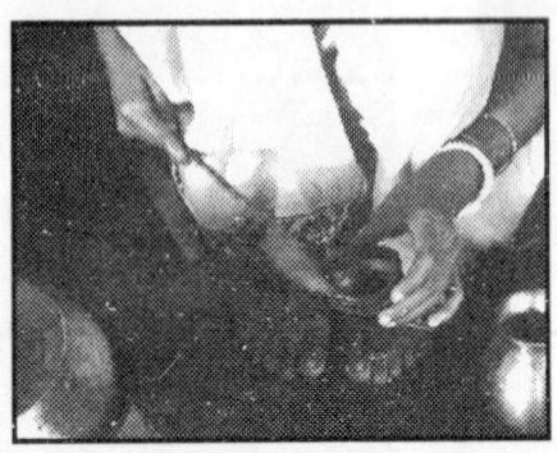
5

6

7

8

9

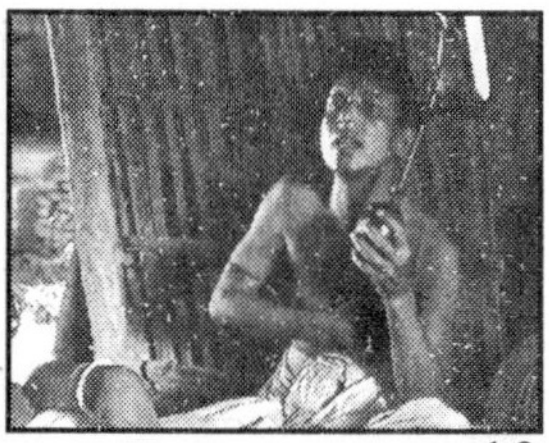

10

11

12

13

14

15

16

17A

17B

बातचीत फिर कुछ अलगाव, उसके बाद फिर आपसीपन और सब के भविष्य पर नजर⁄ दृश्य फिर बूढ़ी और शिशु पर आकर अन्त होता है जैसे शुरू हुआ था, मंडलाकार पूरा करते हुए। अब इस दृश्य से चुने गये कुछ क्षणचित्रों अथवा शॉट्स की अलग से चर्चा करते हैं।

1

शॉट 1: इसमें कैमरा इन्दिर को बायीं तरफ से देखते हुए नीचे कुछ टिल्ट करता है। इन्दिर आराम से बैठी अपू का झूला झुलाकर लोरी गा रही है। अपू के जन्म के समय इन्दिर घर में नहीं थी। सर्वजया से झगड़ा होने पर घर छोड़कर चली गयी थी। लेकिन अपू के जन्म की खबर मिलने पर तुरन्त उसी सुबह लौट आती है। उसे पता था कि अब उसका वहाँ होना ज़रूरी है। अब पाँच महीने बीत चुके हैं। इन्दिर ने अपू की देखभाल करने का ज़िम्मा खुद ही उठा लिया है ताकि सर्वजया घर का कामकाज कर सके। जो लोरी वह गा रही है। उसमें एक गरीब की अपने लड़के को राजपुत्र जैसा सजाने की इच्छा जताई गई है। छः साल बाद एक रात के दृश्य में हम इन्दिर को इसी अन्दाज में भजन गाते हुए देखेंगे। तब उसका भजन ईश्वर से विनती होगा कि अब मेरे जीवन की सन्ध्या हो चुकी है, हे ईश्वर, मुझे भवनदी के उस पार ले चलो।

शॉट 2: दूसरा शॉट दुर्गा पर लिया मिडशॉट है जिसमें कैमरा ऊपर उठकर दुर्गा का खेल का बक्सा दिखाता है जिसमें वह इमली के बीज गिनकर डाल रही है। यह बक्सा अपू के जन्म की रात हमने देखा था जब दुर्गा गहरी नींद सो रही थी। यह बक्सा आगे भी बहुत सारे दृश्यों में हम देखेंगे। जब शेजोबऊ दुर्गा पर माला चुराने का आरोप लगाने आएगी तब इस बक्से का सारा सामान...बाहर फेंका जाएगा। इस उग्र संताप के बाद इन्दिर उस कबाड़ को बक्से में फिर भर लेगी। उसके बाद एक और दृश्य है जिसमें दुर्गा अपू से उसके बक्से से चमकीला कागज लेने पर लड़ती है जब सर्वजया आकर उसे ऐसी मामूली बेकार चीज़ पर भाई से झगड़ने पर डाँट देती है।

2

3

अगले तीन शॉट 3,4,5, में सर्वजया रसोई में बैठे चूल्हे पर कुछ पका रही है। हरिहर चिलम के लिए अंगारे लेने आता है। और बातें करते हुए हुक्का पीता है।

हरिहर और सर्वजया की बातचीत तीन भावात्मक स्थितियों से गुज़रती है। पहला–विश्राम, दूसरा–तनाव, तीसरा–तनाव से विश्राम। यह तीनों स्थितियाँ दृश्य संरचना और एडिटिंग में भी दिखाई देंगी।

4

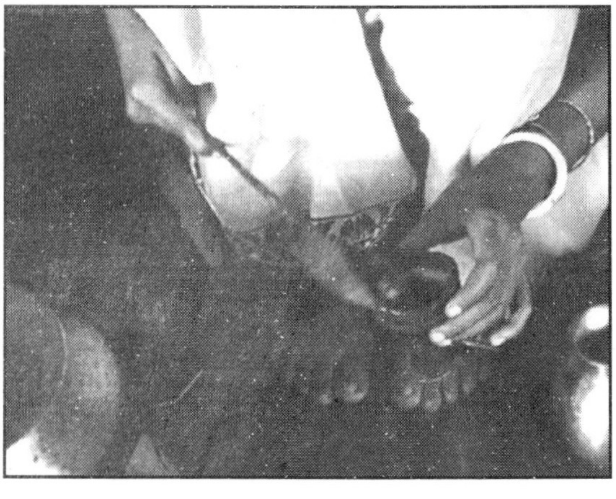

5

6

7

8

9

शॉट 6ः तनाव मुक्त हिस्सा शुरू होता है। जब हरिहर बच्चे के अन्नप्राशन पर एक भोज की बात शुरू करता है। अगले महीने से उसकी नौकरी भी लग जाएगी। यह अच्छी ख़बर है। यह सब काम एक लम्बे से शॉट में हो रहा है पूरा परिवार दिखाई दे रहा है। हरिहर और सर्वजया रसोई में बैठे हैं, बूढ़ी और दोनों बच्चे सामने वाले बरांडे में हैं। बातचीत परिवार की आर्थिक स्थिरता और प्रतिष्ठा बढ़ाने वाले भोज की हो रही है।

तनाव का भाग शुरू होता है जब सर्वजया हरिहर से कटु प्रश्न पूछती है। शुरू में हरिहर अपने बचाव की कोशिश करता है। फिर जल्दी ही वह बात को पलट कर फिर से तनाव मुक्त स्तर पर ले आता है तनाव की स्थिति में हरिहर और सर्वजया अलग-अलग हैं। और यही अलगाव शॉटों के क्रम में भी है। नौ मीडियम या क्लोज शॉट हरिहर और सर्वजया पर अलग-अलग एक के बाद एक लिये गये हैं। क्रमशः बातचीत इस तरह चलती है।

शॉट 7ः तुम सीधे हो, इससे सब तुमको धोखा देते हैं।

शॉट 8ः यह तुम क्यों कह रही हो?

शॉट 9ः देखो न किस तरकीब से उन्होंने अपना बाग़ हथिया लिया।

10

11

12

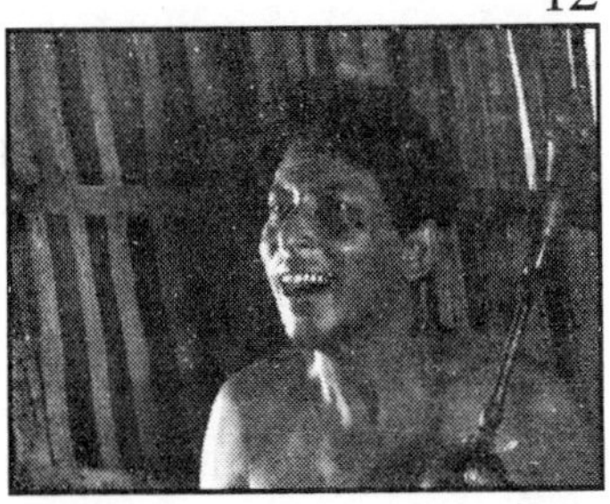

13

14

शॉट 10: हरन दादा से 300 रुपये उधार लिए थे, उस के भुगतान में बाग़ दे दिया

शॉट 11: बाग़ रहता तो कोई फिक्र नहीं थी, आम, जामुन, नारियल... सब मिल जाते। अब तो अपने दरवाजे से झोलियाँ भर-भर कर के फल ले जाते हैं, और दुर्गा अगर एक अमरूद भी ले ले तो वह औरत (शेजोबऊ) कितना शोर मचाती है।

शॉट 12: उनसे हमें क्या लेना-देना? वह अपनी सूदखोरी का धन्धा करें, हम तो पढ़ने-लिखने वाले लोग हैं। (सर्वजया आफ स्क्रीन) इस गाँव-गँवई में कौन परवाह करता है तुम्हारी पढ़ाई-लिखाई की? (हरिहर) ज़रा सुन तो लो मैं क्या लिख रहा हूँ?

शॉट 13: (हरिहर शॉट और पास) नये-नये गीत, नये नये नाटक—ज़रा लोगों को पता लगने दो, जात्रा नाटक के मैनेजर बार-बार मेरे पास आएँगे।

शॉट 14: (सर्वजया सुन रही है, कुछ मुस्कराते हुए) सब को नया मसाला चाहिए, नये नाटक पेड़ों पर नहीं उगते। और सब लेखक वही सब पुरानी बातें दुहरा रहे हैं।

15

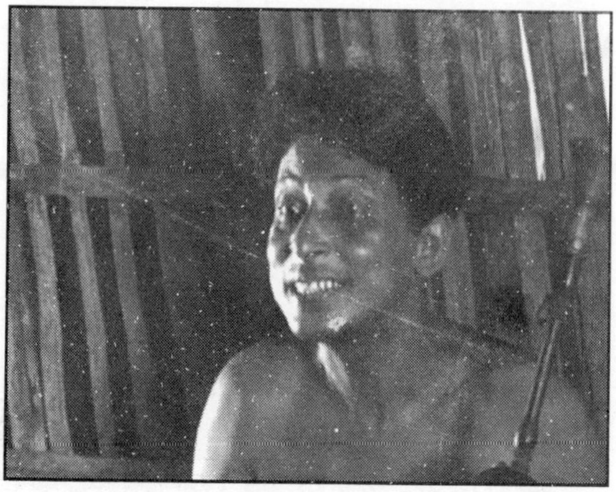

शॉट 15: अगर पुराने नाटक अब भी चल रहे हैं तो निश्चिन्दिपुर के हरिहर राय का नया माल ज़रूर बिकेगा।

यहाँ से तनाव से विश्राम की स्थिति पर जाते हैं। हरिहर की आशावादी बातचीत से सर्वजया का तनाव भी ढल जाता है, और सारे दृश्य का भावनात्मक स्तर फिर सुखद हो जाता है।

शॉट 16: कैमरा फिर उसी जगह है, जहाँ शॉट में था। रसोईघर में सर्वजया और हरिहर और दूर के बरांडे में इन्दिर और अपू। अभी-अभी दुर्गा भी आ कर हरिहर से सिमट कर बैठ जाएगी। अब बात भविष्य की हो रही है। अपू पढ़-लिख जाए, दुर्गा की शादी हो जाए, दो समय पेट भर भोजन, साल में एक बार नये कपड़े, कर्ज़ा उतर जाए और मकान की मरम्मत-दुरुस्ती हो जाए। और क्या चाहिए। **पाथेर पांचाली** की थीम-धुन पार्श्व संगीत के रूप में दुर्गा के साथ आती है और शॉट 17 के अन्त तक बजती है।

इस शॉट में बहुत-सी घर की चीज़ें दिखाई देती हैं, बरतन भांडे, करछुली, तेल की बोतल, हरिहर का हुक्का...इन सब चीजों का रूप रंग ऐसा है कि यह रोज़ाना काम में आने से घिस गयी हैं। रसोई घर का बाँसों का दरवाजा ऐसा लगता है कि बराबर खुलता है, बन्द होता है। सारे घर में कहीं नयेपन की चमक नहीं है। यहाँ लोग रहते हैं। इस रिहाइश की पृष्ठभूमि में जब मानवीय क्रियाएँ होती हैं तो बहुत सच्ची लगती हैं। जैसे सर्वजया का अंगीठी के सामने गर्मी से बचने की मुद्रा सारे रसोईघर को सजीव बना देती है।

16

17A

शॉट 17 -A: इन्दिर कुछ सोती जागती सी लेकिन पालने पर बराबर ध्यान। कैमरा टिल्ट होकर नीचे आता है।

शॉट 17 -B: शिशु अपू और अपू के पुत्र शिशु काजल में साम्य है।

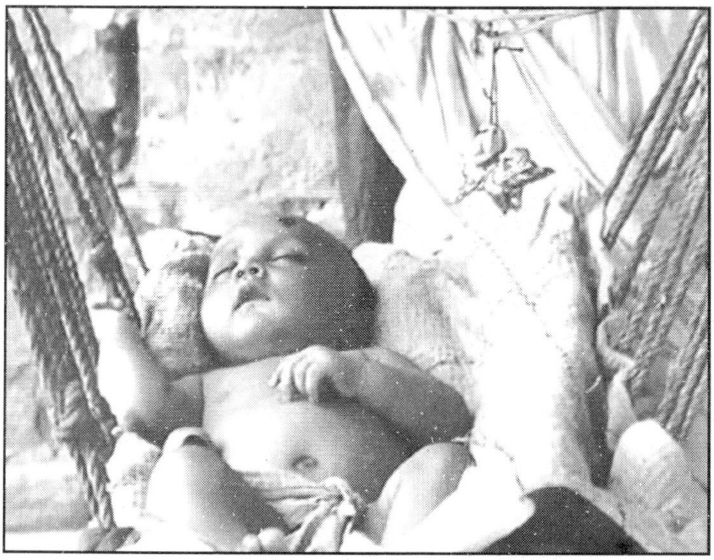

17B

चाक्षुक : काजल का पालना ठीक वैसा ही बना हुआ पालना है जैसा अपू का था। वहाँ लोरी गाती हुई इन्दिर काकी हैं, यहाँ आहें खींचती नानी। आहों की आवाज़ अगले शॉट में समुद्र की लहरों से मिलती-जुलती है।

संगीत अभिकल्पना

रूपबन्ध में संगीत एक मोटिफ़ के तौर पर तथा बन्धन तत्त्व के तौर पर भी काम करता है। संगीत स्वयं में अमूर्त होता है यानी इसका कोई सीधा अर्थ नहीं होता। संगीत सुनने वाले के भावों का उद्दीपन जरूर कर सकता है। सामने दीखते हुए दृश्य के साथ जुड़कर पार्श्व संगीत एक दृश्य श्रव्य संयोग प्रस्तुत करता है। नयी सम्भावनाएँ प्रस्तुत करता है। किसी दृश्य के साथ जुड़कर कोई संगीत रचना अथवा बन्दिश उस दृश्य में निहित अर्थ को एक नया आयाम दे सकती है।

कथन के लिए **अपू त्रयी** में पार्श्व संगीत का बहुआयामी उपयोग किया गया है। श्रेयनामावली के साथ जोड़े गये संगीत में एक प्रधान थीम धुन तीनों फ़िल्मों में है। **पाथेर पांचाली** और **अपूर संसार** में ये धुनें फ़िल्म समाप्त होते समय भी बजती हैं। एक फ़िल्म में बजाई गयी धुन को दूसरी फ़िल्म में इस्तेमाल करके उनके बीच एक अन्तरसम्बन्ध कायम किया जा सकता है। यह अन्तरसम्बन्ध बहुआयामी हो सकता है। पाथेर पांचाली की थीम धुन लेकर त्रयी में इसका उपयोग कैसे किया गया है। अब यह देखते हैं।

पाथेर पांचाली में अपू के पिता हरिहर को अपना गाँव और पुश्तैनी मकान क्यों छोड़ना पड़ा और बनारस में आत्मसम्मान के साथ जीने की आकांक्षा के साथ सामाजिक बदलाव उन्हें कैसे मजबूर करते हैं। **पाथेर पांचाली** की थीम धुन इस कथाभाग के लिए एक पहचान-सी बना देती है। फ़िल्म का आरम्भ और अन्त इसी धुन से होता है। पूरे फ़िल्म में यह नौ बार बजती है, जिससे इस परिवार का ग्रामीण परिवेश स्पष्ट होता है। फ़िल्म के शुरू में रसोईघर के दृश्य में सर्वजया और हरिहर अपने भविष्य की छोटी आकांक्षाएँ बताते हैं। तब दृश्य को पूर्ण करते हुए यह धुन बजती है। अन्त में जब सारी आकांक्षाएँ ध्वस्त होने पर बचा खुचा परिवार गाँव छोड़कर बनारस जाने के लिए बैलगाड़ी में निकलता है तब उनके उदास चेहरों पर यह धुन जैसे स्नेहस्पर्श करती है। आनन्द और दुःख की सीमाएँ छूने वाले प्रसंगों की अलग छटाएँ दर्शाते समय इसी धुन का इस्तेमाल किया गया है। जब सर्वजया बरतन बेचने के लिए घर से निकलती है तब यह धुन जैसे उसके संरक्षण के लिए बजती है। यहाँ सर्वजया जीवित रहने के लिए और बच्चों को दो बार खाना खिलाने के लिए यह साहस करती है। जब बच्चे गाय और बछड़ा लेकर घर वापस लौट रहे हैं तब उनका आनन्द इस धुन से खिलता हुआ सा लगता है। एक और प्रसंग है जब दुर्गा और अपू गाँव से दूर रेलवे लाइन की ओर जाते है और टेलिग्राफ खंबा भी देखते हैं उसमें से निकलती आवाज सुनते हैं। इस साहस यात्रा से लौटते समय यह धुन उनकी साथी बन जाती है। अचानक उन्हें बाँसों के तले बैठी इन्दिर आख़री साँस लेती दिखाई देती है। जब दुर्गा, माँ

की आज्ञा सुनकर घर के आँगन में झाड़ू लगाना शुरू करती है तब भी यह धुन बजती है, अपू पाठशाला जाने के दिन यह धुन उसे छोड़ने जाती है। और फिर दुर्गा जब बीमार है और मिठाईवाले के आने की उसे ख़बर तक नहीं है तब भी यही धुन है।

यह धुन **अपराजितो** में दो बार आती है। दोनों जगह बंगाल की याद में। बनारस छोड़कर सर्वजया जब अपू के साथ रेल से लौटती है तब बंगाल की भूमि देखते ही उसके चेहरे पर मुस्कान-सी झलकती है। सर्वजया ने गाँव छोड़ते समय मुँह छुपाकर अपना दुख छिपाया था। उन आँसुओं और इस मुस्कान के बीच यह धुन बनारस में बीती पूरी कहानी समेट रही है। अपू के स्कूल में जब इंस्पेक्टर आते हैं और अपू बांग्लादेश का गौरव कविता पढ़ता है तब इंस्पेक्टर की आँखें गीली हो जाती हैं। यह दूसरी बार है। **अपूर संसार** में अपू पुलू को एक आत्मकथा जैसे उपन्यास की रूपरेखा बताता है, जिसका नायक पुरोहिती का पुश्तैनी पेशा छोड़कर नयी दुनिया की खोज में शहर चला आता है, तब भी इस कथन के साथ यही धुन बजती है।

रूपबन्ध की दृष्टि से पार्श्वसंगीत के और उदाहरण भी दिलचस्प हैं। एक रात इन्दिर अपने बरांडे में भजन गाती है, 'हरि दिन तो गौलो संध्या ढोलो, पार करो ना आमारे।' विनती है प्रभु से जिसे झाँकी के रूप में देखा जा रहा है कि मेरे पास पैसे तो नहीं, लेकिन मुझे पार करो। यह गाना हरिहर और सर्वजया के दृश्य से शुरू होता है, लेकिन बच्चों को छोड़ देता है और इन्दिर अपनी बूढ़ी फटी आवाज में गाती हुई दिखाई देती है। इन्दिर की अरथी पर, और उस पर शोक मनाते बच्चों पर, हरिहर और सर्वजया सभी पर यही गीत छा जाता है, स्वयं इन्दिर की आवाज में। किसी भी और आवाज में यह अपनत्व नहीं हो सकता। जब हम इन्दिर को पहली बार देखते हैं तब वो दलिया खा रही है। और दुर्गा पीछे बैठी है। इसी गाने की धुन तार शहनाई पर बजती है। सर्वजया जब इन्दिर को घर से निकाल देती है, तब इन्दिर राजू के घर पहुँचती है। और उसका सहारा चाहती है, तब भी यही धुन पार्श्वसंगीत में उपस्थित है।

फ़िल्मों में आने वाले संगीत का एक और उदाहरण है। **अपराजितो** में हरिहर जब कुछ जमने लगता है तभी अचानक उसकी मौत हो जाती है। उस दृश्य को याद करें। गंगाजल गले में उतरते ही उसकी आँखें मरते समय फटने-सी लगती हैं। सर्वजया की चीख़ 'की होलो?' (क्या हुआ?) सुनाई देती है, जब घाट के कबूतरों का झुंड उड़ता है। वहाँ भी यह धुन है। राग जोग में बजाई गयी ऊँचे स्वर की बाँसुरी की यह धुन जिसमें सितार की झंकार मिश्रित है पार्श्व संगीत के तौर पर अपू को दसवें दिन के (अपराजितो 18) श्राद्ध कर्म के लिए तैयार करके घाट पर ले जाने वाले दृश्य में भी है। इसे हम हरिहर की मृत्यु धुन भी कह सकते हैं। इसी फ़िल्म में कलकत्ता से पहली बार छुट्टी पर लौटा अपू सर्वजया को बड़े शहर में उसने क्या-क्या देखा, बताता है। जब केओरताला श्मशान घाट हो आने की बात करता है तब यही संगीत—हरिहर की मृत्यु की धुन-बजता है। सर्वजया भी

कुछ अस्वस्थ हो जाती है। और बात बदलकर अपू को कलकत्ता में रास्ते पर चलते हुए ध्यान रखने को कहती है। आगे चलकर महीनों बाद यही धुन बजती है। जब सर्वजया को अपू के पुकार की (**अपराजितो** 78) भ्रान्ति होती है।

वह धीरे-धीरे पोखर की ओर बढ़ती है। जुगनुओं का नर्तन टिमटिमाता है और उसकी मृत्यु होती है। **अपूर संसार** में जब पुलू से बात करने अपू अपने आपको अपर्णा की मृत्यु के बारे में बात करने पर मजबूर करता है। तब फिर वही पार्श्व संगीत आ जाता है। हरिहर की मृत्यु धुन दो परिस्थितियों में बजती है—अचानक या असहायता की स्थिति में।

पाथेर पांचाली और **अपूर संसार** को जोड़ने वाला वही उदाहरण देखते हैं, जो हम पहले भी दे चुके हैं, लेकिन उसका यहाँ दोहराना उचित है। **पाथेर पांचाली** में सर्वजया ने अपने दुख को (**पाथेर पांचाली** 36) अपने अन्दर ही थाम लिया है। जब तक हरिहर ने दुर्गा के लिए लाई हुई साड़ी दिखाई नहीं। यह साड़ी हाथ में लेते हुए सर्वजया का क्रन्दन आवेग से बाहर आ जाता है। दृश्य में हम देखते हैं उसका चेहरा लेकिन उसकी आवाज के स्थल पर हमें राग प्रदीप में तार शहनाई का स्वर सुनाई देता है। जिसे हम नाम देंगे 'माँ का क्रन्दन'। यह स्वरावली हरिहर के हादसे से स्तब्ध शरीर पर लगी है। हरिहर उठता है और सर्वजया को सान्त्वना देने के लिए फिर उस पर झुक जाता है सर्वजया मुँह छिपाए धराशायी होकर फूट-फूटकर रोती है। हरिहर की दुर्गा-दुर्गा की पुकार घर के बाहर अपू सुनता है और रुक जाता है। यही पार्श्वसंगीत का अंश **अपूर संसार** के आखिरी क्षणों में है जब काजल अपू को दोस्त मानकर उसके साथ जाने पर राजी होता है और अपू की ओर दौड़ता है। अपू काजल के साथ नाता जोड़ने में असफल रहा था। वह निराश होकर वापस जा रहा था। नदी किनारे पहुँच गया था। काजल दूर से अपू को जाते हुए देखता है और अपू रुक जाता है। उनमें बात होती है, उसमें अपू को एक दोस्त की हैसियत से काजल स्वीकार कर लेता है। यह दोस्त उसे कलकत्ता में उसके 'पिता' के पास ले जाएगा। तब तक नाना काजल को ढूँढ़ने आ जाते हैं और अपू काजल से साथ चलने का आग्रह करता है। माँ का क्रन्दन काजल की दौड़ और अपू पर आ जाता है। जैसे ही अपू काजल को उठाकर अपने कन्धो पर उठाता है, टाइटिल संगीत से अपू धुन एक विजयधुन बनकर बजती है। काजल की दौड़ सहित आने वाली यह क्रन्दन की धुन अपू के छः साल से दबे हुए क्रन्दन की ओर संकेत करती है। अपर्णा की मृत्यु से काजल ने माँ और बाप दोनों को खो दिया था। काजल के दुखी होने का मूल कारण यही था। इस धुन से परिवारिक मेलजोल के दो रूप जोड़े जाते है—एक खोने का दूसरा पाने का। दुर्गा की मृत्यु से बन्धन टूटे थे, यहाँ काजल की दौड़ से बन्धन बनता है। एक तरफ गहरा आघात और दुख है, दूसरी ओर परम सुख अपू का अकेलेपन से निकलकर पारिवारिक बन्धन में बंधने का। परम दुख और परम सुख दोनों एक ही संगीत में बाँधे गये हैं।

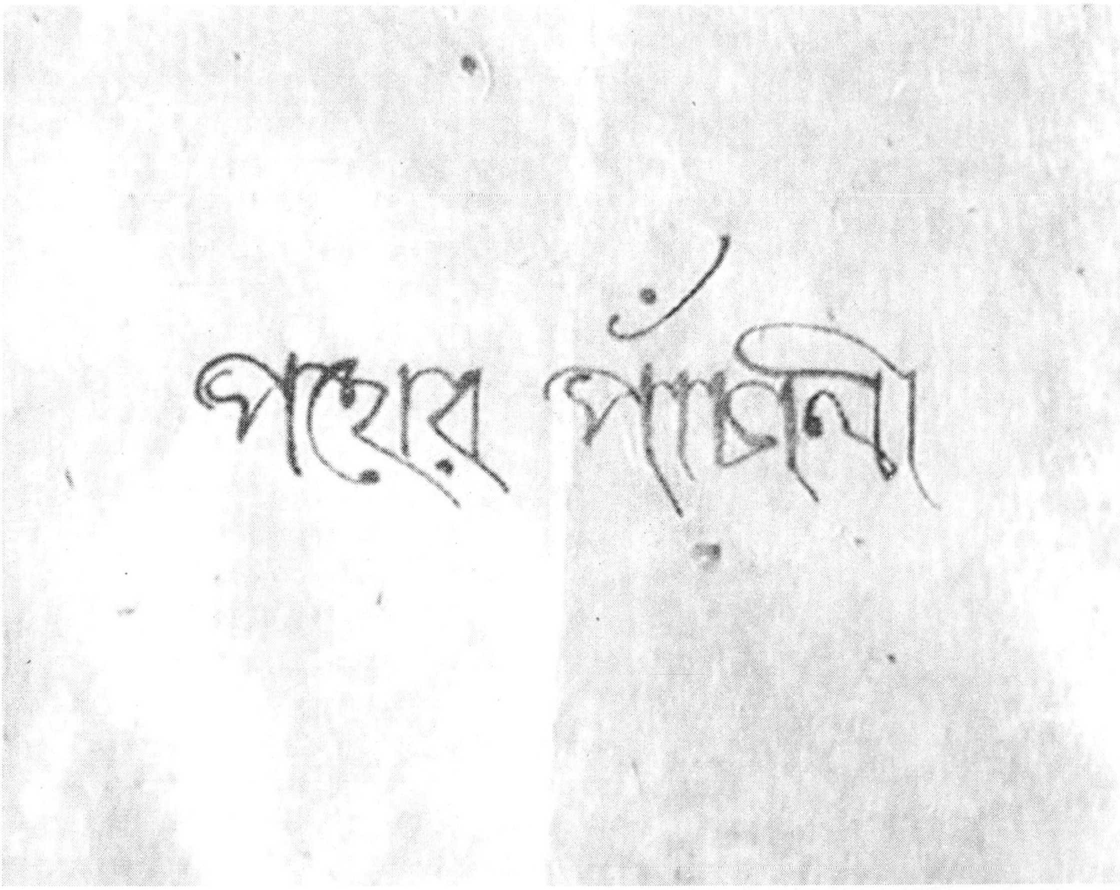

पाथेर पांचाली का क्रेडिट टाइटल

अध्याय तीन

पाथेर पांचाली-1

तीनों फ़िल्मों का पाठ्य-विश्लेषण

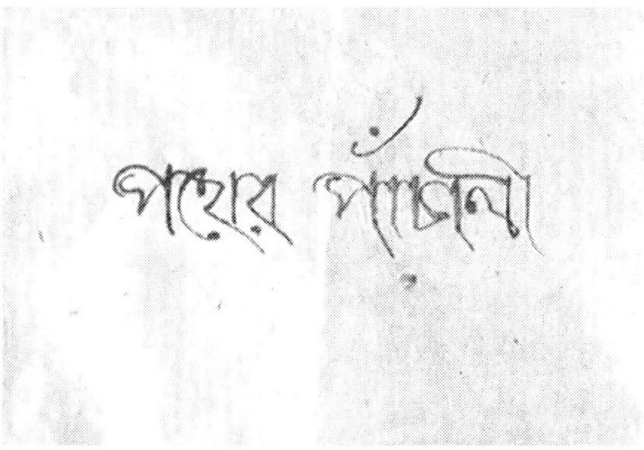

पाथेर पांचाली

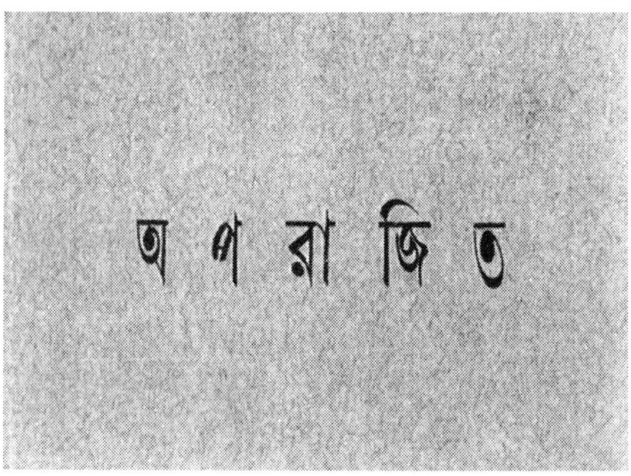

अपराजितो

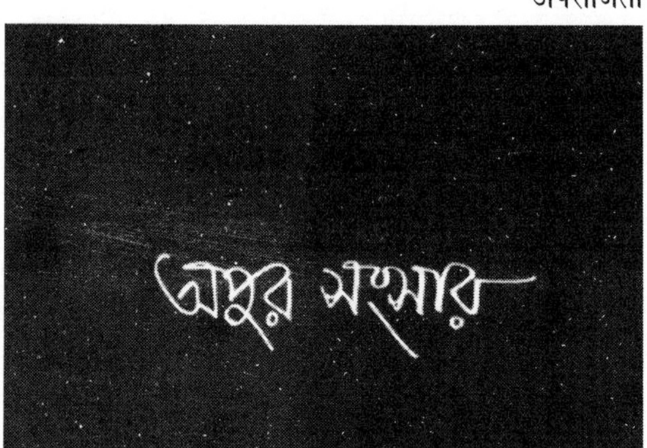

अपूर संसार

अपू त्रयी की रचना तीन भाषाओं की लय में निबद्ध है। तीनों फ़िल्में तीन सहज खंडों में रची गयी हैं। हर भाग फिर तीन हिस्सों में बँटता है। इन हिस्सों को स्पष्ट करने के लिए हम एक सूची का उपयोग कर रहे हैं फ़िल्मों के रूपबन्ध का अध्ययन इन्हीं सन्दर्भों में होगा।

पिछले अध्यायों में हमने कुछ संकल्पनाओं का विवरण दिया है। उन्हीं के सहारे **अपू त्रयी** की फ़िल्मों को समझा जाएगा। हर फ़िल्म में परदे पर क्या आता है पहले इसका वर्णन होगा। और फिर कथ्य और रूपबन्ध की व्याख्या के साथ प्रासंगिक टिप्पणी होगी। हर भाग के प्रत्येक हिस्से का अन्तरसम्बन्ध भी स्पष्ट होगा।

पाथेर पांचाली

फ़िल्मों की श्रेयनामावली (Credit titles) में लिखावट फ़िल्मों के आशयसूत्र (Themes) को स्पष्ट करती है। साक्षरता या विद्याभ्यास इन फ़िल्मों का एक महत्त्वपूर्ण आशयसूत्र है। **पाथेर पांचाली** की श्रेयनामावली पुराने ज़माने की पाडुंलिपियों की तरह सेठे की कलम से हाथ कागज पर लिखी गयी है कागज़ के बीचोबीच एक मोड़ का निशान दिखाई देता है।

हरिहर ब्राह्मण है। पढ़ाई और पुरोहिताई उनकी जीविका है। हरिहर इस पुश्तैनी तरीके से अपनी जिन्दगी बिताना चाहता है। वह इस पुश्तैनी धन्धे के अलावा नाटक लिखना चाहता है। लेकिन गाँव में भी बदलते ज़माने में उसे कठिनाइयों का सामना करना पड़ रहा है। जब वह गाँव छोड़कर जाने की तैयारी करता है तब हम पुरानी पांडुलिपियाँ उसके सामान में बँधते हुए देखते हैं।

अपराजितो में अपू छपी किताबों का इस्तेमाल करने लगा है। यह हरिहर की पांडुलिपियों से अलग स्तर है। इस कारण अपराजितो की श्रेयनामावली किताबों में छपाई की

लेखन शैली में बनायी गयी है, और **अपूर संसार** में अपू खुद एक लेखक बन गया है। तो श्रेयनामावली भी पढ़े-लिखे लोगों की लिखावट में बनायी गयी है।

अपू त्रयी की तीनों फ़िल्मों में कैमरा कई चीजों को दिखाता है। पत्र, छपी हुई किताबें, सूचनाफलक, दीवारों पर विज्ञापनों की लिखावट, घर की दीवार पर अपू का नाम। इन सभी क्षणचित्रों की संरचना में संगीत है। है तो यह एक छोटी-सी बात, लेकिन फ़िल्म में ऐसी छोटी-छोटी चीजों धीरे-धीरे पृष्ठभूमि की बुनावट हो जाती हैं जिससे मानवीय जीवन की नाट्यमय कथा दर्शाई जानी है। यह तो फ़िल्म कला की एक विशेषता है। इस प्रकार **पाथेर पांचाली** के ठीक शुरू अपू के जीवन में शिक्षा का आशय सूत्र गठित किया है—आगे चलकर कहानी में तथा पृष्ठभूमि के दृश्यों में भी इसका उपयोग किया गया है।

यह सम्बन्ध श्रेयनामावली के पार्श्वसंगीत संयोजन में भी है। यह संगीत राग खमाज की स्वरावली प्रधान रखते हुए बनाया गया है। इस संगीत रचना में चार अलग धुनें है। 1. तालवाद्य 2. सितार पर बजने वाली आनन्दभावी धुन 3. पाथेर पांचाली की प्रधान धुन (थीम) और 4. कंपित स्वर (Treinclo)। यह धुनें विभिन्न कथा प्रसंगों में अभिव्यक्ति का माध्यम हैं। पहली, पखावज पर बजने वाली एक तिहाई से होती है। फ़िल्म में जिन प्रसंगों में किसी पात्र का गुस्सा दर्शाया जाता है वहाँ तालवाद्य का उपयोग होता है। दूसरी धुन आनन्दभावी है, वह फ़िल्म में हर्षोल्लास के प्रसंगों से जुड़ी है।

तीसरी थीम धुन जो बाँसुरी से मशहूर हो गयी है। फ़िल्म के संगीतकार पं. रविशंकर ने इस धुन का एक रिकार्ड बनाया है। फ़िल्म में पात्रों के जीवन में जब-जब महत्त्वपूर्ण मोड़ आता है, तब इस धुन का इस्तेमाल होता है। **अपराजितो** और **अपूर संसार** में भी इसका उपयोग है। चौथा घटक है कम्पित स्वर, श्रेयनामावली के अन्त में यह कम्पन पहली बार सुनाई देता है। जब थीम धुन समाप्त हो जाती है। पात्रों की वेदना तथा जुदाई से यह कम्पन जुड़ा है।

पाथेर पांचाली में और पूरी अपूत्रयी में भाव और धुनों का संयोजन रूपबन्ध और कथ्य में बखूबी किया गया है।

अपू के पिता हरिहर राय अपना गाँव छोड़कर बनारस क्यों चले गये, **पाथेर पांचाली** में यह दर्शाया है। यह कहानी तीन हिस्सों में विकसित होती है:

1. हरिहर का अपने गाँव में रहने का संघर्ष पर थोड़े दिनों के लिए बाहर चला जाना।
2. हरिहर की अनुपस्थिति में तनावग्रस्त कुटुम्ब।
3. हरिहर अपना पुश्तैनी गाँव और घर छोड़कर चला जाता है।

पाथेर पांचाली का पहला भाग बड़ा है। विश्लेषण की सुविधा के लिए हम इसे तीन और भागों में देखेंगे, जैसे पाथेर पांचाली-भाग-1, पथेर पांचाली-भाग-2, और पाथेर पांचली-भाग-3। इन हिस्सों को भी हम और तीन उप विभागों में बांटेंगे। इस प्रकार पाथेर पांचाली-1 के नौ हिस्से बनते हैं। इनके वर्णन के लिए हुए हम 1.1 से 1.9 तक अंकन करेंगे। यह संदर्भ सुविधा के लिए है।

पाथेर पांचाली 1.1 के तीन भाग इस प्रकार हैं:

1.1 अमरूद चुराने का प्रसंग

1.2 अपू का जन्म

1.3 कुटुम्ब के सपने

अब हम इन्हें विस्तार से देखते हैं।

1.1. अमरूद चुराने का प्रसंग

प्रातःकाल स्नान के बाद शेजोबऊ तुलसी वंदन करते-करते छत पर से दुर्गा को अमरूद तोड़कर भागती हुई देखती है। वह चिल्लाकर दुर्गा को भगाती है। दुर्गा दूर जाती दिखाई देती है और उसके पैरों की आवाज सुनाई देती है। दुर्गा शेजोबऊ की नज़र से बच कर बाँस के झुंड में पगंडडी से अपने घर की ओर चलती है। संगीत की धुन बजते-बजते रुक जाती है जब दुर्गा देखती है कि सर्वजया—उसकी माँ—उसी राह से शेजोबऊ के मकान की ओर बढ़ रही है। शेजोबऊ की बाड़ी में कुआँ है और सर्वजया पानी लेने जा रही है। दुर्गा चुपचाप छिप जाती है। सर्वजया के आगे निकल जाने पर दुर्गा जल्दी से घर की ओर भागती है। इसी के साथ पार्श्वसंगीत की रुकी हुई धुन भी सुनाई देती है। दुर्गा दरवाज़े के पास बँधी गाय के पास से अन्दर जाती है। और सबसे पहले इन्दिर के बरांडे पर जाकर उसे चुपके से पुकारती है। इन्दिर कोठरी में नहीं है। दुर्गा उसके बरतन का ढक्कन उठाकर एक अमरूद उसमें रख देती है। फिर रसोई के बरांडे में जाकर वहाँ से दूध लेकर आँगन के उस कोने में जाती है। जहाँ उसकी बिल्ली और बिल्ली के बच्चे हैं, मटके से बाहर निकाल कर उन्हें दूध

पिलाती है। दुर्गा का मुस्कराता चेहरा हम मटके के भीतर से देखते हैं।

वहाँ शेजोबऊ छत पर कपड़े सुखाने के लिए डोरी पर फैला रही है। और पड़ोसन को जोर-जोर से दुर्गा की हरकतें बता रही है। पड़ोसन कहती है कि यह तो छोटी-सी बात है, उसकी माँ को कहो। तभी सर्वजया कुएँ पर पहुँच जाती है। जैसे वह कुएँ से डोल खीचना शुरू करती है। वैसे ही शेजोबऊ छत पर से सुनाती है कि उस माँ को कौन कहे जो खुद बच्चे को चोरी सिखाती हो। नीलमणि की पत्नी भी कुएँ के पास पहुँची है। वह पानी का घड़ा उठा ले जाने में सर्वजया की मदद करना चाहती है। मगर सर्वजया खुद ही घड़ा उठाके चली जाती है। नीलमणि की पत्नी छत की ओर लांछन भरी नज़र से देखती हैं। इन्दिर अपने बरांडे में बैठी दलिया खा रही है। पार्श्व संगीत में दिलरुबा पर उस गाने की धुन बज रही है। जो कई बरसों बाद इन्दिर फ़िल्म में गाएगी। दुर्गा उसके पीछे चुपचाप बैठी है। दुर्गा चुपचाप इन्दिर के पीछे बैठी है। उसे जब यह मालूम होता तब तक वह सारा दलिया खा चुकी है। इन्दिर को बुरा लगता है कि उसने दुर्गा को कुछ नहीं दिया।

इन्दिर फलों के बरतन में दुर्गा का रखा हुआ अमरूद देखकर खुश होती है। और हँसती है। सर्वजया पानी लेकर घर पहुँचती है और उसे दुर्गा का वहाँ बैठना पसन्द नहीं जब इन्दिर खाना खा रही हो। वह दुर्गा को बुला लेती है। दुर्गा उठना नहीं चाहती। सर्वजया के पुकारने पर इन्दिर एक तरफ उससे कहती है कि दुर्गा को बैठा रहने दो और दूसरी तरफ दुर्गा को माँ के बुलाने पर जाने को कहती है। सर्वजया दुर्गा को पास बुलाकर जो अमरूद शेजोबऊ के बाग से लाए हैं वह लौटाने को भेज देती है। दुर्गा माँ के कहने पर चल पड़ती है।

इन्दिर कुल्ले के बाद बचा पानी पौधे पर डालती है। यह उसकी आदत है। सर्वजया पहले से ही गुस्से में है। इन्दिर जब अपने फटे कपड़े और चादर पटकती है तब उसका गुस्सा और चढ़ जाता है वह आरोप लगाती है कि इन्दिर दुर्गा को फल चुराने के लिए उकसाती है। इन्दिर सर्वजया के इस आरोप को खारिज करते हुए दुर्गा के अमरूद चुराने को बच्चों की शैतानी बताती है। सर्वजया ताना मारती है कि इन्दिर उसकी रसोई से मिर्च, तेल या नमक चुराती है। अगर बच्ची को इसी तरह से बिगाड़ने की हरकत करती रहेगी तो उसे इस घर के बाहर निकाल दिया जाएगा। इस पर इन्दिर सचमुच गुस्सा हो जाती है। और अपनी गूदड़-गठरी बाँधती है। उसकी गठरी के नीचे एक बिल्ली का बच्चा आ जाता है। उसे गाली देकर वह दूर हटाती है और घर से बाहर निकल पड़ती है। पार्श्व में मंजीरों की धुन बजती है। सर्वजया को सुना-अनसुना करके वह चली जाती है। घर के बाहर मोड़ पर दुर्गा शेजोबऊ के घर से वापस आती है और इन्दिर को रोकने की कोशिश करती है। इन्दिर दुर्गा को दुत्कार देती है। सर्वजया उसे अन्दर बुला लेती है। थीम धुन शुरू होती है जब दुर्गा माँ के कहने पर आँगन में झाड़ू लगाना शुरू कर देती है। फेड आउट से पहले सीन में उन सभी महिलाओं को दिखाया जा रहा है जो अपू के जन्म के समय उस परिवेश में मौजूद रहेंगी। दुर्गा के फल चुराने की हरकत पर उनकी प्रतिक्रियाएँ दिखाई गयी हैं। बच्चों को अच्छे संस्कार सिखाने की सामाजिक मान्यताएँ यहाँ साफ दीखती हैं।

शेजोबऊ...कुछ ज्यादा ही बढ़ा चढ़ाकर आपत्ति जता रही है जैसे दूसरे मकान की पड़ोसन कहती भी है। अगर बच्ची में कोई शिकायत है तो उसकी माँ से बोलो। इस पर शेजोबऊ सारी बात सर्वजया पर डाल देती है। सर्वजया अपना गुस्सा इन्दिर पर निकाल देती है। इस किस्से का अन्त होता है जब इन्दिर गुस्सा करके घर छोड़ जाती है। दुर्गा को घर के काम में लगाया जाता है। यह सब दृश्य महिलाओं के सुबह के कार्यक्रम के हैं। ये झगड़े भी सुबह की दिनचर्या का हिस्सा हैं। सामाजिक गठबन्धन भी सामने आता है। शेजोबऊ के कुएँ पर पड़ोसी औरतें पानी भर सकती हैं। इसी आधार पर नीलमणि की पत्नी और सर्वजया वहाँ जाती हैं। उन दोनों की बनती है। नीलमणि की पत्नी सर्वजया की मदद करना चाहती है। सर्वजया शेजोबऊ और नीलमणि की पत्नी—इन तीनों में विरोधी सम्बन्ध है। शेजोबऊ सर्वजया के प्रति नाराज़गी और तुच्छता का व्यवहार रखती है; नीलमणि की पत्नी उसे सहानुभूति से देखती है। दुर्गा बच्ची है और माँ उसको सख्ती से अच्छे रास्ते पर ले जाने की कोशिश कर रही है। और लोग उसे बच्ची समझकर छोड़ देते हैं। सर्वजया दुर्गा को फल लौटाने पर मजबूर करती है।

संरचना के तत्त्व देखें तो जब शेजोबऊ सर्वजया पर आरोप लगाती है, तो कैमरा शेजोबऊ को छोड़कर सर्वजया पर

है, और शेजोबऊ की आवाज उसके चेहरे तथा बदन पर ऊपर से बरसती है। इसी तरह सर्वजया की आवाज इन्दिर के चेहरे और बदन पर मार करती है। शेजोबऊ दुर्गा और सर्वजया इनके बीच एक तनाव है जिससे एक त्रिकोणाकृति बनती है। जब शेजोबऊ दुर्गा को भगाने के लिए चिल्लाती है तब पहली रेखा खींची जाती है। शेजोबऊ जब आरोप लगाती है तब छत पर कुएँ तक जहाँ सर्वजया पानी भर रही है, दूसरी रेखा दिखाई देती है। इस तनाव के बावजूद सर्वजया और शेजोबऊ एक बात पर सहमत भी हैं कि दुर्गा चोरी न करे। सर्वजया और दुर्गा माँ-बेटी के रिश्ते से तो बँधी हैं ही, इसमें जिम्मेदारी, पालन-पोषण, सख्ती और संवेदना पर ध्यान भी देना है। उसकी छोटी उम्र को देखते हुए...नरमी भी तो बरतनी है।

सर्वजया, दुर्गा और इन्दिर भी इसी प्रकार एक त्रिकोणाकृति सम्बन्ध में रची गयी हैं। दुर्गा और इन्दिर के बीच अपनेपन का एक खास रिश्ता है। लेकिन इन्दिर और सर्वजया के बीच दो कारणों से झगड़ा है। एक तो रिश्ते से इन्दिर दूर की होते हुए भी इस घर में डेरा डाल बैठी है और दूसरा यह कि इंदिर दुर्गा को माँ के बनाये गये नियमों को तोड़ने के लिए उकसाती है। दुर्गा को जो सीख देनी है, उसमें वह बाधा बन रही है। इस प्रसंग में दुर्गा का अमरूद चुराना भले ही मामूली सी बात हो, मगर सर्वजया को इस बात पर अपमानित किया गया। जिस प्रकार से सर्वजया को भलाबुरा सुनना पड़ा उसी तरह का आरोप सर्वजया ने इन्दिर पर लगाया। कथन को आगे बढ़ाने के लिए इन्दिर का पहली बार घर छोड़ना एक प्रकार से इस त्रिकोण को भंग करने के लिए रचा गया है। त्रिकोणात्मक रूप से दुर्गा को आँगन साफ रखने के काम में सर्वजया ने इसलिए लगाया है कि दुर्गा घर के कामकाज सीखती रहे।

त्रिकोणाकृति सम्बन्धों की कठोरता कुछ सहज भी हो जाती है। जैसे कि माँ का बच्ची को सँवारना-सँभालना। एक बात और भी है। पाथेर पांचाली में बड़ों की दुनिया के बीच बच्चों का संसार भी फलता-फूलता है। आँगन का एक कोना दुर्गा की बिल्ली और उसका परिवार के लिए सुरक्षित हैं। दुर्गा घर से दूध भी उन्हें पिलाने के लिए ले सकती है। वह त्रिकोणाकृतियाँ जो इस भाग में रची गयी हैं वे पूरी फ़िल्म में चलती रहेंगी। बढ़ता हुआ संघर्ष और तनाव भी इसी त्रिकोण द्वारा सुलझाया जाएगा।

कथानक का एक मुख्य आशयसूत्र है आत्मसम्मान के साथ जीना। शेजोबऊ के आरोप से सर्वजया के आत्म सम्मान पर आघात होता है। बच्ची की छोटी-सी शरारत के लिए माँ को जिम्मेदार ठहराया जा रहा है। इन्दिर का गुस्सा भी उसी प्रकार का है। इसके बावजूद कि वह इस घर में आश्रित है। इस रूपबन्ध में सर्वजया-शेजोबऊ-दुर्गा त्रिकोण माला चुराने के प्रसंग में और तेजी से दोहराया जाएगा। फ़िल्म के अन्त में सर्वजया जब घर बार छोड़ कर जाने की लिए सामान बाँध रही है तब शेजोबऊ डलिया भर फलों का उपहार लाती है। यहाँ पर त्रिकोण तनाव से मुक्त होता है।

परिसर के ब्योरे ध्यान से चुने गये हैं। पेड़-पौधों से हरा भरा वातावरण, घरों के बीच की पगडंडी, हरिहर के घर के हिस्से, दरवाजा और बाहर का रास्ता, यह सब बड़े तार्किक रूप से विन्यास और रूपबन्ध में रेखांकित होंगे।

1.2 अपू का जन्म

अपू का जन्म तीन चरणों में दिखाया गया है। पहलाः जिसमें दुर्गा सो गयी है। और हरिहर बरांडे में बड़ी परेशानी से इधर-उधर चक्कर लगा रहा है। वह उस झोंपड़ी की ओर देखता रहता है। जहाँ सर्वजया की देखभाल में नीलमणि की पत्नी भी लगी है और शेजोबऊ भी हैं पर अलग बैठी पान चबा रही हैं। हरिहर और ज़्यादा परेशान। डिज़ॉल्व। दूसराः सर्वजया का चेहरा वेदना से व्याकुल। डिज़ाल्व। तीसराः सुबह। दुर्गा इन्दिर को खुशी से घर की ओर लाती हुई। जैसे इन्दिर दरवाजे तक पहुँचती है, एक पड़ोसन जो घर में पानी लाने को निकल पड़ी है, उसे हँसकर बुलाती है। आँगन में अड़ोस-पड़ोस के बच्चे तथा महिलाऐं मौजूद हैं। इस घर में पुत्र का जन्म हुआ है। दुर्गा इन्दिर की गठरी उसकी कोठरी में रखती है तब तक खुद इन्दिर सर्वजया और बच्चे की ओर बढ़ती है। सर्वजया इन्दिर की मुस्कान का कोई जवाब नहीं देती उसके कहने पर अपू के चेहरे पर से चादर हल्के से हटाती है। दुर्गा और इन्दिर के चेहरों पर हँसी फूटती है। वे अपू को देखती हैं। इस प्यारे बच्चे को देखते हुए दुर्गा खुश है और इन्दिर आँसू की बूँद पोंछती है।

अपूत्रयी अपू के बारे में है। तो अपू के जन्म के समय से इसकी शुरुआत होना स्वाभाविक है। पाथेर पांचाली में अपू स्वयं बालक ही है। लेकिन सभी बड़े लोगों का व्यवहार अपू पर केंद्रित है। फ़िल्म के पूरे कथन में अगर सर्वजया और

हरिहर को अपू के माता-पिता की भूमिका में समझा जाए और दुर्गा को अपू की बहन, तब फ़िल्म के कथन की बारीकियाँ और समझ में आएँगी।

यहाँ पात्रों का रूपबन्ध देखें। नवजात शिशु अपू केन्द्र बिन्दु है। और उसके आस-पास चारों ओर लोगों का एक घेरा बन गया है। घर के लोग, पड़ोसी, जात बिरादरी के लोग सब मिलकर पुत्र जन्म पर खुशियाँ मना रहे हैं। इस परिवार में पुत्र जन्म और सब परिवारों के लिए भी खुशी का मौका है।

पाथेर पांचाली 1.1 में त्रिकोणाकृति के कारण पात्रों के बीच दूरियाँ पैदा हुई थीं। इस अगले भाग में दूरियाँ कम होंगी। बिछड़े हुए लोग अब फिर से जुड़ गये। पहले भाग में जो नाराज़गी और संघर्ष का माहौल त्रिकोणाकृति से बनाया गया अब शिथिल हो गया है। सर्वजया ने इन्दिर की वापसी स्वीकार कर ली है। उसकी मदद से घर के काम का बोझ कुछ हल्का हो जाएगा। पात्रों के चरित्र में यदि विपरीत गुणों को साथ-साथ दिखाया जा सके तब मानव सम्बन्ध और बारीकी से दर्शाये जा सकते हैं।

लौटने के दृश्य में दुर्गा और इन्दिर उसी स्थान पर दीखती है जहाँ इन्दिर ने दुर्गा को दुत्कारा था। तब गुस्सा था, अब खुशी है जो इन्दिर को वापस ला रही है। सर्वजया की प्रतिक्रिया न इधर है न उधर। दुर्गा और इन्दिर बचपन और बुढ़ापे की डोर से बँधे हैं। दोनों को इसकी परवाह नहीं है कि कोई क्या कहेगा। दोनों ही शिशु को देख कर मुस्कुरा रही हैं, और दोनों के मुँह में दाँत नहीं हैं।

यह पूरा हिस्सा सोई हुई दुर्गा से शुरू होता है। और उसकी हँसती छवि देखते हुए खत्म होता है। इसका तीसरा चरण भी दुर्गा और इन्दिर से शुरू होता है और दोनों की हँसी और आँसू पर समाप्त होता है।

1.3 हरिहर के कुटुम्ब के सपने

अपू के जन्म के बाद पाँच महीने बीत गये हैं। अब हम हरिहर राय के जीवन की आकांक्षाओं की रूपरेखा दिखाने वाले दृश्य देखते हैं। शुरू से अपू को सुलाने के लिए लोरी गाने वाली इन्दिर के दृश्य में है। अपू के लिए एक पालना डोरियों के सहारे छत से लटकाकर बनाया गया है। पास में दुर्गा इमली के बीज गिनकर खेल रही है। इन्हें छोड़कर कैमरा रसोई में पहुँचता है जहाँ हरिहर और सर्वजया के बीच बातें चल रही हैं। अपू का जन्म सबके लिए शुभसंकेत साबित हुआ है—हरिहर को नौकरी जो मिल गयी। अब बच्चे के अन्नप्राशन का समारोह धूमधाम से मनाया जा सकता है। सर्वजया की पाक कुशलता की भी तारीफ होगी। जब हरिहर अगले महीने से जमींदार की कचहरी में नौकरी मिल जाने का जिक्र करता है तब सर्वजया चिन्ता में प्रश्न उठाती है। क्या वह समय पर तनख़्वाह देंगे? हरिहर को भरोसा है कि वह भले आदमी हैं। लेकिन सर्वजया को लगता है कि... हरिहर के भोलेपन का फायदा सभी उठाते हैं। जमीन और उसके साथ फलों के पेड़ कैसे लोगों से हड़प लिए। मामला तो पिछली पीढ़ी का था जिन्होंने 300 रुपए उधार लिये थे शेजोबऊ के घर वालों से। कोई लिखापढ़ी नहीं थी फिर भी वह ऋण वसूल करने के बहाने बाग़ छिन गया और अब दुर्गा अगर एक गिरा हुआ अमरूद भी उठाती है तो उस पर शोर मच जाता है। हरिहर अपना बचाव करता है। उनको सूद का व्यापार करने दो, मैं तो पढ़ाई-लिखाई वाला काम करता हूँ। आगे आने वाले दिनों में वह नये जात्रा नाटक लिखेगा। जो आजकल के घिसे पिटे नाटको से ज्यादा पंसद किए जाएँगे। तब पैसे भी ज्यादा मिलेंगे। यह सुनकर सर्वजया कुछ खुश हो जाती है...कि उसके पति विद्वान माने जाएँगे। दुर्गा भी हरिहर के पास आकर बैठ जाती है। थीम धुन शुरू होती है। हरिहर और सर्वजया भविष्य की जिम्मेदारी की बात शुरू करते हैं। अपू की शिक्षा है, दुर्गा की शादी है, घर की मरम्मत है। सारी जिन्दगी में दिन में दो बार भोजन, साल में एक बार नये कपड़े और क्या चाहिऐ। कैमरा रसोई घर छोड़ कर फिर दूसरे बरांडे में जा कर इन्दिर की ओर देखता है और दृश्य झूले में सोए अपू पर समाप्त हो जाता है। दृश्य जैसे शुरू हुआ था, वैसे ही वृत्ताकार रूप में अन्त होता है।

इस प्रसंग की गोल रेखा हरिहर के कुटुम्ब की बुनियादी आस्थाओं को छूती है। उन्हें आज की स्थिति को स्वीकार है। भविष्य की कुछ आकांक्षाएँ हैं। कैमरा अपू के झूले को निहारने के बाद दुर्गा को उसके बक्से के साथ देखता है। फिर रसोई के बरांडे में आ पहुँचता है। वापिस आने पर इन्दिर ने स्वयं ही अपनी जगह बना ली है। शिशु की देखरेख की जिम्मेदारी खुद सँभाल ली है। सर्वजया को इन्दिर चाहिए और नहीं भी चाहिए। उनका आपसी रिश्ता और उलझ गया है। दुर्गा को एक छोटा भाई मिल गया है। अभी बहुत छोटा है,

कुछ समय बाद वह साथी बनेगा। सँभालने का ज़िम्मा उसी का होगा, फिर एक छोटा लड़का, रोब जमाने के लिए भी। हरिहर पंडिताई करने वाले परिवार से है, उसके दादा-परदादा जाने माने विद्धान थे। लेकिन अब ज़माना बदल गया है। हरिहर ढीलाढाला सीधा-सा इन्सान है। पिछली पीढ़ी में कोई हरन-दा थे। उनका लिया हुआ कर्ज चुकाने में शेजोबऊ के परिवार ने हरिहर की ज़मीन हथिया ली है। फलों के पेड़ भी चले गये। और कौन जाने असली हिसाब था भी क्या। सर्वजया चिन्तित है कि ऐसे आदमी से ज़िन्दगी का बोझ कैसे सँभल पाऐगा। हरिहर अपने सपनों में मस्त है। जमींदार की नौकरी भी थोड़े दिनों तक ही करना चाहता है, जीवन भर नहीं। हरिहर कल्पना कर रहा है कि वह जात्रा नाटक के लिए नये कथानक और काव्य की रचना करेगा, उसके नाटक लोगों को पसन्द आएंगे। और इससे उसका नाम भी होगा और पैसे भी मिलेंगे। अपू का पिता और उसकी माँ सर्वजया एक-दूसरे के उलटे हैं। माँ सक्षम है, आने वाले कल के धोखे पहचानती है और उसका प्रयास तो यही है कि कठिनाई के दिनों के लिए कोई साधन सम्हालकर रखे जाएँ। अपू के माता-पिता सम्मान से सीधी-सादी

1

2

3

4

5

6

7

8

9

ज़िन्दगी जीना चाहते हैं। फ़िल्म में यही दिखाया गया है कि उनकी इतनी छोटी-सी इच्छा पूरी नहीं हो पाती और हरिहर राय आखिर अपना गाँव छोड़कर बनारस चले जाने पर मजबूर हो जाता है।

इस दृश्य को गोल आकार में कैमरे की बदलती जगह और कथन के आशय से रूपायित किया गया है। बूढ़ी और अपू के दिखाने से दृश्य शुरू होता है। फिर कुटुम्ब के मन की बातें करते-सुनते, पहले मेल, कुछ अलगाव, फिर मेल ऐसा करते, माता-पिता को छोड़ कर फिर बूढ़ी और अपू पर लौट आता है। अब इन्हीं आशय सूत्रों को लेकर कथन की बनावट आगे चलेगी। लड़के की शिक्षा, लड़की की शादी (दुर्गा की शादी नहीं हो पाएगी। रानू की होगी) और मकान की मरम्मत, जो नहीं होगी। हरिहर वैसे ही आलसी बने रहेंगे और सर्वजया किसी भी तरह परिवार को सँभालने की कोशिश करती रहेगी।

अगले भाग में छः साल बाद कंथ्य के सूत्र दिखेंगे। दिनक्रम की रूप रेखा आम तौर पर वही है, कुछ बदलाव भी जरूर आये है। आर्थिक स्थिति नाजुक ही है। अपू की दुनिया बड़ी होती है और उससे अनुभव ले कर वह कई बातें सीखता है।

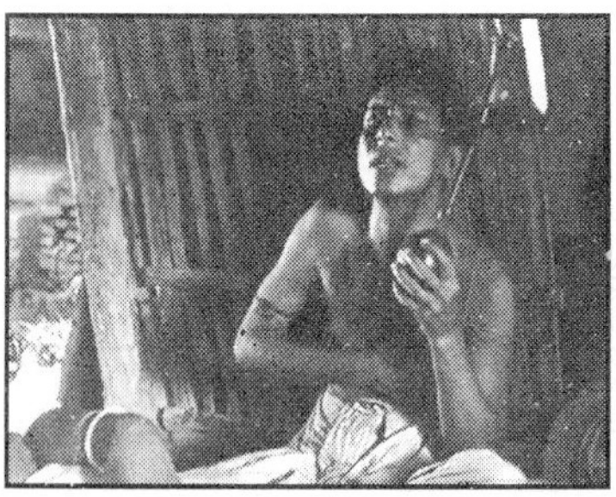
10

11

12

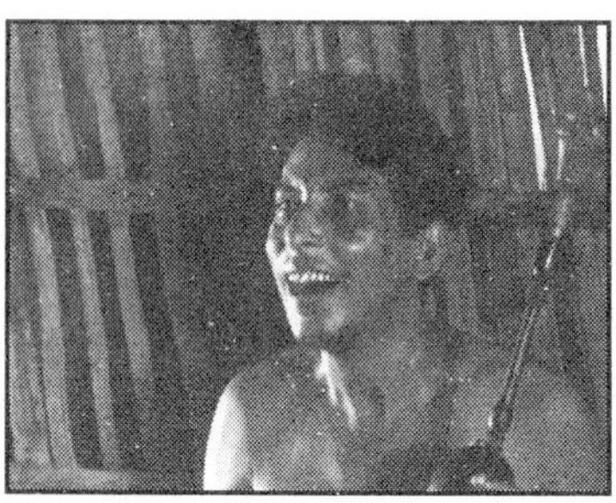
13

14

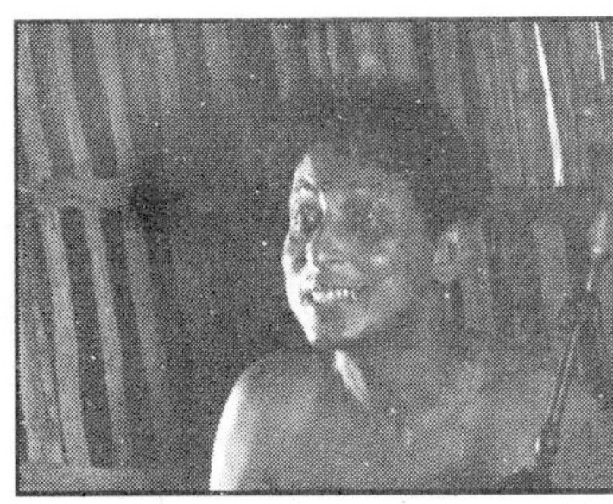
15

16

17

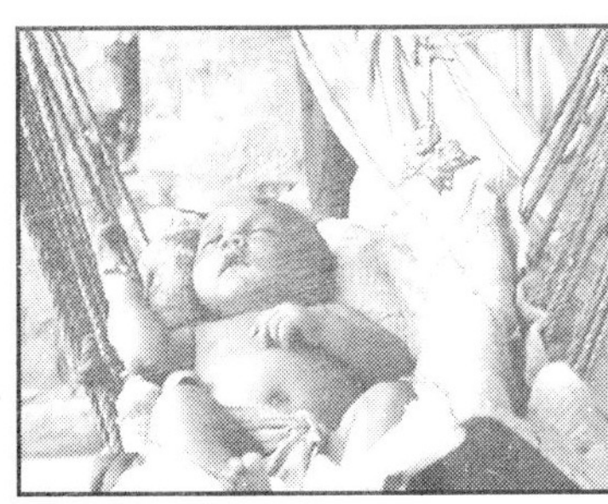
18

छः साल बाद

यह **पाथेर पांचाली**-1 का दूसरा हिस्सा है। इसके भी तीन भाग इस प्रकार हैं:

1.4 अपू पाठशाला में

1.5 माला चुराने का प्रसंग

1.6 भविष्य के सपने बरकरार

1.4 अपू पाठशाला में

यहाँ भी शुरुआत सुबह से है, लेकिन आज महत्त्व का दिन है। सर्वजया चूल्हे में जलाने की लकड़ियाँ बीनकर लाती है। और दुर्गा से कहती है कि अपू की पाठशाला आज से शुरू हो रही है, उसे जगाओ। ग्वा़लन पूछती है कि गाय का दूध घट रहा है, शायद उसको चारा पर्याप्त मात्रा में नहीं मिल रहा। दुर्गा अपू को जगाने आती है। खेल खेल में अपू उठकर मंजन करता है। सर्वजया और दुर्गा उसे बाहर जाने के लिए तैयार करती हैं, बाल काढ़कर धोती बाँधकर। अपू कटोरी से दूध पीता है। इन्दिर रोज की साफ सफाई का अपना काम करती है। दुर्गा अपू को पाठशाला तक छोड़ने जाती है। एक गाँववाला दोनों बच्चों को देखकर पहचानता है। पीछे थीम धुन बज रही है। अपू की पाठशाला एक किराना दुकान में है। प्रसन्न दुकान चलाता है और उसके सामने बच्चे ज़मीन पर बैठे लिख रहे है। दुकान गपशप का अड्डा भी है। प्रसन्न बच्चों को लिखने के लिए एक जटिल भाषा की इमला बोल रहा है। साथ-साथ वैध मजुमदार से बातचीत चल रही है। वह जब संभाषण के दौरान नौ लड़कों को देखकर नवरतन कहता है तो अपू इस बात पर मुस्कराता है उस पर उसे डाँट पड़ती है। आने वाली पूजा उत्सव के बारे में तैयारी है। मशहूर ढोल बजाने वालों को बुलाने का इरादा है। फिर बातचीत ख़त्म होने पर प्रसन्न का ध्यान उन लड़कों पर जाता है जो स्लेट पर इमला लिखने के बजाय काटा कूटी खेल रहे थे। उनमें से एक लड़के के हाथ पर बेंत मारे जाते हैं। दृश्य-श्रव्य संरचना में बेंत की आवाज़ अपू के पीड़ित चेहरे पर पड़ती है। एक लड़की दुकान से लाई ख़रीदने आयी थी, पिटाई शुरू होने पर वह वहाँ से भाग जाती है।

यह भाग छः साल बाद का दिनक्रम दिखाते हुए अपू के मनोविश्व का विस्तार दिखाता है। इन्दिर में कोई बदलाव नहीं। दुर्गा बड़ी हो गयी है। और अपनी माँ से सीख भी रही है। सर्वोजया घरगृहस्थी में व्यस्त है, पानी भरना, लकड़ी लाना और बच्चों की देखभाल करना। अपू की आँख ओढ़ने की चादर में छेद में से दिखाई देती है। संरचनाओं में कई वत्तात्मक मोटिफ (motif) हैं इसमें पहले हमने दुर्गा का चेहरा मटके के अन्दर से एक गोल फ्रेम में देखा है। तब यह बचपन का हिस्सा था, जो बड़ों की दुनिया के भीतर ही बना है। अपू की आँख देखते हुए बच्चों के हँसी मजाक के साथ चादर की फटी हालत भी दिखाई देती है। आगे चलकर इन्दिर जब हरिहर से चादर की माँग करेगी तब उसका पूरा चेहरा चादर के छेद से दिखेगा। वहाँ उसकी आवश्यकता शॉट की संरचना में साफ दिखाई देगी। अपू का चेहरा दूध पीते समय कटोरी के गोलाकार से ढक जाता है—वही संरचना आगे दोहराई जाएगी। इन्दिर को आश्रय नकारते समय सर्वोजया का चेहरा भी खाना खाने की कटोरी से ढका होगा। अपराजितो में हरिहर दूध की कटोरी उठाकर खुशी से दूध पीता है—हर जगह इस वृत्तात्मक रूपक से अलग अर्थ निकलते हैं। तीसरी फ़िल्म अपूर संसार में भी हम अपर्णा का चेहरा परदे के छेद में से देखेंगे।

अपू को पाठशाला भेजते समय बहुत लाड़ प्यार से सजाया जा रहा है। पूरा ध्यान उस पर केन्द्रित है। यहाँ की संरचना देखें। इसमें घर में लड़के का महत्त्व चित्रित है। सर्वोजया के चेहरे पर खुशी की चमक है। उसका बेटा बड़ा होकर अब पाठशाला जा रहा है। यह तो उसके लिए एक सौभाग्य की बात है। दुर्गा बाल काढ़ने में एक तरह से काम करना सीख रही है।

और दूसरी तरफ अपना प्यार भी दिखा रही है। आगे, दुर्गा की मौत के बाद अपू अकेला मंजन और कंघा करेगा तब इस रिश्ते की गहराई सामने आएगी।

अपू की पाठशाला का दृश्य गाँव के कई पहलू सामने लाता है। यहाँ किस तरह की शिक्षा किस तरह से पाई जाएगी और इसका मूल्य क्या होगा, यह स्पष्ट है। बच्चों को जो इमला दिया जा रहा है इसके पीछे शिक्षक की कोई सोच समझ नहीं है। इमला की भाषा ईश्वरचन्द्र विद्यासागर जैसे महान लेखक की काव्यमयी भाषा है। इन बच्चों के स्तर से बहुत ऊपर। मगर यहाँ इन सब बातों का कोई अर्थ नहीं है। बच्चों ने भी लिखने के बजाय अपने खेल बना लिए हैं, जब तक शिक्षक देख न पाए। बच्चों को आज्ञापालन करना है, अगर न करें तो कठोर अनुशासन में पिटाई होगी। अपू के लिए यह हिंसा का पहला साक्षात्कार है।

स्कूल चलाना, प्रसन्न के लिए थोड़ी-सी आमदनी बढाने-का एक तरीका है। उसकी दुकान से भी ज़्यादा कमाई होगी। लोग आते-जाते इसे गपशप का अड्डा बनाते हैं। जैसे वैद्य मजुमदार तो मुफ्त में सरपर तेल लगाके जाता है। इस सब में पूजा का चंदा देने से छूट मिलेगी। सब बातें बच्चों के सामने चल रही हैं। लेकिन सब बच्चों के देखने-सुनने के लिए नहीं हैं। बड़ों की दुनिया अलग है, बच्चों की अलग।

अपू त्रयी में यह पहली पाठशाला है। यहाँ लड़कियाँ नहीं हैं। दुकान पर आयी लड़की उत्सुकता से देख रही थी वह तो मारपीट देखते ही भाग गयी। **अपराजितो** में अंग्रेजों की शिक्षा व्यवस्था से चलाया गया एक स्कूल है जहाँ पर पाठ्यक्रम है तथा निरीक्षण परीक्षणका प्रावधान है उसी व्यवस्था का उच्च शिक्षा स्तर है कलकत्ता शहर में महाविद्यालय–जहाँ अपू शिक्षा ग्रहण करने जाता है। पाठशालाओं के अलावा बाहर भी शिक्षा मिलती है। एक रात हम देखते हैं कि हरिहर अपू को कई रोचक शब्द स्लेट पर लिखवा रहा है। **अपराजितो** में बनारस में अपू अपने दोस्त से अंग्रेजी बोलना सीखता है इसी तरह अपूर संसार में अपू अपर्णा को अंग्रेजी शब्द सिखाता है।

प्रारम्भ के दृश्यों की भावलय समझें। फ़िल्म की शुरुआत में संघर्ष और लगाव के दृश्य थे, जुदाई थी फिर अपू के जन्म के समय सब एक साथ हो गये। सपनों के हिस्से में थोड़े मतभेद के बावजूद एक साथ रहने का पक्का इरादा था। अब छः साल बाद अपू को पाठशाला भेजते समय आनन्द का माहौल बनाया गया, फिर पाठशाला में हल्का-सा व्यंग और

विनोद। इसका अन्त पिटाई के तनाव से हुआ। घड़ी की हर आवाज अपू के चेहरे पर तथा भागती हुई बच्ची पर सुनी जाती है।

दोपहर। इन्दिर सर्वजया की रसोई से मिर्च लेती है सर्वजया उसे फटकारती है। दुर्गा आती है और इन्दिर के लिए लाये गये फल उसकी कोठरी में रख देती है। सर्वजया दुर्गा को पुकार कर रसोई के काम में लगा देती है। दुर्गा अब बड़ी हो गयी है सर्वजया उसे अपने कर्त्तव्यों के बारे में बताती है। दुर्गा को छूकर बुखार तो नहीं चढ़ा यह देखती है और तुलसी का रस लेने को कहती है।

इस भाग में सर्वजया और इन्दिर के बीच तनाव है उसके ब्योरे दिखाए गये हैं। पहले सर्वजया ने आरोप लगाया था कि इन्दिर उसकी रसोई से चीजें चुराती है। और दुर्गा को फल चुराने पर उकसाती है छः साल बाद भी वही आदतें हैं। दुर्गा अब ज़्यादा समझदार है। वह माँ की सुनती भी है और फल भी चुराती है। दुर्गा को शाम के समय बुखार चढ़ता है- सर्वजया इस पर चिन्तित है।

1.5 माला चुराने का प्रसंग

इस भाग में दुर्गा अपनी इच्छाएँ पूरी करने में उन तरीकों को अपनाती है जो अच्छी आदतों से हटकर हैं। सर्वजया की अपेक्षा तो यही थी कि वह अच्छी आदतें डाले।

इसके शुरू में एक सन्ध्या का दृश्य है जिसमें कथानक का विकास होता है।

हरिहर और अपू घर लौटते हैं। अपू दौड़कर माँ के पास जाता है और कुछ खाने को माँगता है। माँ उसे मुड़ी लेने को कहती है। हरिहर का ध्यान इन्दिर की ओर जाता है। वह अपने बरांडे के नीचे से उठ नहीं पा रही है। हरिहर उसका हाथ पकड़कर उठाता है। वह अपनी फटी हुई चादर हरिहर को दिखाती है। हरिहर उसे नयी चादर लाने का आश्वासन देता है। दुर्गा अपू को बुलाती है दोनों माँ की आँख से बचकर कच्चे आम का कुछ अचार जैसा चटपटा खाते हैं। यह उनका राज है इसके लिए दुर्गा ने तेल भी छुपाकर रखा है।

इस छोटे दृश्य में हरिहर पर बढ़ता हुआ बोझ दिखाई देता है। खाना मिलने में देर है। तब तक बच्चों ने एक मजेदार चीज बनाकर खा ली है। इन्दिर की चादर बुरी तरह से फटी पुरानी हो गयी है फिर भी हरिहर के हाँ भरने पर सर्वजया नाराज है। बच्चों को इन बातों से कुछ लेना-देना नही है। वह अपना मज़ा लेने के गुप्त तरीके सीख चुके हैं। यह तो उन दोनों का अपना साहस-कार्य है। ऐसा ही एक और साहस वह दूसरी बार करते हैं। जब कहीं दूर के खेत और हरियाली पार कर रेलगाड़ी देखते हैं। एक और भी दृश्य है। जब वह भारी वर्षा में भीगने निकल जाते हैं।

खट्टा अचार खाते-खाते ही बच्चे घंटियों की टिन-टिन सुनते हैं। यह आवाज मिठाई बेचने वाले चिनिवास की होगी। चिनिवास सभी मिठाइओं के नाम पुकार कर बताता है। बच्चे हरिहर से पैसे माँगने की कोशिश करते हैं, लेकिन सर्वजया मना कर देती है। बच्चे चिनिवास के पीछे-पीछे शेजोबऊ के घर के दरवाजे पर पहुँचते हैं। दुर्गा घर के बच्चों की तरफ बढ़ती है। अपू बाहर ही ठहरता है। एक लड़का उसको चिढ़ाता है। शेजोबऊ मिठाइयाँ खरीदती है। दुर्गा छत पर जाती है, वहाँ टुनू माला बना रही है। रानू दुर्गा के लिए मिठाई का टुकड़ा चोरी छिपे लाकर दुर्गा के मुँह में डालती है। दुर्गा माला बनाना चाहती है। लेकिन टुनू मानती नहीं।

यहाँ हम देखते हैं कि बच्चों की छोटी इच्छाओं को कैसे किनारे कर दिया जाता है। उनको भूख लगी है चिनिवास उन्हें आकर्षित करता है, लेकिन उनको पैसा नहीं मिलता। हरिहर देने के लिए तैयार है। लेकिन सर्वजया मना कर देती है जब बच्चे पीछे चलते हैं, तब चिनिवास के कन्धों पर लकड़ी पर लटके भारी मटके, उसके पीछे बच्चे, बच्चों के पीछे कुत्ता और आगे पीछे कुछ बत्तख आकर शामिल होते हैं। यह छोटा जुलूस निकलता है और दृश्य संरचना में इसका प्रतिबिम्ब पानी में बनता है। उल्लास भरा पार्श्व संगीत इससे जोड़ा गया है। दुर्गा अन्दर जाती है, अपू बाहर ठहरता है।

शेजोबऊ को दुर्गा का वहाँ आना पसन्द नही। ख़ासकर जब वह मिठाई खरीद रही हो। यह देखते दुर्गा छत पर खेलने वाले बच्चों की ओर चली जाती है। अब शेजोबऊ विधवा हैं। उसके कपड़े का रंग और सिन्दूर बिन्दी न होने से उसके पति के निधन की ख़बर हमें मिलती है। यह दृश्य फ़िल्म में कथन का साधन बन जाता हैं।

शेजोबऊ की नाराजगी रानू मानती नहीं। वह मिठाई चुराकर दुर्गा के लिए लाती है। टुनू की माला चोरी होने से कथा क्रम एक मोड़ लेगा और आखिर में अपू चोरी की माला मिलते ही उसे पानी में फेंक देगा।

इसके बाद एक सम्मिलित दृश्य है जो सन्ध्या समय से रात होने तक चलता है बच्चे गाय को घर लाकर गऊघर में बाँधते हैं। सर्वजया तुलसी के पौधे के पास दिया रखती है। इन्दिर तुलसी बन्दना करती है। ऐसे ही विधि अन्य घरों में चल रही है, जहाँ से शंखनाद सुनाई देता है। कहीं दूर केले के बाग अँधेरे में डूब जाते हैं। रात के समय हरिहर किसी यजमान की जन्म कुंडली लिख रहा है। पास में स्लेट लिए बैठे अपू को नये शब्द लिखना सिखाता रहता है। इन्दिर कपड़ों की गठरी लेकर दिये के नजदीक आती है। दुर्गा पास में बैठी है। सर्वजया उसे वहाँ से उठाकर अपने पास बुलाती है। उसके बालों को कंघी करती और उसे प्यार से थप्पड़ मारती है। दोनों हरिहर और अपू के पास ही बैठती है। इन्दिर अपने बरांडे पर सूई में धागा डालने की कोशिश करती है। और देखती भी है कि हरिहर को चादर दिखाने की याद है या नहीं। रानू की शादी की बात आती है। फिर दुर्गा बालों में चार चोटियाँ बनाने को कहती है। उसके बाल तेल के बिना रूखे सूखे हैं। इसमें चार चोटियाँ नहीं बन सकतीं। दूर से रेलगाड़ी की सीटी बजती है। तब बच्चे रेलगाड़ी देखने के लिए जाने की सोचते हैं। हरिहर अपू की स्लेट देखकर खुश होता है और उसे 'अब लिखो ओई भूत' ऐसा मज़ाक करके सबको हँसाता है।

इस दृश्य में कोई विशेष घटनाक्रम नहीं है। लेकिन भविष्य की घटनाओं की सूचना है। रानू की शादी की धूमधाम दिखाई जाएगी। बच्चे एक दिन रेलगाड़ी देखने जाएँगे। और इन्दिर की चादर बड़े झगड़े का कारण बनेगी। अपू की शिक्षा तो आगे चलकर **अपराजितों** में भी एक केन्द्र बनके रहेगी। हरिहर के गृहस्थी का चलन दिखाते-दिखाते कथन के ये धागे बुने गये है।

अगले दृश्य में सर्वजया अपू को खाना खिलाती है और कुत्ता मुँह ताकते बैठा है। अपू का ध्यान उसके बनाए धनुषबाण के खेल में लगा है। सर्वजया अपू की पाठशाला और वहाँ के अन्य लड़कों के बारे में पूछताछ करती है। अपू का ध्यान खाने में नहीं है वह और कुछ खाने से मना कर देता है। बचा हुआ खाना सर्वजया कुत्ते के लिए पौधे के पास डालती है। वह कहती भी है कि हर रोज कोई बचा वही चावल और आलू कैसे खाएगा। यह स्वादिष्ट खाना नहीं है।

अपू बाहर की ओर भागता है तभी दरवाजा ढकेलकर शेजोबऊ टुनू और एक लड़की के साथ अन्दर घुस आती हैं। वह आरोप लगाती है कि दुर्गा को खूब संस्कार दिये हैं। चोरी जो करती है—उसने टुनू की माला चुराई है। दुर्गा का छोटा बक्सा लाकर तलाशी होती है सभी चीजें इधर-उधर फेंकी जाती हैं। लेकिन माला नहीं मिलती। सर्वजया और शेजोबऊ में झगड़ा होता है जिसके दौरान सर्वोजया बुरी तरह से अपमानित होती है। दुर्गा दीवार के छेद में से झाँकती है, तब अपू उसे अन्दर नहीं आने के लिए इशारा करता है—यह देखकर सर्वोजया दुर्गा को बुलाती है। शेजोबऊ उस पर हाथ उठाती है लेकिन सर्वजया उसे रोककर खुद ही उसकी तलाशी लेती है। दुर्गा के पास भी कोई माला नहीं है। लेकिन शेजोबऊ कहती है कि यह जो बीज वगैरह है वह भी तो उसी के बाग़ से आये है। शेजोबऊ गुस्से से चिल्लाती बड़बड़ाती चली जाती है। और सर्वजया से उधार लिए पाँच रुपए लौटाने को कहती है। एक पड़ोसन सुन रही है वह उसे बताती हुई चली जाती है। सर्वजया पर गुस्से का दौरा पड़ जाता है वह दुर्गा के बाल पकड़ कर खींचती हुई उसे घर से बाहर निकाल देती है—और दरवाजा बन्द करते हुए वहीं सिसकने लगती है। अपू यह सब देख रहा है। वह माँ को खुश करने के लिये कुल्ला करके पाठशाला की किताब लेकर ज़ोर-ज़ोर से पढ़ने लगता है। इन्दिर भी वहीं है, लेकिन इस सब में उसका कुछ दख़ल नहीं है।

अब वह दुर्गा के बक्से का सामान फिर से रख देती है और सूखे कपड़े डोर से उतारकर अन्दर ले जाती है। कुछ देर बाद सर्वजया का गुस्सा शान्त हो जाता है और वह अपू से कहती है कि दुर्गा को खाने के लिए बुला कर लाये।

इस हिस्से में सर्वजया अपने बच्चों की परवरिश किस तरह से करती है यह दिखाया गया है। अपू को खाना खिलाते समय वो पूछती है कि उसे पाठशाला में कोई दिक्कते तो नहीं हैं। अपू खाने में रुचि नहीं दिखाता कारण हर रोज वही आलू चावल। घर का पालतू कुत्ता अपू के छोड़े हुए खाने का अधिकारी है। इस तरह छः साल की उम्र में भी लड़के को खिलाना इस परवरिश का अंग ही है। बच्चा ठीक से खाए यह माँ की जिम्मेदारी है। इससे बच्चे माँ पर अवलंबित रहना सीखते हैं। हम अपराजितो में भी देखते है जब अपू कलकत्ता जा रहा है, तो सर्वजया ही उसका सामान बाँधती है।

शेजोबऊ दुर्गा और सर्वजया के अन्तरसम्बन्ध इस दृश्य में चरमोत्कर्ष पर पहुँचते हैं। सर्वजया खुद तलाशी लेने में शामिल होती है—एक तरफ से यह साबित करने कि दुर्गा कीमती चीज की चोरी नहीं करेगी और दूसरी तरफ यह भी दर्शाने कि वह सचमुच दुर्गा को चेतावनी दे रही है। दुर्गा के पास कोई माला है नहीं इस पर उसे शान्ति मिलती है, फिर भी पाँच रुपये के किसी पुराने कर्ज़ पर अपमानित हो जाने पर उसका गुस्सा उभरता है।

सर्वजया को यह अपमान और भी तीखा इसलिए लगता है क्योंकि अपने ही घर के आँगन में होता है दुर्गा पर गुस्सा दोषी पाए जाने का नहीं, बल्कि अपमानित होने का है। लोग यह कहें कि दुर्गा चोर है, यह माँ के लिए लांछन है। दुर्गा की सज़ा के दृश्य में तालवाद्य बजते हैं। दर्शक पिटाई देखते नहीं लेकिन अपू की प्रतिक्रिया परदे पर दिखाई जाती है। फ़िल्म के आखिरी हिस्से में यही संगीत बजेगा जब अपू को छुपाई माला मिलती है और वह समझ जाता है कि दुर्गा ने माला चुराई थी, और उससे झूठ भी बोला। लेकिन तब दुर्गा की मौत हो गयी है। अपू अपनी बहन का राज़ खुलने नहीं देता। किसी को बताए बगैर वह पोखर में माला फेंक देता है। कोई दूसरा जाने भी नहीं, और वह खुद भी इसे भुलाना चाहता है।

माला चुराने का प्रसंग माँ की सहज अभिव्यक्ति के चक्र दृश्य से आरम्भ होता है। सर्वजया अपू को खाना खिला रही है। इसके बाद त्रिकोणाकृति की तीव्र अभिव्यक्ति जिसका अन्त दुर्गा को घर से बाहर निकालने से हुआ। इसके बाद फिर मंडलाकार—जिसमें अपू और इन्दिर सर्वोजया को शान्त होने में मदद करते नजर आते है- यानी- उसके अच्छे लगने वाले काम करते हैं। अपू झट से उठकर दुर्गा को ढूँढ़ने निकलता है- जब माँ उसे भेजती है। इस पूरे प्रसंग का वह एक प्रेक्षक है।

परिवार का नाम किसी बात पर कलंकित न हो यह सर्वजया की मान्यता है। इसीलिए दुर्गा को सज़ा दी जाती है। ठीक इसी कारण से वह इन्दिर को घर में रहने से मना कर देगी जब इन्दिर राजू जैसे परिवार के बाहर के आदमी से चादर माँगकर हरिहर को बदनाम करती है।

छः साल बाद के दिनक्रम में बिठाये गये घटकों में समानता है। गाय के दूध की मात्रा, जलाने की लकड़ी, साफ सफाई। जब इन पर तनाव है—जैसे दूध कम हो गया है, इन्दिर की चादर फट गयी है, दुर्गा अच्छे बर्ताव का मूल्य नहीं समझती जब आवश्यकताएँ पूरा होने से वह वंचित होंगी। यह जीवनक्रम बिखरने लगेगा।

1.6 भविष्य के सपने बरकरार हैं

अगला हिस्सा इस परिवार के भविष्य के सपने कैसे निरन्तर जीवित है यह दिखाता है, यह दृश्य घर में है। आरम्भ इन्दिर के बरांडे से—फिर रसोईघर में—फिर बच्चों के सोने की जगह- फिर हरिहर सर्वजया के सोने की जगह और अन्त में एक बार फिर इन्दिर के बरांडे में।

इन्दिर बच्चों को भूतों की कहानी सुना रही है। हरिहर अच्छी खबर लेके आता है—उसे अपनी तनख्वाह तीन महीने बाद मिली है। वह शाम के खाने के लिए मछली भी ले आया है। सर्वजया की प्रतिक्रिया उपयुक्त नहीं है। उस पर दिन की घटनाओं का भारी बोझ है। जैसे हरिहर खाना खाने बैठता है वह एक और अच्छी बात बताता है कि उसे दशघोरा में बुलाया जा सकता है। सर्वजया शंकित है हरिहर उसे दिलासा देने की कोशिश करता है, लेकिन सर्वजया शेजोबऊ को पैसे लौटाने की बात करती है।

अपू और दुर्गा दौड़कर सोने के लिए जाते हैं। अपू दुर्गा से चुराई गयी माला के बारे में पूछता है। दुर्गा उसे कह देती है कि न उसने माला चुराई है और न ही उसे मालूम कि किसने चुराई।

हरिहर और सर्वोजया सोने से पहले बातें करते हैं। हरिहर लेटता है और सर्वजया बैठी पुराने कपड़ों को सी रही है। हरिहर एक नया नाटक लिखने की कल्पना के बारे में बताता है। सर्वजया बनारस जाकर इससे बेहतर जीने की बात करती है। हरिहर यह बात मंजूर नहीं करता क्योंकि वह अपना गाँव नहीं छोड़ सकता। सर्वोजया अपने मन की विफ़ल योजनाएँ और इच्छाओं के बारे में बोलती रहती है - लेकिन हरिहर सुन नहीं रहा, वह सो गया है।

इस दृश्य के अन्त में इन्दिर का गाना सुनाई देता है। वह अपने बरांडे में अँधेरे में अकेली बैठी हल्के हल्के गा रही है। प्रभु मुझे पार ले चलो...

जैसे ही तनाव कुछ दिनों के लिए कम हो गया तुरन्त ही भविष्य के सपने उभरने लगे। चिन्ताएँ भी गहरी होने

लगीं। अपू बड़ा विवेकशील बन रहा है। दुर्गा से चोरी के मामले की बात पूछता है। दुर्गा की अवज्ञा बढ़ गयी है—उन उसूलों के प्रति—जो आवश्यकताऐं पूरी होने पर ही मानी जा सकती हैं। वह दोनों बातें मना कर देती है। न उसने माला चुराई, न यह मालूम है किसने चुराई।

जैसे हरिहर सोने के लिए लेटते हैं। सर्वजया कुछ बात शुरू करती है। सर्वजया कुछ पुराने कपड़ों की मरम्मत कर रही है। हरिहर एक नये नाटक की बात कर रहा है, जो उसके दिमाग में घूम रहा है। सर्वजया कहती है कि हम लोग बनारस चले जाएँ तो अपना जीवन कुछ सुधर जाएगा। हरिहर इस बात को बिलकुल नकार देता है। वह अपना पुश्तैनी गाँव नहीं छोड़ेगा। सर्वजया बोलती जाती है कि उसकी साध क्या थी और कुछ भी नहीं हो पाया। सब बेकार है क्योंकि हरिहर सुन ही नहीं रहा। वह तो आराम से सो गया है।

इन्दिर का गाना इस पृष्ठभूमि में सुनाई देता है। वह अपने अंधेरे बरांडे में धीरे-धीरे अपनी फटी टूटी आवाज में भजन गाती है कि मेरी जीवन नैया पार करो। अँधेरा हो चला है और मैं बदहाल हूँ।

इस पूरे दृश्य में तीन महीनों की तनख्वाह मिल जाने के बाद कुछ समाधान होता है। और जैसे-जैसे फिर से सपनों की बात होती है, वैसे-वैसे परेशानियाँ भी और गहरी होती जाती हैं। अपू-दुर्गा की बात हम सुन ही चुके हैं। हरिहर उसी तरह अपने ही सपनों में मस्त है। सर्वजया बिलकुल अकेली पड़ गयी है। हरिहर ने उसकी बात तक नहीं सुनी।

इन्दिर की जगह बच्चों की वजह से थी। अब बच्चे बड़े हो रहे हैं। तो उसका काम भी कम होता जा रहा है। इन्दिर की भूतों वाली कहानी वैसी ही है जैसे सर्वजया के मन में मँडराते हुए खतरे। इन्दिर पहले से ही कंगाल है और भगवान कृपा से ही उसकी लाज बचेगी। एक पहले का दृश्य लोरी से शुरू हुआ था, परिवार के भविष्य के सपनों को छूता हुआ और फिर अपू और लोरी पर आकर खत्म हुआ था। यह दृश्य भी भयावनी कथा से शुरू होता है। और परिवार के स्वप्निल भविष्य को छूता हुआ एक ऐसे भजन पर आता है जिसमें भगवान से जीवन नदिया पार करने की प्रार्थना है। पहले दृश्य में हरिहर और सर्वजया एक साथ थे, इस दृश्य में अलग-अलग हो गये। इस दृश्य में अपू बडा हो गया है और दुर्गा और चालाक हो गयी है। इन दोनों में अलगाव बढ़ना शुरू हो गया है। सर्वजया को भविष्य की परेशानियाँ पहले भी थीं, अब भी हैं। फ़िल्म के बाकी हिस्से में यही है कि जिन बातों का डर था उससे भी बदतर बातें होंगी। दुर्गा गुज़र जाएगी। और परिवार गाँव छोड़ने पर मजबूर हो जाएगा।

हरिहर का जीवनक्रम उखड़ता है

इस भाग का कथानक तीन हिस्सो में बँटा है।

1.7 चादर माँगने का प्रंसग और बच्चों की पिकनिक

1.8 पूजा-जात्रा और बच्चों की साहस यात्रा, इन्दिर की मृत्यु

1.9 हरिहर आमदनी बढ़ाने कुछ दिन के लिए गाँव से बाहर जाता है।

चादर माँगने का प्रसंग

फ़िल्म के पहले भाग में तो जीवनचर्या थी उस में कुछ तनाव थे, दूसरे भाग में वह इतना बढ़ गये हैं कि टूटफूट की सीमा तक पहुँच रहे हैं। बच्चे बड़े हो रहे हैं। उनके जीवन का विस्तार बढ़ रहा है, पर बड़ों के जीवन से जुड़ा हुआ है। व्यक्ति अपने-अपने धन्धे में फँसे हैं, बिरादरी अपनी जगह स्थिर है। दुर्गा और अन्य लड़के-लड़कियाँ मिल कर पिकनिक मना रहे हैं। उधर से इन्दिर गुज़रती है, नयी चादर ओढ़े हुए। एक बच्चा इन्दिर की नयी चादर के बारे में पूछता है, इन्दिर बताती है, राजू ने उसके लिए ख़रीदी है साढ़े नौ आना दाम हैं। किसी को पता नहीं रानू आ पाऐगी या नहीं। अब रानू आती है और सब लड़कियाँ खुश हो जाती हैं।

पिकनिक का दृश्य सर्वजया और इन्दिर के झगड़े का इन्टर कट है। इन्दिर घर में आती है नयी चादर ओढ़े, सर्वजया को यह बात बिल्कुल गवारा नहीं है कि इन्दिर किसी बाहर वाले से चादर माँगे जब कि हरिहर ने भी चादर देने का वादा किया था यहाँ हरिहर की इज्ज़त का सवाल है। इस पर इन्दिर कहती है कि क्या कभी उस का शौक पूरा नहीं होगा। सर्वजया गुस्से से उबल पड़ती है। कि इस घर में कमी की वजह से किसी का भी शौक़ पूरा नही हो पा रहा और यह बुढ़िया अपना शौक लिऐ बैठी है। झगडा़ बढ़ता चला जाता है और सर्वजया इन्दिर को घर से निकाल देती है। सर्वजया को बहुत जोर से खाँसी को दौरा पड़ता है। इन्दिर मदद करना

चाहती है, पर सर्वजया को मंजूर नही। घर की इज्जत का ध्यान नहीं तो बुढ़िया इस घर में नही रह सकती।

लड़कियों के पिकनिक में भी एक छोटा-सा झगड़ा है कि नमक लाना किस के जिम्मे था। रानू बीच में पड़ कर खुद ही नमक ले आती है। खिचड़ी बन रही है। दुर्गा ऊपर इन्तज़ार कर रही है। पकाने का ज़िम्मा रानू का है। खिचड़ी अच्छी बनी है, दुर्गा तारीफ़ करती है। गिन कर यह भी बताती है कि रानू की शादी के दो महीने दस दिन और हैं। दुर्गा अपनी शादी की बात हँस कर टाल देती है कि होगी ही नहीं।

इन्दिर पोखर के पास खड़ी होकर सोच रही है। बच्चे शोर मचाते हुए उसके आस-पास से निकलते हैं, कोई भी उससे बात नहीं करता। इन्दिर राजू के घर जाती है। वहाँ रहने के लिए। हम राजू की आवाज़ सुनते हैं, राजू को भी कैमरे के सामने नहीं लाया गया। राजू की लड़की बाल्टी उठाएँ हुऐ इन्दिर के पीछे से दरवाज़े पर आती है। अब दूसरी बार इन्दिर ने अपना घर छोड़ा है। इन्दिर के गीत की धुन तार शहनाई पर इस दृश्य में बराबर सुनाई देती है।

पिकनिक के दृश्य में दुर्गा का इन्तिज़ाम पक्का है। वह हरेक को काम पर लगाती है। अपू बहुत सारी लकड़ी बीन कर लाता है, दुर्गा उसकी पीठ थपथपाती है। दुर्गा की उम्र में बराबर सिर्फ रानू है, दिल की बात उसी से होती है? बाकी सब पर तो सिर्फ़ रोब जताती है। वयस्कों और बच्चों की दुनिया का दुतरफ़ा दृश्य है। दोनों में ज़िम्मेदारी का सवाल है। बड़े लोगों की दुनिया में रिश्ते टूटते हैं। बच्चों की दुनिया में रानू बड़ों का सा काम करती है और झगड़े को मिटा देती है।

बड़े लोगों के झगड़े में बुनियादी सवाल है कि इन्सान ग़रीब हो तो क्या, बाहर के किसी से भी माँगने में बेइज्ज़ती होती है। पर इन्दिर जब अपने पुश्तैनी घर से बाहर ढकेलने पर राजू के घर जाती है तो वहाँ उसे फ़ौरन जगह मिल जाती है। उसकी आवभगत में वह सब होता है। जो अपने घर में नहीं हुआ। सामान रखने की जगह, पाँव धोने के लिए पानी और बैठने के लिए एक चौकी। राजू के घर में भी लड़की को यह सब सिखाया जा रहा है।

राजू के घर का दरवाजा हम अन्दर से देखते हैं जैसे इन्दिर उसमें घुसती है और आगे बढ़ती है और उसके पीछे राजू की लड़की बाल्टी लिए आती है, जिसमें धुले हुए कपड़े हैं। इन दृश्यों में कैमरा संरचना एक ही शॉट में है, राजू का दरवाज़ा उसमें अन्दर आती इन्दिर/हरिहर के घर के दरवाज़े से लोग बराबर अन्दर बाहर जाते हैं। शेजोबऊ का बड़े लोगों का घर है। दरवाज़े के ऊपर एक वैतालिक शेर की प्रतिमा भी है। अब राजू के घर का केवल दरवाजा ही काफी है। इसी तरह आगे नीलमणि के घर का मज़बूत दरवाजा दुर्गा की मृत्यु की अगली सुबह अपू कुंडी खटखटाययेगा। घर का द्वार अन्दर और बाहर की दुनिया के बीच होता है। परिवार के अन्दर के मामले दरवाज़े के अन्दर रहें। दरवाज़े के बाहर अपनी इज्ज़त बचा कर सर ऊँचा रखने की बात है।

अपू त्रयी में घर का दरवाज़ा, अन्दर और बाहर के मूल्यों को कथानक में स्पष्ट करता है। दरवाज़ा रूपक है और इस रूपक की अभिव्यक्ति का माध्यम कैमरा है। अपूर संसार में जब अपर्णा की माँ को मालूम होता है कि वर पागल है, तब वह अपने पति को बाहर ढकेल कर दरवाजा बन्द कर के बाड़ लगा देती है कि अपर्णा की शादी इस लड़के से नहीं होगी। पाथेर पांचाली में सर्वजया काँस के बरतन बेचना तो चाहती है पर छिप-छिपे, वह बाहर जाते समय घर का दरवाजा बन्द तो करती है पर दरवाजे में बन्द रहने की जान भी नहीं है।

घर की वास्तु बनावट का कोई भी घटक लें, खिड़की, आँगन, छत या जीना, अच्छी फ़िल्मी संरचना में वह ठीक ही अभिव्यक्त होगा। इसका कारण है कि फ़िल्म माध्यम का मुख्य अध्ययन है, मानव अपने परिसर में। कैमरा कहीं रख दो, सामने वाले परिसर का फोटोग्राफ़िक चित्रण होगा ही। इसी तरह माइक्रोफोन रेकार्डर कहीं रख दो परिसर की आवाज़े उस में रेकार्ड होंगी ही। इसलिए फ़िल्म बनाने में कहानी कैमरा के सामने वाले चरित्रों की होगी पर इन चरित्रों को परिसर के अंगों से भी जोड़ मिला कर दृश्य-श्रव्य संरचना की जाए तो कथन में गहराई पैदा हो सकती है। इस विश्लेषण में यह बात कई बार स्पष्ट की गयी है।

पूजाजात्रा

दुर्गा देवी की प्रतिमा खूब सजी धजी है। ढ़ोल बजाने वाले पूरे जोर से पूजा के त्योहार का ऐलान कर रहे हैं। दुर्गा भी नयी साड़ी पहने अपने घर के दरवाजे से बाहर भागती है। और पीछे पीछे अपू नये कपड़ों में सर्वजया उसकी नयी चादर

बाँध रही है। शेजोबऊ के दरवाजे आज सबके लिए खुले हैं। माँ दुर्गा की प्रतिमा अन्दर के आहाते में स्थापित है और शेजोबऊ सब बच्चों को प्रसाद की मिठाई बाँट रही है। अपू और दुर्गा को भी आज मिठाई मिलने में कोई दिक्कत नहीं। ढोल बजाने वाले मुस्तैदी से अपना काम कर रहे हैं।

रात को जात्रा का नाटक होगा। भड़कीले मेकअप और पोशाक पहने सुजाता की कहानी दिखा रहे हैं। सुजाता नाग-कन्या है और उसने एक मनुष्य को वर चुना है। उसके पिता नागराज और भाई महाकाल उसके पति को जिन्दा नहीं छोड़ेंगे। पहले वह अपने पति के जीवन की प्रार्थना करती है। पर जब कुछ सुनवाई नहीं होती तो अपने पति से दानवों से लड़ने को कहती है और हथियार मँगाकर स्वयं अपने पिता नागराज से लड़ती है। अपू जात्रा को बहुत दिलचस्पी से देख रहा है। पूजा का त्योहार सारे गाँव का उत्सव है। जात्रा और ढोल बजाने वालों का जिक्र वैद्य मजुमदार ने प्रसन्न के स्कूल में किया था। सबके लिए नये कपडे भी बने हैं। सर्वजया बच्चों के कपड़ों से बहुत खुश है। और इन्दिर को भी चादर जरूर मिल जाती पर वह रुकी नहीं। शेजोबऊ के अहाते में आज माँ दुर्गा की प्रतिमा है। आज शेजोबऊ को दुर्गा के आने पर कोई एतराज नहीं। आज की मिठाई सबके लिए है। सर्वजया और इन्दिर के झगड़े के बाद यह दृश्य तनाव घटाता है। पूजा जात्रा के दृश्य अपू और दुर्गा को बीच में रखकर रचे गये हैं। जात्रा की कहानी एक मनुष्य की कहानी है जो इज्जत से जीना चाहता है। **दुर्गा की प्रतिमा की सजावट से बचे हुए चमकीले कागज दुर्गा के बक्से में पहुँच जाते हैं। और उसी से अपू मुकुट बनाता है।**

1.8 बच्चों की साहस यात्रा और सर्वजया-इन्दिर झगड़े का इंटरकट

जात्रा का संगीत अपू के पीछे आता है। चलता रहता है जब वह आईने में देखकर मूँछ लगा रहा है। उसने एक मुकुट भी बनाया है। दुर्गा जब उसे देखती है, पहले खुश होती है, फिर चमकीला कागज कहाँ से मिला उसके बक्से से, इस बात पर अपू को पीटती है। माँ दोनों में बीच बचाव करती है। इतनी बड़ी लड़की को खेल का बक्सा क्यों चाहिए? जा, गाय को ढूँढ़ के ले आ। दुर्गा अपू को मुँह चिढाती हुई जाती और अपू उसके पीछे-पीछे भागता है। आज बच्चे खेतों को पार कर बहुत दूर चले जाएँगे। पाथेर पांचाली की थीम धुन बजती है। इस दृश्य में सर्वजया दो काम कर रही है। अपू का बचाव और दुर्गा को सही बात की सीख। अपू छोटा है, उसका मुकुट बाँध के वह दुर्गा को घर का काम बताती है। दुर्गा का कहना है कि अपू ने चमकी के कागज की चोरी की है और इसलिए उसकी पिटाई जरूरी है। झगड़ा होने के बाद भी दोनों साथ ही रहते हैं। और आज़ भागते हुए बहुत दूर चले जाएँगे।

इधर इन्दिर लाठी टेकती हुई घर में आती है और बेशक वही चादर ओढ़े हुई। सर्वजया खाना खा रही है। इन्दिर कहती है कि जिन्दगी के आखरी दिन वह अपने घर में बिताना चाहती है। सर्वजया ने भी तय कर लिया कि यह नहीं होगा। इन्दिर जब रसोईघर में पानी लेने जाती है तब वह सर्वजया को एक आखिरी मुसकान देती है जो नकार दी जाती है। इन्दिर को अब कोई भरोसा बाकी नहीं है। वह एक घूँट पानी पीती है, लोटे का बाकी पानी पौधे पर डाल देती है, अपने बरांडे पर एक आखरी नजर डालती है और घर के बाहर चली जाती है

जब तक इन्दिर वह चादर ओढ़े है, सर्वजया से मेल की कोई गुंजाइश नहीं। इन्दिर इतनी ज्यादा बूढ़ी हो गयी कि उसे क्या सही है क्या ग़लत इस की परवाह भी नहीं होगी। मगर उसमें स्वाभिमान है। जब इन्दिर को अपने घर में जगह नहीं मिलती तब वह राजू के घर वापस नहीं जाती। अपने पुश्तैनी घर के ठीक पीछे बाँसों के झुंड में बैठ कर प्राण त्याग देने का निश्चय कर लेती है।

दोनों बच्चे आज बडे खेत मैदान पार कर टेलिग्राम लाइन के खम्भों के पास पहुँच गये। दुर्गा खंबो में झनझनाहट की आवाज सुनती है ऊपर तार की लाइन को देखती है। अपू भी ठीक वही करता है। ऊँची काँश के झुंड में अपू जैसे खो गया है। वह दुर्गा को पुकारता है, दुर्गा कहीं से निकल आती है और उसे गन्ने का टुकड़ा थमा कर कहती है ''खा इसे,"। अपू को फिक्र हो रही हैः "माँ को पता चल गया तब" अब उनको रेल की आवाज सुनाई देती है, दोनों वन की तरफ भागते हैं। दुर्गा को ठोकर लगती है, गिर जाती है अपू पहुँच भर जाता है जैसे रेलगाड़ी घड़घड़ाती हुई निकल जाती है।

आज दुर्गा और अपू गाँव के मैदान-खेतों से आगे के क्षेत्र काँस के वन में टेलिग्राफ खंबे और इससे आगे रेल की पटरी

तक आने का साहस करते हैं। ग्रामीण शान्ति को चीरती हुई रेल निकल जाती है। शॉट की संरचना में रेल का इंजन परदे को पार करता है। जैसे दूसरी ओर से अपू का कोमल चेहरा पटरी तक पहुँचने की कोशिश करता है। **रेल के महाघातक पहिये और चेहरे की संरचना अपूर संसार में अपू की आत्महत्या की सोच के दृश्य से सम्बन्ध रखते है।**

जब बच्चे घर लौटते हैं तब पाथेर पांचाली की थीम धुन उनके साथ है। बाँसों के झुंड में इन्दिर बैठी दिखाई देती है बच्चे सोचते हैं, शायद वह सो रही है। और खेल खेल में उसके पास जाकर उसको जगाने की कोशिश करते हैं। पर इन्दिर उलटकर गिरती है और उसका सर जमीन पर जोर से टकराता है। खाली लोटा लुढ़ककर पोखर के ऊपर गिरकर तैरता है। इन्दिर का गीत उसकी आवाज से शुरू होकर उसकी अर्थी उठने तक चलता रहता है। अपू और दुर्गा इन्दिर के बरांडे पर शोक में बैठे हैं। हरिहर क्रियाकर्म के बाद स्नान करके निकलता है, सर्वजया भी वहीं खड़ी है। वह उससे कुछ नहीं बोलता। और सर्वजया अकेली ही रह जाती है। वहीं इन्दिर का गाना समाप्त होता है।

इन्दिर का गीत, उसी की आवाज में यहाँ इस तरह लगाया गया है—जितने भी व्यक्ति या तत्त्व उससे सम्बन्धित थे उन सबको छू रहा है। दोनों बच्चे, उसका लोटा, बिरादरी के लोग, हरिहर और सर्वजया। बिरादरी ने अपना काम किया। हरिहर ने भी सब समझते हुए भी सर्वजया से कुछ नहीं कहा। सर्वजया को एक अपराधीभाव के साथ अब जीना होगा। अपू के लिए एक प्रियजन खोने का पहला अवसर है। यह गाना पहली बार उस रात सुना था जब इस परिवार के भविष्य की बातें हो रही थीं। यह गीत ऐसी कड़ियाँ बनाता है जिसमें फ़िल्म का तानाबाना बंध जाता है।

1.9 हरिहर आमदनी बढ़ाने को कुछ दिन के लिए बाहर जाता है

गाँव में एक बाइस्कोप वाला आता है। दुर्गा-अपू रुके हुए हैं कि पैसा मिले तो तमाशा देखें। घर में हरिहर बाहर जाने की तैयारी में बक्सा, बंडल और छाता समेट रहा है। उसका कहना है कि हफ्ते दस दिन की बात है, लौट के आता हूँ हरिहर जैसे ही दरवाजे की ओर मुड़ा सर्वजया सर झुका कर नमन करती है। बाहर अपू भाग कर हरिहर से पैसा माँगता है। हरिहर खुश है कि दोनों बच्चे तमाशा देख रहे हैं, जाते जाते यह दिखाई देता है।

पहले एक बार बच्चों को मिठाई खरीदने के लिए पैसा नहीं मिला था। इस बार बाहर की दुनिया के दृश्य, आगरे का ताज, बम्बई का बन्दर, मद्रास का मंदिर आदि देखने के लिए पैसा मिल जाता है। हरिहर दुर्गा को आख़री बार देख रहा है कि वह अभी से दूसरी दुनिया का नज़ारा कर रही है। हरिहर को दशधरा में यजमान ने बुलाया है। और आमदनी होनी ही चाहिए। मुश्किले हैं, तनाव है, पर आगे अच्छे दिन फिरनेचाहिए।

हरिहर की अनुपस्थिति में तनावग्रस्त कुटंब

इस भाग के तीन उपभाग हैं
सर्वजया और दुर्गा घर को संभालती है
अच्छी ख़बर की चिट्ठी
हरिहर के आने से पहले दुर्गा की मृत्यु

सर्वजया और दुर्गा घर को सँभालती है

इस उपभाग में और तीन भाग हैं

2.10 बुरी खबर की चिट्ठी 2.11 सर्वजया बरतन बेचती है 2.12 रानू की शादी

2.10 बुरी खबर की चिट्ठी

सर्वजया वड़ियाँ बना रही है। दुर्गा कहती है कि वह भी हाथ बटाए। माँ दुर्गा को दो पैसे का गुड़ लाने को कहती है कि अपू के लिए खीर बना ले। उसी क्षण अपू एक चिट्ठी लाकर देता है। सर्वजया चिट्ठी उठाती है और साउण्ड ट्रेक पर हरिहर की आवाज में चिट्ठी पढ़ी जाती है कि जिस यिजमान के लिए गया था उस परिवार में कोई मौत हो गयी है इसलिए काम नहीं मिला। काम की तलाश में वह कहीं और जा रहा है। लौटने में कुछ देर होगी। सर्वजया का चेहरा मुरझा जाता है और जैसे चिन्ता के बोझ से दब कर वहीं पायदान पर बैठ जाती है। उसी वक्त एक जोगी भिक्षा माँगते हुए दरवाजे पर आता है। दुर्गा यह देख रही है कि माँ इस वक्त ध्यान नहीं दे पा रहीं इसलिए ख़ुद एक कटोरी अनाज देकर भिक्षु को विदा करती है।

यहाँ बुरी ख़बर की चिट्ठी सर्वजया को मिली है। कुछ दिनों बाद अच्छी ख़बर की चिट्ठी मिलेगी। दोनों संरचनाओं का साम्य और विरोध सर्वजया के चेहरे पर प्रकाश और अभिनय से पैदा हुआ है घर में कमी है पर भिक्षु को तो देना ही है। दुर्गा और भिक्षु दरवाजे के बाहर है। दुर्गा दरवाजे की चौखट पर आँगन में बैठी सर्वजया को ढक लेती है। दरवाजे के अन्दर-बाहर के प्रसंग की बात यहाँ साफ़ साफ़ लाग़ू है।

2.11 सर्वजया बरतन बेचती है

हरिहर के बिना हफ्ता दस दिन काटने के लिए जो अनाज बचा था वह खत्म हो चला है। आगे के लिए कुछ भी नहीं है। फटे हुए कपड़े रात में सिलती हुई वह तय करती है कि वह घर के कांसे के बरतन बेच कर खाने का इन्तज़ाम करे। बड़े सोच से एक बाँस की बक्सी में से बरतन निकालती है। अगले दिन सुबह बड़े ध्यान से कि कोई देख न ले, बरतनों को अपनी चादर में छुपाए, सर्वजया घर से बाहर जाती है बैकग्राउण्ड में **पाथेर पांचाली** का थीम धुन है। दरवाजा भेड़ कर गयी है पर दरवाजा भी जर्जर है, खुल जाता है। लौट कर पोटली भर दाना लाती है कि गृहस्थी चल सके।

काँसे के बरतन बेचने का इरादा आसान नहीं था। बरतन शायद सर्वजया की अपनी शादी के थे, और दुर्गा की शादी के लिए बचा कर रखे गये थे। एक रकाबी पर तो खुदा था 'खुश रहो'। सर्वजया की मज़बूती इस बात में है कि वह अपना दर्द अपने ही में छिपा कर रखती है और परिवार चलाने के लिए जो कुछ भी करना हो, उसे दृढ़ता से करती है।

इस दृश्य के ठीक विरोध में अगले सीक्वेंस के तीन दृश्य रानू की शादी के होगें, खूब धूमधाम के।

2.12 रानू की शादी

शादी के तीन दृश्य हैं, खूब धूमधाम के, पर हरेक दृश्य के बीच में सर्वजया के परिवार का कोई सदस्य है। घर के बाहर बैंड बज रहा है। बैंड वाले आयरलैंड की एक पुरानी धुन बजा रहे हैं। "इट इज़ ए लौंग वे टु टिपेरारी"। गाँव के सारे बुजुर्ग लोग दरवाज़े पर हैं, बूढे पड़ित जी जिनको विवाह कराना है, वह भी आ गये हैं बड़े गौर से बैंडवालों को देखते हैं और बैंड के आसपास के बच्चों में अपू सबसे प्रमुख है।

घर के अन्दर रसोई की तैय्यारियाँ हो रही हैं। शेजोबऊ का हाथ सब गाँव की औरतें बँटा रही हैं। मछली काटी जा

रही है। सब्जी काटने में सर्वजया भी है, अपने में खोई सी, कोई ज़ेवर नहीं पहन रखे हैं। बैंड का संगीत रसोई के दृश्य का पार्श्व संगीत है, अन्दर, रानू का श्रृंगार हो रहा है। उसके पाँव में आलता लगाया जा रहा है। दुर्गा और रानू एक-दूसरे पर मुस्कुराती हैं। मुहूर्त के समय रानू का हाथ दूल्हे के हाथ में देकर पंडित जी श्लोक पढ़ते हैं। दुर्गा सब चाव से देख रही है पर चेहरे पर कहीं एक विषाद की लकीर भी है। दुर्गा ने भी कोई ज़ेवर नहीं पहना है। रानू के दृश्यों में शहनाई की धुन पार्श्व में हैं।

हम पहले मोटिफ़ के संदर्भ में रानू की और अपू की शादी की तुलना कर चुके हैं।

हरिहर आने वाला है मगर उससे पहले का बुरा समय

2.13 अच्छी खबर का पत्र

अगले दृश्य में नीलमणि की पत्नी को सर्वजया के अन्नभंडार की स्थिति पता लगती है। और वह ज़बरदस्ती उसके पास पैसे छोड़ जाती है। सर्वजया के पास भी कोई चारा नहीं और वह पैसे उठा लेती है। ठीक इसी समय उसके पास हरिहर की दूसरी चिट्ठी आती है जिसमें अच्छी ख़बर है अपू चिट्ठी लेकर दौड़ता हुआ आता है। और पढना शुरू कर देता है। और सर्वजया उसके हाथ से छीनकर पढती है। हरिहर की आवाज में हम सुनते हैं जो उसमें लिखा है। उसे काम मिल गया, और कुछ पैसा भी उसने कमाया है। वह जल्दी ही लौटकर आ रहा है। सर्वजया का चेहरा मुस्कान से खिल उठता है जो डिज़ाल्व होता है ताल के पानी की तरंगों पर। नीलमणि की पत्नी हमेशा समय पर काम आने वाली मित्र है। सर्वजया ने भरसक कोशिश कर ली फिर भी घर में खाने को कुछ नहीं है। सर्वजया की मजबूरी के आँसू और नीलमणि की स्त्री का जबरदस्ती पैसे छोड़ देना ऐसे निकटस्थ सम्बन्धों में भी आत्म-सम्मान का भाव दर्शाता है। नीलमणि की स्त्री सामाजिक गठबन्धन में सर्वजया की करीबी दोस्त हैं। और जब दोस्त को मालूम हैं तब सर्वजया कितनी भी ना ना करें, नीलमणि की स्त्री पैसे छोड़कर चली जाती है।

पहली और दूसरी चिट्ठी के अन्तर्विरोध की व्याख्या जरूरी है। पहली चिट्ठी से तो सारे गृहस्थी को ही खतरा पैदा हो गया। दूसरी चिट्ठी सर्वजया के आन्तरिक जीवन में ख़ुशी लेकर आती है।

ताल की सतह पर कीड़े फिसल फिसलकर नाच रहे हैं। बैकग्राउंड में एक ख़ुशी की धुन बजती है। अगले क्षणचित्रों में कुत्ता और बिल्ली खेल रहे हैं। पिंजरे में चिड़िया को देखता हुआ कैमरा सर्वजया पर आता है। बरांडे पर लेटी हुई दुर्गा पंखा झल रही है। सीक्वेंस दुर्गा पर खत्म होता है। वह अच्छे वर माँगने का व्रत कर रही है।

पिछले एक संदर्भ में हम इस प्रसंग का विस्तार से बयान कर चुके हैं।

आकाश में बादलों की गरज है। दुर्गा जल्दी से अपना व्रत खत्म करके बाहर की ओर भागती है। अपू धीरे-धीरे स्कूल से घर वापस आ रहा है। बारिश होने वाली है और लोग जल्दी-जल्दी घर जा रहे हैं। अपू घर आता है और बाहर ही से खिड़की में अपना थैला फेंककर दुर्गा की तलाश में चला जाता है। सर्वजया अलगनी से कपड़े उतारती है। दुर्गा में अभी बचपना है। यद्यपि वह बडी हो चली है। बारिश में भीगने से उसे कोई नहीं रोक सकता। इस खेल में अपू उसका साथ भर देता है बस।

खुले मैदान में बच्चे दूर तक भागते हैं। चक्रवर्ती बैठे मछली पकड़ रहे हैं। बारिश की पहली बूँद उनके गंजे सर पर टपकती है। वे छाता खोलकर बैठे ही रहते हैं। उधर बारिश जोर पकड़ती है। अपू भीग गया और बचने के लिए एक पेड़ के नीचे चला जाता है। दुर्गा बारिश का पूरा मजा अपने चेहरे पर अपने शरीर पर लेती है। अपू उसको बुलाता है मगर वह घूम-घूम कर बारिश का मजा ले रही है। आखिरकार वह अपू के पास आती है और अपनी साड़ी से अपू का पानी से बचाव करती है। साथ ही बारिश भगाने वाला मंत्र बार-बार बोलती है। सर्वजया भी बारिश में बाहर आयी है। कुछ पालाभाजी के पत्ते लाई है। उसे जमीन पर गिरा हुआ एक नारियल भी मिल जाता है। उसे उठा लेती है इधर-उधर देखती हुई–कि और किसी ने देखा तो नहीं। पेड़ के नीचे बैठे बच्चे अब भी बारिश से बच रहे हैं। दुर्गा मंत्र पढ़ती रहती है और उसे छींक आ जाती है।

बारिश के सारे सीक्वेंस में राग देस की एक धुन बजती है।

दुर्गा अभी बच्ची है और कुँवारी भी। इस आयु में वह बारिश में भीगने का आनन्द लेती है। अपू अभी छोटा है और

बहुत भीगने से बचता है। पहले भी दुर्गा को बुखार आने की बात हो चुकी है। यहाँ बारिश में भीगने से उसे जैसे ही छींक आती है, फिर बीमार पड़ने का प्रसंग शुरू हो जाता है।

हमने छोटी मोटी चोरी के बहुत सारे प्रसंग देखे हैं-जैसे सर्वजया यहाँ एक नारियल चुपके से उठा लेती है। यद्यपि वह फल शायद उस पेड़ का है जो हरिहर ने पिछली पीढ़ी का हिसाब चुकाने में खो दिया है। और न जाने वह सच्चा था या झूठा। इन्दिर सर्वजया की रसोई से नमक-मिर्च उठाती है। सर्वजया की आपत्ति बिना कहे उठाने पर है। नमक-मिर्च लेने पर नहीं। दुर्गा फल तोड़कर लाती है। तो इन्दिर की खुशी के लिए और अपनी चालाकी साबित करने के लिए। रानू ने घर से मिठाई का टुकड़ा अपनी दोस्त दुर्गा को खुश करने के लिए उठाया। दुर्गा के बक्से से मुकुट के लिए अपू ने चमकीला कागज उठाया क्योंकि दुर्गा ने मूर्ति की सजावट के समान से बच गये टुकड़ों से उठाया था, जिसमें अपू की समझदारी का अधिकार था। टुनु की माला अलग तरह की बात है—इसमें पैसों से खरीदने का व्यवहार शामिल है—जिसमें स्वामित्व बनता है। इन सब प्रसंगों में एक बुनावट नजर आती है जिसके धागे स्वामित्व और अपनापे के अधिकार से बने हैं।

2.14 हरिहर के आने से पहले दुर्गा की मृत्यु

अगले दृश्य में गाँव का डॉक्टर दुर्गा को देख रहा है, नीलमणि, नीलमणि की पत्नी और सर्वजया भी वहीं है। डॉक्टर कहता है कि फिक्र की कोई बात नहीं, अगर ज्वर बढ़े तो सिर पर ठंडी पट्टी लगाना और खाने में हल्का साबूदाना।

अपू दुर्गा के पास बैठा है। और दोनों अगली बार रेलगाड़ी देखने की बात करते हैं। अगले शॉट में खिड़की के बाहर से मिठाईवाला दूर के रास्ते पर जा रहा है, अन्दर दुर्गा लेटी है—आँखें देखने से ही पता लगता है कि बुखार तेज़ है।

बारिश का मजा क्षणजीवी रहा। बुखार ने दुर्गा को दबोच लिया और वह इतनी कमजोर हो गयी कि मिठाईवाले काका की ओर मुड़कर भी देख नहीं पायी। फिर से रेल देखने का इरादा पक्का है। परिवार की हालत पहले से ही बिगड़ी थी, इस बीमारी ने सर्वजया के विषाद और अकेलेपन को और गहरा कर दिया।

इस बीमारी के बाद आँधी और बारिश की वह रात जब दुर्गा की मौत होती है। सर्वजया दुर्गा के माथे पर ठंडी पट्टी लगा रही है। अपू गहरी नींद में सोया है। बिजली की कड़क के साथ हवा भी तेज होती है। गणपति की मूर्ति डगमगाती नजर आती है। जर्जर दरवाजा भी तेज़ हवा से खड़खड़ा रहा है। सर्वजया एक भारी बक्सा लगाकर उसे टूटने से रोकती है। दुर्गा अपने बिस्तर में बेचैन है। खिड़की का परदा हवा से टूट जाता है। सर्वजया जैसे उसे बाँधती है, दुर्गा बुलाती है। सर्वजया दुर्गा को शान्त करने के लिए अपना सिर दुर्गा के गाल के पास रखती है और उसे बचाने की कोशिश में अपना शरीर झुकाती है। बिजली की चमक में गणपति की मूर्ति हिलती डुलती दिखाई देती है। फेड आउट।

अगले दिन सुबह अपू नीलमणि के दरवाजे को खटखटाता है। नीलमणि की पत्नी अपू के साथ आती है। आँगन का बुरा हाल है, रसोईघर की छत गिर गयी है। अन्दर जा कर देखती है सर्वजया दुर्गा का सर अपनी गोदी में लिये बैठी है। दुर्गा की नब्ज़ छूती है। नीलमणि को बुलाओ, अपू को भेज कर, सर्वजया को अपनी बाँहों में थाम लेती है।

हरिहर के लौटने तक सर्वजया को किसी तरह गृहस्थी का काम चलाना था। पर इस बीच यह सब विध्वंस भी हो गया। पिछले पाँच-छः साल से रसोईघर की मरम्मत की बात चल रही थी। आज की रात के तूफ़ान में उसे भी गिरना था। दुर्गा की मौत का चित्रण है कि एक किशोरी अपनी माँ को पुकार रही है कि मुझे बचाओ, पर माँ को बच्ची की मृत्यु के कारण की पहचान तक नहीं है, बचाने की बात बहुत दूर की है। और सच तो यह है कि आज तक किसने मौत के रहस्य को समझा है। **दुर्गा की मौत की रात अपू बराबर सोता रहा, ठीक वैसे अपू के जन्म की रात दुर्गा सोती रही। जन्म और मृत्यु बड़े लोगों की बात है बच्चों के लिए नहीं।**

पाथेर पांचाली में पहली मौत इन्दिर की, बड़े विस्तार से दिखाई गयी थी। इन्दिर ने चाहा था कि वह अपने अन्तिम दिन अपने पुश्तैनी मकान में बिताये। सर्वजया को यह मंज़ूर नहीं था। इन्दिर राजू के घर वापस नहीं गयी। अपने घर के पीछे बाँसों के झुंड में बैठ कर प्राण त्याग दिये। आगे अपराजितो में हम हरिहर की मृत्यु को देखेंगे और सर्वजया के अन्तिम क्षणों में जुगनुओं का नाच भी देखेंगे। अपर्णा की मौत तो इतनी दुखदायी है कि उसे दिखाया नहीं जा सकता, केवल उसकी खबर देना ही सम्भव है। आँगन की कीचड़ में एक मरा हुआ मेढक है अपू के जन्म की रात

को हमने मेढकों की आवाज सुनी थी। त्रयी की फ़िल्मों में पशु-पक्षी मानवीय क्रियाओं के साथ जुड़े हुए हैं। यहाँ मौत में भी साथ दे रहे हैं।

सुबह होगी। अगला दिन आएगा। ज़िन्दगी चलानी ही होगी। अपू दाँत साफ़ करता है। सर्वजया कुएँ से पानी भर कर लाएगी, अपू अपने बाल खुद काढ़ेगा। हर बात दुर्गा की याद दिलाने वाली होगी। अपू शाल ओढ़े हुए आँगन में आता है, एक बोतल लटकाये, शायद तेल लेने जाना है आँगन में वह सर उठा कर आकाश की ओर देखता है, फिर लौट कर कमरे में चला जाता है, छतरी ले कर निकलता है। लड़का अब अक़्लमंद हो चला है। मौसम देख कर साथ में छाता ले जाना चाहिए। इस दृश्यावली का पार्श्व संगीत राग तोड़ी की एक बन्दिश पर ख़त्म होता है।

खाना बनाना ही है। सर्वजया बिल्कुल खोई-खोई सी है, फिर भी चावल पकाने ही हैं। उसकी रसोई टूट गयी, इन्दिर के बरांडे में बैठ कर खाना बनेगा। नीलमणि की बिटिया बिनी कुछ सब्ज़ी लायी है। माँ ने भेजी है। सर्वजया को जैसे हाँ या ना का होश ही नहीं है। बिनी कुछ घबराई सी मुड़ती है। उसने चार चोटियाँ कर रखी हैं, दुर्गा हमेशा चार चोटियाँ बनाने की बात करती थी।

हरिहर वापस घर आ पहुँचे। सर्वजया ने उनको अपू-दुर्गा को आवाज़ लगाते सुना। बाहर ही से हरिहर ने रसोईघर की हालत देख ली, कुछ कैमरा की तरफ मुड़े फिर फ्रेम के बाहर चले गये। कैमरा वहीं रुका रहा। बाहर के दरवाजे की आवाज आती है, फिर हरिहर पीछे आँगन में आ जाते हैं बच्चों को फिर से आवाज देते हैं। सर्वजया उनके सामने आने से बच रही है। हरिहर की चौकी, खड़ाऊ, तौलिया, पाँव धोने के पानी यह सब ला कर रखती है और फिर मुड़कर हटना चाहती है हरिहर रोकता है कि यह तो देखो कि मैं तुम्हारे लिए क्या क्या लाया हूँ। चकला-बेलन अच्छी लकड़ी का बना, तुम्हें लक्ष्मी की तस्वीर चाहिए थी—ये लो, काँच में जड़वा भी दी है। और जैसे ही दुर्गा की साड़ी दिखाने लगा, सर्वजया अपने को सँभल नहीं पायी। वह रोती है पर उसकी आवाज की जगह एक संगीत की धुन फिल्म में उभरती है—जो सर्वजया की सारी पीड़ा का निष्कर्ष है। हम इस धुन को **'माँ का क्रन्दन'** नाम दे चुके हैं। हरिहर को सब बात समझने में कुछ क्षण लगते हैं, उसके बाद वह भी जोर से रो उठता है और सर्वजया पर झुककर रोता रहता है। शारीरिक स्पर्श से दोनों का शोक बँट भी जाता है। अपू घर वापस आ रहा है। उसे भी पिता का क्रन्दन सुनाई देता है। और वह भी वहीं ठिठक जाता है।

रात को सर्वजया और अपू गहरे सो रहे हैं। हरिहर जाग रहा है। दूर किसी रेल की सीटी की ध्वनि उसके क्लोजअप के पार्श्व में है। उसके चेहरे पर बजती है। इसी क्षण वह गाँव छोड़ने का इरादा कर देता है।

अपू त्रयी में बनारस छोड़ने का निर्णय लेने का क्षण सर्वजया के चेहरे पर, अपराजितो में और कलकत्ता छोड़ जाने का निर्णय अपू के चेहरे पर अपूर संसार में, इसी प्रकार रेल की सीटी की ध्वनि में रचे गये हैं।

2.15 हरिहर अपना गाँव छोड़ कर जाता है

सामान बाँधा जा रहा है। हरिहर कुछ पुरानी पोथियाँ सँभल रहा है। वह अपू को आवाज देता है कि अलमारी खाली करो। सर्वजया भी सामान बाँध रही है। नीलमणि की पत्नी हाथ बँटा रही है। तब ही शेजोबऊ आती है, साथ में एक फलों की डलिया का उपहार लिये हुए शेजोबऊ कहती है कि वह भी कुछ दिन के लिए कहीं जाना चाहती है। एक ही जगह बराबर रहने से इन्सान का दिल बड़ा छोटा हो जाता है। आँगन में गाँव के बड़े बूढ़े हरिहर से मिलने आते हैं कि उसने गाँव छोड़ने का इरादा क्यों किया। हरिहर उन्हें समझाता है कि अब उसका गाँव में रहना असम्भव हो गया है।

अन्दर अपू द्वारा अलमारी के ऊपरी खाने को साफ करने में नारियल का खपड़ा गिरता है और उसके साथ-साथ ही चुराई हुई माला। एक मकड़ी भी रेंगकर भाग जाती है। अपू माला उठाता है। खिड़की के बाहर कूदकर पोखर के किनारे लाकर इधर-उधर देखते हुए माला पोखर में फेंक देता है। गुजरी हुई बहन का राज हमेशा राज ही रहेगा। माला के इस दृश्य में दुर्गा के सजावटी दृश्य की याद दिलाने वाले तालवाद्यों के बोल बजते हैं। अगली सुबह बैलगाड़ी में बैठे हरिहर सर्वजया और अपू गाँव छोड़कर जा रहे हैं। पालतू कुत्ता वहीं घर ही में छूट गया। पत्थरों के ढेर से एक साँप रेंगता हुआ आता है और बरांडे पर चढ़कर कमरे में चला जाता है।

बैलगाड़ी पर पाथेर पांचाली थीम धुन बज रही है। सर्वजया मुँह छिपाकर सुबकती है हरिहर उसे कुछ नहीं

कहते। यह क्षण भी गुजर जाएगा।

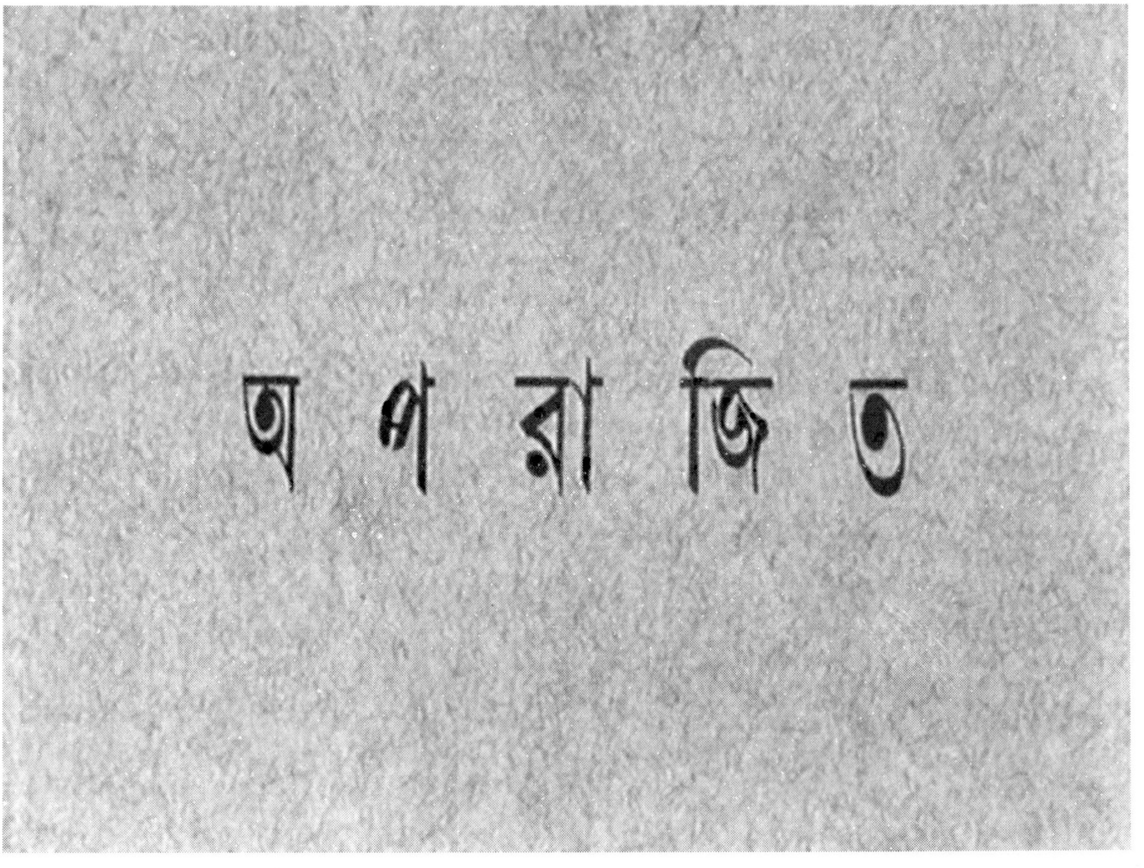

अपराजितो

टायटल्स और टायटल संगीतः अपराजितो की श्रेयनमापली छपी किताब के टाइप ऐसे सुलेखन शैली में लिखे गये हैं। अपराजितो में अपू अपने पिता हरिहर के जमाने की हस्तलिखित पांडुलिपि से आगे बढ़कर अब स्कूल कालेज में छपी हुई किताबों के स्तर पर आ गया है। हमने पहले भी देखा है कि शीर्षक लिखने के रूपबन्ध तीनों फिल्मों में अर्थपूर्ण हैं।

शीर्षक संगीत की धुन भी मटियाली ऐसे ही सुबह के राग पर आधारित है। इसके सुरों में अपू थीम संगीत के सरगम हैं, जो फिल्म में कई बार सुनाई देती है। सरगम के लिए संगीत सूची देखें।

फिल्म के तीन बड़े भाग हैं।

अपराजितो-1: बनारसः हरिहर की नयी जिन्दगी शुरू होते ही उसकी अकाल मृत्यु हो जाती है। सर्वजया बनारस में रहने की कोशिश करती है, पर काम नहीं बनता। अपने चाचा भवतारण की मदद से, बनारस छोड़कर बंगाल के मानसपोटा गाँव लौट जाती है।

अपराजितो-2ः मानसपोटा में अपू एक यजमान के घर पूजापाठ करता है और दिन में स्कूल भी जाता है। अपू पढ़ाई में अच्छा हैं। और छः साल के बाद मैट्रिक का इम्तिहान अच्छे नम्बरों से पास करता है। स्कूल के हेडमास्टर की मदद से वह आगे की पढ़ाई करने कलकत्ता जाना चाहता है, पर इसके लिए उसे अपनी माँ के विरोध से जूझना पड़ता है। अपू कलकत्ता जाता है।

अपराजितो-3ः कलकत्ता में पढ़ाई और काम में फँस कर अपू सर्वजया से और दूर चला जाता है। अन्त में अकेलेपन से थककर सर्वजया की मृत्यु हो जाती है। अपने परिवार से अपू की आखरी कड़ी भी टूट जाती है वह अपना पैतृक पेशा छोड़कर कलकत्ता चला जाता है।

अपराजितो 1.1

सन् 1920 का कालखण्ड है। शीर्षक संगीत के साथ-साथ हम रेल के पुल के गार्डर की आवाज सुन रहे हैं। ट्रेन गंगा किनारे के घाटों को देखती हुई बनारस में आती है।

सूर्योदय से पहले बनारस के घाट—एक साधु कबूतरों को दाना डाल रहा है। चिड़ियाँ सब जगह हैं—आसमान पर हैं, कगारों पर हैं और घाट की छतरियों पर। सूर्योदय होता है, कबूतरों का झुण्ड घाट पर दाना चुग रहा है। कुछ दूरी पर एक साधक स्त्री ध्यान लगाए बैठी है।

घाट पर गंगास्नान की चहलपहल है। लोग, बड़े-बूढ़े, छोटे, मर्द, औरतें, बच्चों के साथ, नदी की सीढ़ियों पर नहा-धो रहे हैं। पूजा-अर्चना भी चल रही है। हरहिर भी स्नान करके बाहर निकलता है। उसके हाथ में पूजा का जलपात्र है। घाटवाला उसका चश्मा देता है, और तिलक के लिए सिन्दूर। हरिहर धीरे-धीरे घाट की सीढ़ियों पर ऊपर चढ़ता है। इधर-उधर स्थापित मूर्तियों पर पानी चढ़ाता है। कई पतली गलियों से होता हुआ हरिहर अपने घर के दरवाजे तक पहुँचता है।

अपू त्रयी की तीनों फ़िल्में सुबह के दृश्य से शुरू होती हैं। इस तरह कथानक के विस्तार में सुविधा होती है। किसी पात्र की दिनचर्या दिखाई जा सकती है; साथ ही यदि किसी जगह एक-एक कर कोई बात विस्तार से कहनी है तो उस की भी गुंजाइश है।

बनारस में सुबह का गंगा स्नान पहला धार्मिक काम है। हरिहर यहाँ के नये वातावरण और रहन-सहन को जैसे अपना रहा है। घाट पर इधर-उधर मूर्तियाँ हों या गली में आने-जाने वाले लोग, हरिहर सब को प्रणाम कर के सम्पर्क साध रहा है। बनारस की गलियों और निश्चिनदिपुर की ताल के किनारे की हरियाली जैसे दो अलग-अलग दुनिया है।

अपराजितो 1.2

हरिहर घर में घुसता है। बहुत छोटा-सा आँगन है। उसमें नल पर बैठी सर्वजिया कुछ धुलाई कर रही है। शिकायत करती है कि बिना दूध पिये अपू बाहर गली के लड़कों के साथ खेलने को निकल गया है। पास में कोई स्कूल भी तो नहीं जहाँ अपू को भरती करा दिया जाए। सर्वजया को यह भी असुविधा है कि इस घर में परदे की कमी है।

इस घर में और लोग ऊपर की मंजिल पर रहते हैं बाहर का दरवाजा एक ही है, इसलिए जीने तक पहुँचने के लिए आँगन में से आना जाना पड़ता है अभी पाण्डे का परिवार स्नान के लिए उतरा। पाण्डे की पत्नी ने सर्वजया से कहा कि उनके साथ चले। पाण्डे ने कहा, अभी यहाँ नयी हैं, ठीक से जम जाने दो फिर सब करेगी, गंगा स्नान, विश्वनाथ की आरती आदि-आदि।

हरिहर जब बाहर जाने के लिए तैयार होकर निकलता है। तब उसे भी एक कटोरा दूध पीने के लिए सर्वजया देती है। हरिहर खुशी-खुशी दूध पीता है। मलाई की बात होती है। हरिहर बनारस की मशहूर मलाई लाएगा। बज़ार से ख़रीदने की चीज़ों में दाल-चावल के अलावा पान का मसाला भी है। हरिहर किसी हलवाई को अपनी दवाई दे रहा है, बदले में मलाई उधार मिल जाएगी। सर्वजया कहती है पहले दवाई लग जाने दो, फिर खर्च की बात करना। उसे हरिहर की देसी दवाओं पर यकीन नहीं है।

अपू को गली में खेलने के लिए कितने ही नये दोस्त मिल गये हैं। वह सब लुका-छिपी की भाग दौड़ कर रहे हैं। गली में रास्ता रोके गाय खड़ी है। उससे बचकर निकलने में कोई कठिनाई नहीं। नेपथ्य में अपू धुन पर आधारित एक हल्की-फुल्की धुन बज रही है। एक चुल्लूभर पानी नल से पीने के लिए अपू घर में आता है। फिर भागने वाला है, कि माँ उसे रोकती है। दूध पीने पर मजबूर करती है। वह फिर बाहर भाग जाता है, यह बताते हुए कि उसके एक दोस्त ने उसे एक लड्डू और एक पेड़ा खाने को दिया है। ऊपर के

दूसरे पड़ोसी नन्द बाबू नीचे उतरते हैं। हाथ में एक कैलेंडर। सर्वजया लम्बा घूँघट काढ़कर नन्द बाबू से बचकर हट जाती है। नन्द बाबू कैलैंडर टाँगने के बहाने सर्वजया से पूछकर कमरे में चले जाते है। तिथि त्योहार लाल रंग से दिखाए गये हैं यह कैलेंडर केवल उपहार हैं।

बनारस के पड़ोसी बिरादरी या पहचान के लोग नहीं हैं। यहाँ के पड़ोसी मिलनसारी से हरिहर के परिवार को अपना तो लेते हैं, मगर इस रिश्ते में सामाजिक सद्भाव के वे मूल्य नहीं हैं जो गाँव के समाज में थे, एक तरफ पाण्डे ऐसे शरीफ लोग हैं, और वहीं पर नन्दू बाबू जैसे बुरी नीयत वाले भी हैं। नन्द बाबू का कैलेंडर हरिहर के बिस्तर के पीछे दीवार पर हमेशा दिखाई देगा। अपू की दुनिया भी बदल रही है। उसके नये दोस्त का मिठाई देने वाला सम्पर्क दुर्गा की याद दिलाता है। हरिहर की आमदनी भी बढ़ती हुई दीख रही है, घर में दोनों को दूध मिल रहा है। और आगे की जिन्दगी भी सुधरती हुई दिखाई पड़ रही है। रूपबन्ध के दृष्टिकोण से गाँव के निश्चित व्यवहार में त्रिकोणाकृति सम्बन्ध बनते नजर आये थे। यहाँ अभी सम्बन्ध बन रहे हैं, और अनिश्चित भी हैं।

सुबह का दूसरा पहर—अपू घाट पर घूम रहा है और हरिहर को कथा वाचन करते सुनता है। हरिहर शान्त भाव से किसी को पोथी को समझा रहे हैं। सुनने वाली ज्यादातर महिलाएँ हैं। कुछ दूर दूसरे घाट पर कालीचरण बंद्योपाध्याय मनोरंजक शैली में कथा सुना रहे हैं। उनके सामने भी अधिकतर महिलाएँ हैं। अपू आगे बढ़ता है जहाँ एक घाट पर पहलवान मुगदर घुमा रहा है। मज़ाक-मज़ाक में पहलवान अपू से भी मुगदर चलाने को कहता है। यहाँ की दृश्य संरचना ऐसी है कि अपू के सर के पीछे पानी की लहरें दिखाई देती हैं।

बनारस के वातावरण में अपू को अपने पिता को और कालीचरण बंद्योपाध्याय को पंडिताई का काम करते देखने का अवसर मिला है। बड़ा होने पर वह अपने पैतृक पेशे को छोड़ने का संकल्प कर लेता है। इस संकल्प के लेने में बनारस के माहौल का भी योगदान रहा होगा। हालाँकि अपू ने इस बात को साफ-साफ कभी नहीं कहा है। कसरत करने का शौक भी अपू को बनारस के पहलवानों को देखकर मिला होगा। पूजा की थाली में यजमान कुछ न कुछ पैसे अर्पण करते हैं। आमदनी का यह तरीका कहीं अच्छा है निश्चिंदिपुर की उस महीने की तनख्वाह से जो मिले या न मिले—बनारस के वातावरण में गाने की कुछ लहरें, मन्दिर के घंटी-घंटे, पूजा-पाठ के स्वर, शहनाई और बाजे, यह सब समवेत सुनाई देते हैं। घाट की दीवारों पर बड़े-बड़े इश्तहार लिखे गये हैं, चाय के, दवाइयों के—**अपू त्रयी में चेहरे का सम्बन्ध पानी की लहरों से कई बार दिखाया गया है। पाथेर पांचाली में सर्वजया पर जब कोई सुखद पत्र आता था। अपराजितो में अपू पर और यहाँ हरिहर पर जब वह घाट पर बेहोश होकर गिरता है। और अपूर संसार में अपू पर जब वह समुद्र तट पर निरुद्देश्य घूम रहा है।**

नदी पार से दीखते सन्ध्या के दृश्य में श्मशान घाट पर जलती चिता की ज्वाला है। घर में नन्दबाबू हाथ में तबला लिये उपर जाते हैं। सर्वजया अपनी अँगीठी जलाने के लिए माचिस ढूँढ़ती है पर सब तीलियाँ ख़त्म हो चुकी हैं। अपू को ऊपर भेजती है कि दो तीलियाँ माँग कर ला, सिर्फ़ दो तीलियाँ। अपू जीना चढ़ कर ऊपर जाता है। नन्द बाबू अपनी शराब की बोतल खोल ही रहे हैं कि अपू पहुँच गया। माँ ने दो तीली माँगी हैं। माँ ने मँगाई हैं तो दो तीली क्यों—पूरी माचिस की डिब्बी ले जाओ, माँ से कहना वापस करने की ज़रूरत नहीं है।

अपू को नये तरह के अनुभव हो रहे हैं। नन्द बाबू का व्यवहार, शराब की बोतल को वह अपनी दवाई की बोतल बताते हैं। माचिस की तीलियों की बात शायद नन्द बाबू समझ बैठे हैं कि यह सर्वजिया की तरफ़ से इशारा है। शायद इसी नासमझी में वह आगे सर्वजया की तरफ़ हाथ बढ़ाने की कोशिश करेंगे।

एक दिन की कथा ख़त्म हुई तो कालीचरण बंद्योपाध्याय ने हरिहर को रोका कि उसने चाय की पत्ती का एक पैकेट तो खरीद लिया है, मगर चाय कहाँ बनाई जाए यह समझ में नहीं आ रहा। उसके तो घर बार है नहीं। हरिहर उसे घर ले आता है। सर्वजया चाय बनाती है, शायद इस घर में पहली बार चाय बन रही है। अतिथि तारीफ़ करता है सर्वजया खुश होती है। कालीचरण अपू को अपने साथ एक ब्रह्मभोज में ले जाने की बात करता है। कालीचरण भी रुपया बचा रहा है कि शादी कर सके। वह हरिहर से पूछता है कि उसकी जान पहचान में कोई लड़की हो तो बताएँ। कालीचरण जैसे गली में हरिहर से विदा होता है, ऊपर तबले के रियाज की आवाज आ रही है। इस परिवार की सौम्यता का आधार एक महिला है—इस महिला अर्थात सर्वजया के चारों ओर एक त्रिकोण

जैसा बन गया है। हरिहर उसका पति है, अविवाहित कालीचरण हरिहर का मित्र है और रसिक नन्द बाबू घर के ऊपर रहते हैं।

अपराजितो 1.3

विश्वनाथ मन्दिर के शिखर पर दो कबूतर उसकी कगार पर आकर बैठते हैं मन्दिर के भव्य द्वार से लोग अन्दर बाहर जा रहे हैं। सर्वजया और अपू सन्ध्या आरती के समय आते हैं। पुजारी साथ मिल कर मंत्र उच्चारण कर रहे हैं, साथ-साथ बड़े झांझ और ढोल भी बज रहे हैं। बाहर दशहरे की आतिशबाजी छूट रही है।

बनारस में धार्मिक व्यवहार अनुशासित है। विश्वनाथ सर्वप्रथम हैं। सन्ध्या आरती सर्वप्रमुख पूजा है जिसमें सब तरह के भक्तजन आते हैं। सर्वजया के लिए भी यह एक धार्मिक कर्तव्य-सा है। अपू आरती में कुछ वैसी ही दिलचस्पी ले रहा है जैसे जात्रा का नाटक या बैंड बजाने वाले। उसमें धार्मिक रुचि नहीं है। सन्ध्या आरती यहाँ विश्वनाथ की, और कहाँ निश्चिंदिपुर में शंख बजा-कर तुलसी पर एक दिया जलाने का नियम।

अपराजितो 1.4

सर्वजया घर के दरवाज़े पर उत्सव के दिये जला रही है, तब ही हरिहर अन्दर आता है। वह तो कहने वाली थी कि अपू को रामलीला दिखाने ले जाओ मगर हरिहर खुद अस्वस्थ है। सन्ध्या पूजन के बाद घाट की सीढ़ियों पर सर चकराने लगा। सर्वजया ने डॉक्टर बुलाने की बात की, हरिहर अपनी मकर ध्वज ही लेगा। सर्वजया को उसकी दवा का भरोसा नहीं है फिर भी दवा घोंट कर देती है। अपू फुलझड़ी लिए आता है। गाँव से यहाँ की आतिशबाजी ज़्यादा अच्छी है अपू का एक दोस्त शम्भु है। वह अपू को अंग्रेजी सिखा रहा है। हरिहर अपू से एक वाक्य की अंग्रेजी—"अपू अच्छा लड़का है" अनुवाद करने को कहता है, अपू ठीक अनुवाद करता है। हरिहर बहुत प्रसन्न होता है। अपू फिर फुलझड़ी जलाने बाहर चला जाता है। दवा काम कर रही है। हरिहर सर्वजया को भरोसा दिलाता है कि जल्दी ही इस मकान को छोड़ देंगे। दो कमरे का एक मकान है, खुला है, स्कूल और बाजार भी पास है उसमें चलेंगे।

इस दृश्य में आगे के कई सन्दर्भ हैं। सर्वजया को हरिहर की जड़ी बूटी पर विश्वास नहीं है, आगे वह खुद वही दवाएँ स्वयं अपने लिए लेगी। अपू स्कूल नहीं जा रहा पर सीख बराबर रहा है, अंग्रेजी की बुनियादी बातें ही सही।

अपराजितो 1.5

अगली सुबह पानी के नल पर एक बन्दर ने सर्वजया को बुरी तरह डरा दिया। हरिहर गंगा स्नान जाने को तैयार होकर निकला तब सर्वजया ने रोका, कल रात की बीमारी को हरिहर ने टाल दिया और चले गये। स्नान के बाद अपना चश्मा लेना भूल गये, घाट वाले ने याद दिलाया। घाट की सीढ़ियाँ चढ़ते चक्कर आ गया और वहीं बेहोश होकर गिर पड़े। लोगों ने सहारा देकर उनको गलियों के रास्ते घर तक पहुँचा दिया। डॉक्टर ने कहा छाती में बलगम जमा है। मालिश करो और जाड़े से बचाओ। पाण्डे डॉक्टर के साथ दवा लेने चला गया। पाण्डे की पत्नी ने सर्वजिया को भरोसा दिया कि किसी भी चीज की जरूरत हो बताने में संकोच नहीं करना, माँग लेना। नन्द बाबू भी हैं, खिड़की के बाहर, सब सुन रहे हैं।

दृश्य की संरचना पाथेर पांचाली के उस दृश्य जैसी है, जब दुर्गा को देखने डॉक्टर आया था। यह डॉक्टर गाँव के डॉक्टर से अधिक जानकार मालूम होता है। पाण्डे को पत्नी में सद्भाव तो है, पर वह अपनत्व नहीं जो नीलमणि की पत्नी में था।

अपराजितो 1.6

अपू घर के बाहर घूम रहा है, दिलचस्प चीजें देख रहा है। एक चमड़े के बड़े डोल से कुएँ का पानी निकाला जा रहा है। नन्द बाबू सीढ़ियों से नीचे आते हैं। एक बिल्ली का बच्चा रास्ते में है, उसको पैरों से किनारे कर देते हैं। पहले वह हरिहर को हल्के से पुकारकर यह पक्का कर लेते हैं कि वह सो रहा है। सर्वजया रसोई में है नन्द बाबू चुपके से रसोई घर के बाहर जूते उतारते हैं और अन्दर बढ़ते हुए इशारा करते हैं कि भाभी क्या मेरे लिए पान बना रही हैं। सर्वजया फौरन ही जवाब देती है। मछली काटने का बड़ा चाकू उठाकर इस कामुक आदमी को फौरन बाहर निकल जाने को हुक्म देती है। नन्द बाबू फौरन पीछे हटकर चले जाते हैं। सर्वजया ने

अपने ही दम पर नन्दबाबू को पीछे हटने पर मजबूर तो किया, लेकिन वह हाँफती है यह दृश्य विश्वनाथ मन्दिर की आरती पर डिजॉल्व होता है।

सर्वजया को हमने कई तरह देखा है। बच्चों की माँ के रूप में, पत्नी के रूप में जहाँ उसके परिवार की बदनामी उसे बरदाश्त नहीं होती। यहाँ जब उसके चरित्र पर हमला होने वाला था, उसने पूरे दमखम से अपनी रक्षा की। नन्द बाबू ने बहुत सोच समझकर कदम उठाया था। सर्वजया ने फौरन ही कस कर जवाब दिया।

नारी की पूरी ताकत एकदम सामने आये। यह हम अपूर संसार में अपर्णा की माँ में भी देखेंगे। अपनी बेटी को ग़लत शादी से बचाने के लिए वह अपने पति को कमरे के बाहर धक्का देकर निकाल देती है और दरवाजा बन्द करके बाड़ लगा देती है।

यह दृश्य विश्वनाथ की आरती पर खत्म होता है। विश्वनाथ के मन्दिर में दोनों ही बातें हैं। पिछले दृश्य में कामुकता का खतरा और अगले दृश्य में हरिहर की मृत्यु क्या सर्वजया इनसे बच पाएगी?

अपराजितो 1.7

रात को हरिहर सो रहा है। सर्वजया पास बैठी है। सुबह से पहले का प्रहर, सारा शहर शान्त है। हरिहर एकदम घबरा कर उठता है, घरघराई आवाज़ में गंगाजल माँगता है। सर्वजया ढूँढ़ती है, मगर घर में गंगाजल नहीं है। वह अपू को जगाती है और नदी से एक लोटा जल लाने को कहती है। अपू गलियों में होकर घाट के नीचे उतरता है। नदी के तट तक पहुँचता है। एक पहलवान कसरत कर रहा है। उसको गंगाजल ले जाना है। सर्वजया अपू से गंगाजल हरिहर को पिलवाती है। उसी दम हरिहर की आँखें फटी-सी रह जाती हैं। सर्वजया चिल्लाती है, यह क्या हुआ? नदी के किनारे कबूतरों का एक झुण्ड एकदम उड़ जाता है और आकाश में दो चक्कर लगाता है। अगला शॉट दसवें का श्राद्ध के लिए, अपू को सफेद कपड़ा कन्धे से बाँधा जा रहा है। **हरिहर की मृत्यु के सीक्वेंस में राग जोग पर आधारित सुर छेड़े जाते हैं। यह स्वर आगे भी अपराजितो और अपूर संसार में उन परिस्थितियों में सुनाई देंगे, जहाँ विषाद है।**

बनारस में जमने से पहले ही सब बात बिगड़ गयी। अब सर्वजया को काम ढूँढ़ना पड़ेगा कि अपनी ज़िन्दगी चले और अपू की परवरिश भी ठीक ढंग से हो।

अपराजितो 1.8

सर्वजया ने एक धनी परिवार में रसोई बनाने का काम कर लिया है। सर्वजया के एक चाचा हैं भवतारण जो वैसे तो बंगाल के एक गाँव मानसपोटा में एक तेली परिवार के पुरोहित हैं, इस समय तीर्थ यात्रा के लिए बनारस आये हुए है। भवतारण सर्वजया से मिलने आते हैं। उनका सुझाव है कि सर्वजिया यदि चाहे तो मानसपोटा में उनके घर में रह सकती है, वह स्वयं बुढ़ापे में यहीं काशीवास करना चाहते हैं। वहाँ अपू ब्राह्मण पुरोहिती का काम सीख कर यजमान का घर सँभाल लेगा। सर्वजया के बनारस में रसोई की नौकरी में एक कमजोरी की बात यह है कि इस घर में अपू एक नौकरानी का लड़का है जिसको किसी भी इधर-उधर के काम में लगाया जा सकता है।

इस परिवार के बुजुर्ग मालिक आरामकुर्सी में बैठे ऊँघ रहे हैं अपू उनके सर से सफेद बाल बीन रहा है। नींद टूटने पर वह अपू को एक पैसा इनाम देकर वहाँ से भगा देते हैं। अपू तुरन्त उस पैसे की मूँगफली ख़रीद कर एक मन्दिर में जाता है जहाँ बन्दर ही बन्दर हैं। बन्दरों को बुला-बुलाकर अपू उनको मूँगफली खिलाता है और उनके खेल का मज़ा लेता है।

घर की मालकिन सर्वजया को बुलाकर बताती है कि अगले महीने वह सब अपने गाँव दीवानपुर वापस जा रहे हैं। उनको सर्वजया का काम पसन्द है, वह चाहे तो उनके साथ जा सकती है। वैसे भी सर्वजया का कोई और कहीं नहीं है। सर्वजया अभी निर्णय नहीं कर पा रही है। मालकिन के कमरे से निकल कर सर्वजया जैसे ही जीने से उतर रही थी कि नीचे के बरांडे में अपू बड़े मालिक के हुक्के की चिलम को फूँकता हुआ दिखाई दिया। अपू के लिए घर के नौकर का भविष्य सर्वजया को मंजूर नहीं है। वह यह नौकरी छोड़ देगी और भवतारण के गाँव चली जाएगी। रेल की सीटी उसके चेहरे पर आती है। चेहरे से स्विश पैन कर के कैमरा बनारस के रेलपुल पर पहुँचता है। भवतारण, सर्वजया और अपू रेल में बैठे हैं। रेल बनारस से निकलती हुई पुल पर है। और बनारस के घाट पीछे छूटते जा रहे हैं।

बनारस आने पर हम इसी पुल से नदी के घाट देखते हुए शहर में आये थे। अब छोड़ते समय ठीक उसकी उल्टी संरचना है। **अपू त्रयी के कथन में चेहरे पर रेल की सीटी की संरचना का उपयोग हमने पहले देखा है। तीनों बार अपनी रहने की जगह छोड़ने का निर्णय है पर उसके लिए और अलग भाव है। पाथेर पांचाली में अपना गाँव छोड़कर बनारस में बेहतर जीवन की चाह, अपराजितो में गाँव वापस जाकर फिर से अपने और अपू के लिए स्वाभिमान की तलाश तथा अपूर संसार में विषादग्रस्त होकर जीवन त्याग देने की इच्छा।**

अपराजितो 2

अपराजितो 2.1

उत्तर प्रदेश के छोटे गाँवों को छोड़कर ट्रेन रात भर दक्षिण बिहार में चलती रही। सुबह होते ही वह बंगाल में आ गयी जहाँ हरे भरे खेत और सुदूर ताड़ की कतारें खड़ी थी। सर्वजया के चेहरे पर मुसकान से पहले का उजाला दिखाई देता है। पाथेर पांचाली की थीम धुन पीछे बजती है। रेल से बैलगाड़ी, और बैलगाड़ी से पैदल चलते हुए मानसपोटा गाँव में भवतारण के घर पहुँच जाते हैं। यह घर मजबूत बना है। दीवारें मिट्टी की ही सही पर पूरी गठी हुई हैं। सर्वजया बरांडे में बैठ जाती है। अपू पिछले दरवाजे से देखता है तो खेतों के पार दूर क्षितिज पर रेलगाड़ी की पटरी नजर आती है। अपू माँ को बुलाता है, दोनों देखते हैं कि एक गाड़ी जा रही है।

शाम को निरुपमा दाल-चावल लकड़ी लेकर आती है। यह निरुपमा यजमान तेली परिवार की लड़की है। विधवा है और यही रहती हैं। उसी समय शाम की रेल भी निकलती है। रात को खाना खाते समय भवतारण बताता है कि वह हफ्ते-दस दिनों में वापस बनारस जाएगा। इसलिए अपू की पूजापाठ करने की शिक्षा फौरन ही शुरू होनी चाहिए। अपू को यह सब अच्छा तो नहीं लग रहा, मगर वह बड़ों के निर्णय में शामिल है। अभी तो वह बहुत छोटा ही है।

सर्वजया अपने परिचित जीवनक्रम में वापस आने से स्वस्थ है। उसे इस बात पर भी सन्तोष है कि अपू फिर अपने पारिवारिक पेशे को अपना सकेगा। और यहाँ का वातावरण, घर, घर में कुआँ, घर के बाहर पोखर—ये सब ही अनुकूल है। बनारस में परायापन था, हर क्षण कोई न कोई आशंका बनी रहती थी। यहाँ निरुपमा भी अपने ही घर जैसा बर्ताव करती है। रेलगाड़ी को देखकर अपू भी खुश है। सर्वजया को अभी यह समझ में नहीं आ रहा कि यही रेलगाड़ी एक दिन अपू को उससे अलग कर देगी।

अपराजितो 2.2

यजमान के घर सुबह किस तरह पूजा करनी है इस विधि की शिक्षा भवतारण अपू को देना शुरू करता है, मंत्रों का उच्चारण, छोटे से सिंहासन पर विराजमान शालिग्राम का स्नान, पुनःस्थापन, पूजा का क्रम आदि। भवतारण जब चले गये, तब निरुपमा भी दूर से बैठी विधि सिखलाती रही। तेली यजमान के घर अपू का हर दिन का कार्यक्रम यही होगा। तेली परिवार नीची जाति का होने के कारण शालिग्राम को छू नहीं सकता। यह अधिकार केवल ब्राह्मण को ही है। इसलिए हर सुबह अपू अपने घर से शालिग्राम का सिंहासन लेकर यजमान के घर आकर पूजा करता है और फिर शालिग्राम को अपने साथ वापस ले आता है। कल दिन में लौटते समय उसने देखा कि उसी की उम्र के और लड़के खेलकूद रहे हैं, लड़भिड़ रहे हैं। जल्दी ही शालिग्राम घर पर छोड़ कर अपू फिर लौट कर देखता है कि स्कूल की घंटी बज रही है और लड़के भागते हुए पढ़ाई करने के जा रहे हैं। इन सब दृश्यों के लिए पीछे पार्श्व संगीत रचनाएँ हैं।

रात को सर्वजया को साफ़ दीख रहा है कि अपू किसी बात पर चिन्तित है। पूछती है क्या बात है। यह काम अच्छा नहीं लग रहा? अगर यह काम ठीक से होता रहेगा तब यजमान भी हमारी अच्छी तरह परवरिश करेगा। कौन जाने आगे कभी हम दोनों निश्चिंदिपुर भी लौट सकें। अपू यह सब बातें काट कर पूछता है; माँ, मैं स्कूल जाना चाहता हूँ। यजमान के घर की पूजा सुबह होती है, स्कूल दिन में है। स्कूल का खर्चा कहाँ से आएगा। इस पर अपू माँ से उल्टा सवाल पूछता है जो किसी के दिल को ठेस पहुँचाने के लिए काफी है। माँ तुमने कुछ पैसे बचा कर नहीं रखे हैं? सर्वजया एक क्षण सोचती है। अगर अपू स्कूल जाकर खुश होगा तो ज़रूर पैसा खर्च करना चाहिए। अपू स्कूल जाएगा। (पार्श्व संगीत)

अपू स्कूल जाएगा, इसके बारे में कभी दो राय नहीं थी। निश्चिंदिपुर में स्कूल जा ही रहा था। बनारस में उनके घर के आस-पास कोई सुविधा नहीं थी। फिर भी अपू कुछ न कुछ

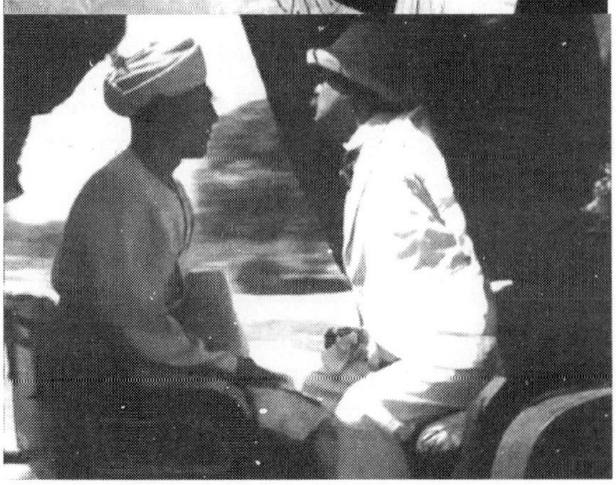

सीखता ही रहा। थोड़ी बहुत अंग्रेजी भी। मानसपोटा के नये इन्तजाम में यह जब सम्भव है कि अपू स्कूल भी जाए और पुरोहित भी बना रहे, तब आगे चलकर निश्चिंदिपुर, लौटकर अपने पुराने घर को फिर से बनाने बसाने की बात भी सोची जा सकती है। आधुनिक शिक्षा से अपू का दिमाग़ बाहर की बड़ी दुनिया के दरवाजे खोल सकता है जिसमें पंडिताई बहुत पीछे छूट जाएगी—यह बात सर्वजया की समझ के परे है और इसी कारण माँ-बेटे में मानसिक दूरी बनी और बढ़ती चली गयी।

अब अपू स्कूल में है। आज इंस्पेक्टर निरीक्षण करने आ रहे हैं। सारी इमारत में साफ सफाई की गयी है। हेडमास्टर सब देखते हुए घूम रहे हैं। यह कागज़ ज़मीन से उठाओ, यह दीवार पर क्या बना है इसे मिटाओ, यह गाय यहाँ कैसे आ गयी, इसे भगाओ। इंस्पेक्टर बग्घी में आते हैं, अर्दली पीछे सेवा में है। कक्षा निरीक्षण में अपू ने एक देश भक्ति की कविता सुनाई जिसमें बंगाल के सौन्दर्य का वर्णन है। कविता इंसपेक्टर को अच्छी लगी। **कविता पाठ के पीछे पाथेर पांचाली की थीम धुन भी है।**

अंग्रेजी सरकार ने एक शिक्षा का ढाँचा बनाया है जो बंगाल के ग्रामीण समाज के मध्यम स्तर तक पहुँचता है। यह स्कूल उसी ढाँचे में है। इमारत की बनावट, उसका गाँव की कच्ची सड़क पर होना, इंसपेक्टर का चपरासी के साथ निरीक्षण करने आना यह सब उसी बनावट के अंग हैं। इंसेपेक्टर ने पूरा थ्री पीस सूट टाई के साथ पहन रखा है, बन्द जूते हैं, सिर पर सोला टोपी। चपरासी भी अपनी पट्टेवाली पोशाक में ड्यूटी पर है। ये सब होते हुए भी इंसपेक्टर का अपना बंगालीपन कविता पाठ के समय साफ उभरकर आता है।

स्कूल में अनुशासन है और साथ ही अच्छे छात्रों पर विशेष ध्यान देने का भी प्रावधान है। हेडमास्टर अपू को समझाता है कि हम बंगाल के एक पिछड़े भाग में तो जरूर हैं पर हमको बाहरी दुनिया का अन्दाज भी होना चाहिए। इसलिए वे बहुत-सी किताबें पढ़ने को देते हैं। विविध विषयों पर जैसे भूगोल या आविष्कार की कहानियाँ, वैज्ञानिकों के चरित्र जैसे आर्कमिडीज, गैलिलिओ, न्यूटन, फैराडे।

अपू किताबें पढ़ता है और नयी समझ से घर में भी नये प्रयोग करके दिखाता है। घर में पानी में सेठा डालकर

सायफन बनाता है। एक लालटेन और दो फलों से वह माँ को दिखाता है कि चन्द्रग्रहण कैसे होता है। वेश बदलकर अफ्रीकावासी बन जाता है। रात को देर तक पढ़ते-लिखते सो जाता है। नोटबुक पर स्याही गिर जाती है। सर्वजया को खाने के लिए उसे जगाना होता है। समय गुजर रहा है। फेड आउट। नेपथ्य में संगीत।

अपू पढ़ भी रहा है और समझ भी रहा है। वह हर चीज़ समझने के लिए खुद नये तरह के खेल खेलता है। उसका दिमाग़ बड़ी तेजी से खुल रहा है। यह साफ दिखता है कि अपू अपनी नयी जानकारी और समझ का मजा भी ले रहा है। लिखने का शौक उसका है और बढ़ेगा। **अपूर संसार के शुरू में वह एक उपन्यास लिखना शुरू करेगा।**

छः साल गुजर जाते हैं। अपू सोलह साल का लड़का है, अनगढ़। हेडमास्टर उसे बताते है कि मैट्रिक इम्तिहान में वह जिले में दूसरे नम्बर पर पास हुआ है। आगे पढ़ने के लिए उसे दस रुपये महीने की छात्रवृत्ति मिलेगी। अपू आगे साइंस पढ़ने के लिए कलकत्ता जरूर जाना चाहता है। हेडमास्टर उसके रहने का इन्तजाम भी कर देंगे। कलकत्ता जाने के लिए माँ की रजामंदी जरूरी है, जो आसान नहीं है।

हेडमास्टर और अपू का यह सीन वैसा ही है जैसे अपूर संसार में पूर्वकथन जिसमें कॉलेज के प्रोफेसर अपू को सर्टिफिकेट देते हैं।

इस स्तर पर पहुँच कर अपू गुस्से में बाहर चला जाता है, सर्वजया घर के अन्दर है उसे समझ में आ जाता है कि अपू मानने वाला नहीं, होगा वही जो वह चाहेगा। इसलिए कलकत्ता जाने को अधिकतम सुविधाजनक बनाना चाहिए। सर्वजया बाहर जाकर अपू को मना कर लाती है और रुपये के वह बत्तीस सिक्के दिखाती है जो उसने बनारस में बचाये थे। अब अपू के कलकत्ता जाने में काम आएँगे। अपू ऐसे खुश है जैसे उसने कोई बाजी मार ली हो। माँ ने अपने दिल में जो दर्द छुपाया है अपू को उसका आभास तक नहीं है।

दो मनःस्थितियों का सीधा टकराव है। एक ओर सर्वजया, पीढ़ियों पुरानी पुरोहिती जिसमें सीधा-सादा जीवन सम्भव हो सका है। दूसरी ओर अपू, नयी जानकारी से खुलता दिमाग, आगे और शिक्षा की भारी उत्सुकता, पीछे की बात पीछे ही छोड़ने का पूरा इरादा। दोनों में से एक को झुकना ही था। वही हुआ। अपू के कलकत्ता जाने की सुबह, सर्वजया सब तैयारी

कर रही है। एक टीन के बक्से में कुछ खाने-पीने का सामान, कुछ दैनिक काम की चीज़ें दो पोस्टकार्ड, कि कुशलता से पहुँच गये इसकी ख़बर माँ को देने में देर न हो। एक बिस्तर जिसमें कुछ पहनने के कपड़े लिपटे हैं। ग्लोब, ट्रंक में नहीं है उसे अपू अपने साथ ही रखेगा। रुपया भी गिना जाना है, पच्चीस रुपये माँ के और पाँच रुपये निरुपमा की भेंट। अपू जैसे पोखर के किनारे की पगडंडी पर घर छोड़कर जा रहा है तब सर्वजया दरवाजे पर खड़ी है, हँसते हुए चेहरे से। क्योंकि उसे मालूम है कि अपू मुड़कर देखेगा। उसी क्षण के बाद चेहरे पर असीम उदासी छा जाती है। नेपथ्य में संगीत।

रेल के सफर में अपू ग्लोब से उलझा रहता है। रेलवे स्टेशन से चलकर वह कलकत्ता की सड़क की भीड़ से गुजरता हुआ न्यू रॉयल प्रेस का पता लगा लेता है। प्रेस के मालिक अखिल बाबू हेडमास्टर के मित्र हैं। अखिल बाबू ने अपू को अपने कमरे में बिना किराए के रहना मंजूर किया जिसके बदले अपू को नाइट शिफ्ट में प्रेस का काम करना होगा। अखिल बाबू के कमरे में बिजली है। बिजली वाले कमरे में रहने का नया अनुभव, अपू माँ को चिट्ठी में लिखता है।

मानसपोटा छोड़ने पर कलकत्ता में अपू बिलकुल नयी तरह की जिन्दगी अनुभव करेगा। भौतिक ढंग से और मानसिक ढंग से भी वह माँ से अलग हो जाएगा। यह ठीक है कि अपू की शिक्षा सर्वजया की समझ से परे थी पर जब तक अपू वहाँ था पंडिताई का काम भी कर रहा था, अपू कम से कम माँ की आँखों के सामने तो था। अब पूरे ढंग से अपू सर्वजया की पकड़ से दूर है। मानसपोटा में सर्वजया के जीवन का केवल एक ही केन्द्र था, अपू। उसके कलकत्ता जाने से सर्वजया का जीवन रसहीन हो गया। अकेलेपन के साथ रिक्तता बची है।

रेल के डिब्बे में अपू भीड़ में तो है लेकिन अकेला। एक आदमी हरदर्द की दवा बेच रहा है। अपूर संसार में हम एक ऐसी ही दवाइयों के कारखाने को भी देखेंगे। रेल का काम यहाँ माँ-बेटे को अलग करना है। **अपूर संसार में भी अपू और अपर्णा को रेल अलग करेगी।**

रहने की जगह पहुँचने पर नयी दुनिया का एक और पहलू है घर में बिजली। इससे पहले शहर की भीड़ यातायात के भिन्न तरीके और वाहन इन सबसे अपू का पहला सामना होता है। जो गाँव की पगडंडी और नैसर्गिक वातावरण से बहुत अलग है। अपू को यहीं आगे की शिक्षा के लिए अपने आपको तैयार करना है। इस नयी दुनिया में अपना रास्ता निकालना है।

दिन में अपू कॉलेज में रहता है और शाम को अखिल बाबू के प्रेस में काम करता है। एक दिन कॉलेज के अध्यापक ने अपू को क्लास में ऊँघते हुए पकड़ा और बाहर निकाल दिया और साथ में उसके दोस्त शिवनाथ को भी। दोनों नदी के किनारे लॉन पर आकर लेट गये। पीछे नदी में स्टीमर आदि चल रहे हैं। शिवनाथ विदेश जाने की बात करता है। अपू इसको क्या कहे कि उसकी आगे बढ़ने की अभिलाषा में सबसे बड़ी बाधा उसकी माँ है। विदेश की बात कहाँ, गाँव से तीन घण्टे के सफर की दूरी पर कलकत्ता है, और यहाँ आने के लिए उसको कितना जूझना पड़ा। माँ का बस चलता तो जीवन भर गाँव ही में पड़े रहकर पंडिताई करनी पड़ती।

कलकत्ता में अपू के नये दोस्त बने हैं। आगे की जिन्दगी में अपू का साथ दोस्त ही निभाएँगे। अभी अपू ऐसे बन्धनों को तोड़ने की कोशिश कर रहा है जो उसे पिछली जिन्दगी से बाँधे रखते हैं। अपू का दिमाग आगे की खुली दुनिया में उड़ान भरने की कोशिश करता है। यहाँ शिवनाथ के साथ अपू मन की बात कह देता है। आगे अपूर संसार में पुलू बराबर उसका साथ निभाएगा।

कलकत्ता गाँव से कितना दूर है इसकी समझ माँ और बेटे में बिलकुल अलग-अलग है। माँ की समझ को अपू की समझ तक पहुँचना असम्भव है।

कलकत्ता के कॉलेज में अध्यापक और विद्यार्थियों का सम्पर्क दूर ही दूर का रहता है। स्कूल में विद्यार्थियों से जो अपनापन था वह यहाँ नहीं है। कलकत्ता की जिन्दगी खासी मुश्किल है। दिन में पढ़ाई और रात में काम, गाँव की पंडिताई और स्कूल से कहीं ज्यादा कठिन है यह जीवन।

अपराजितो 3

सर्वजया पेड़ के नीचे अकेली बैठी है। शाम की रेल दूर कहीं जाती सुनाई देती है। आज अपू छुट्टी में आने वाला है। उसके आने की तैयारी में सर्वजया कुएँ से पानी खींचती है। अपू आता है, कुछ इधर-उधर की बातें करते हुए सीधा पोखर

में स्नान करने चला जाता है। शाम को खाना खाते सर्वजया पूछती है कि खाना कैसा है। कलकत्ते के खाने से कहीं ज्यादा स्वादिष्ट है—इस बात से अपू माँ को ख़ुश कर देता है। कलकत्ता में क्या-क्या देखा? माँ अपू से कोंच-कोंच कर पूछ रही है, पर अपू को नींद आ रही है। सर्वजया कहती है अब उसका शरीर थक गया है। आगे जब अपू की कहीं नौकरी लग जाएगी तब वह उसके ही पास रहेगी। अगर सर्वजया अब बीमार हो जाए तो क्या अपू पढ़ाई छोड़कर उसके पास आएगा? सर्वजया का यह सब बोलना बेकार है क्योंकि अपू सुन ही नहीं रहा, गहरी नींद में है।

अपू को माँ के अकेलेपन की ना कोई समझ है ना समझने की कोशिश। जब माँ दिल की बात कहती है तब अपू सो रहा है। **ठीक ऐसा ही पाथेर पांचाली में एक रात को हुआ था। सर्वजया मन का सुनाती रही, हरिहर आराम से सोता रहा।**

अगले दिन अपू गाँव में बड़े बेमन से रहा। एक बाज़ीगर का तमाशा था। लड़का शरीर को मोड़-तोड़ कर दिखा रहा था, अपू को उसमें कुछ मजा नहीं आया। माँ का बनाया हुआ पान नहीं खाता है, न निरुपमा के घर जाता है। सोते-सोते पंचांग में सूर्योदय का समय देख कर माँ को बोला जल्दी जगा देना सुबह की गाड़ी से कलकत्ता लौटना है। सर्वजया सोचती है कि अगर अपू सोता ही रह जाए तो एक दिन और रुक जाएगा। पर अपू उठ जाता है और जल्दी-जल्दी गाड़ी के समय से स्टेशन पर पहुँच जाता है। पर जब गाड़ी आती है तो छोड़ देता है। माँ के साथ एक दिन और रहेगा। घर वापस आकर फिर सोने को तैयारी करता है।

माँ और बेटे के बीच के धागे खिंच गये हैं पर टूटे नहीं हैं। अगर गाँव से बच कर कलकत्ता जाए तो माँ भी पीछे छूटती है। चाहिए भी, नहीं भी चाहिए इन दो ध्रुवों के बीच हाँ-ना का चक्कर किशोर अवस्था की विशेषता है। आज सुबह माँ चाहती थी कि अपू सोता ही रह जाये, कलकत्ता न जाये। अब अपू कलकत्ता नहीं जा रहा, मगर हँसने-बोलने के लिए नहीं सोने के लिए रुका है। नींद पूरी करने का एक और भी कारण है, जो माँ को नहीं मालूम है।

कलकत्ता वापस आने पर पढ़ाई और प्रेस के काम के जाल में फँस जाता है। सर्वजया चिट्ठी भेजती है कि अगली छुट्टी में घर आओ, कुछ रुपये पैसे की जरूरत हो तो भेजूँ। अपू जवाब देता है कि अगली ज़रूरी परीक्षा की तैयारी करनी है, घर नहीं आ पाऊँगा। सर्वजया को जब यह चिट्ठी मिलती है तो जैसे उसका दिल टूट जाता है। ठीक इसी वक़्त एक पड़ोसन आ धमकती है बातचीत करने के लिए—टांय, टांय, टांय इधर-उधर की वह राय देती है कि अब तुम अपू की शादी कर दो, तुम्हारी देखभाल को घर में एक बहू आ जाएगी। फिर अपने घर के किस्से बयान करना शुरू कर देती है। सर्वजया अपू की चिट्ठी से दुखी है, पड़ोसन की बात कुछ सुनाई नहीं दे रही। सन्ध्या समय निरुपमा कुछ हरी सब्जी लेकर आती है। सर्वजया पेड़ के नीचे बैठी दवा ले रही है। निरुपमा ने भवतारण को सर्वजया की बीमारी की चिट्ठी भेज दी है। पर अपू को नहीं बताया है, नहीं तो पढ़ाई से उसका ध्यान टूट जाएगा। उसको आना है तो अपने आप आये, बुलाने से नहीं।

आज छुट्टी है। अपू गाँव नहीं गया है, पढ़ाई करनी है। विक्टोरिया मेमोरियल के लान पर अपू और शिवनाथ बैठे हैं। अपू कहता है, उसे गाँव में नींद आती है, इसलिए नहीं गया। जाने के बजाय माँ को कुछ पैसा भेज दिये हैं। अखिल बाबू के प्रेस से बोनस मिला था।

मानसपोटा में अब सन्ध्या हो चुकी है। सर्वजया की साँस भारी है। शाम की रेल आती है, इस पर अपू आ सकता है, ऐसा भ्रम सर्वजया को हो रहा है। हाँ, वह आ गया, आवाज़ भी दे रहा है। सर्वजया घर के बाहर,पोखर के किनारे अपू को ढूँढ़ रही है। अँधेरा बढ़ रहा है, जुगनू जैसे नाच रहे हों। फिल्म इसके आगे सर्वजया का अन्त नहीं दिखाती है।

अपू छुट्टी में घर नहीं गया, पढ़ाई के कारण, गाँव की असुविधा के कारण। पर यह उसका बिल्कुल ग़लत ख्याल था कि पैसा भेजने से न जाने की कमी नहीं खलेगी। सर्वजया को आज तकलीफ़ इस बात से है कि अपू की छुट्टी है और वह आ सकता था। शाम की रेल से अपू आ गया—यह भ्रम सर्वजया की प्रतीक्षा की चरम सीमा थी। **यहाँ जुगनू का नाच पाथेर पांचाली के कीड़े-मकोड़ों के नाच जैसा है—सर्वजया के जीवन में एक महत्त्वपूर्ण बिन्दु। वहाँ एक अच्छी ख़बर का विस्तार, यहाँ मौत से पहले का अन्तिम क्षण।**

निरुपमा ने अपू को माँ की बीमारी की ख़बर भेज दी थी। अपू रेल से आ रहा है तो वही हर दर्द की दवा बेचने वाला फिर मिलता है।

अपू घर पहुँच कर माँ को आवाज लगाते एक दरवाजे से दूसरे दरवाजे तक जाता है। तब ही उसे भवतारण खड़े दिखाई देते हैं। माँ नहीं रही, यह जानते ही अपू वहीं पेड़ के नीचे बैठकर रोने लगता है।

रात को भवतारण अपू को सान्त्वना देना चाहते हैं। कॉलेज की पढ़ाई-लिखाई हरेक के बस की बात नहीं है। अपू अब भी अगर चाहे तो मानसपोटा में रहकर पुरोहिती कर सकता है। पर अपू अब बड़ा हो गया हैं, इस बात को उसे खुद ही तैयार करना होगा।

अगले दिन सुबह अपू फौरन कलकत्ता वापस जाकर अपनी पढ़ाइ करेगा। माँ के श्राद्ध के लिए भी कुछ दिन नहीं रुकेगा, वह सब काली घाट में हो सकते हैं। माँ की कुछ चीजें एक पिटारी में, और उसकी चटाई लेकर अपू जाने को तैयार है। भवतारण उसे आशीर्वाद देते हैं पर अपू उस बूढ़े आदमी के पाँव छूने तक को नहीं झुका। माँ की चीजें लिये नंगे पाँव वह गाँव के रास्ते से चला जाता है। दूर में बादल गरज रहेहैं।

पाथेर पांचाली वहाँ खत्म होती है जहाँ हरिहर अपने पुश्तैनी गाँव में रहने की कोशिश छोड़ देता है। इस तरह गाँव जीवन से जुड़ने वाले सम्बन्ध एकदम टूट जाते हैं। अपराजितो का अन्त होता है जब अपू अपना पुश्तैनी पेशा छोड़ने का निर्णय लेता है मगर यह सब जल्दबाजी में होता है–क्योंकि कलकत्ता में रहने का अभी कोई भी ठिकाना नहीं है। सर्वजया की मृत्यु से माँ-बेटे का रिश्ता थम-सा जाता है। मानसपोटा वाला लड़का बड़ा तो हो गया पर अभी अधपका है। इसी तरह सर्वजया भी अपने अकेलेपन में सूखती चली गयी। एक अँधेरी शाम को प्राण त्याग दिए। उन दोनों की दूरी का कोई भी समाधान नहीं हुआ। अपूर संसार के अन्त में यही बात उलटती है जब अपू-काजल के बीच नये विश्वास का रिश्ता कायम होता है।

अध्याय तीन

भाग-3

अपूर संसार

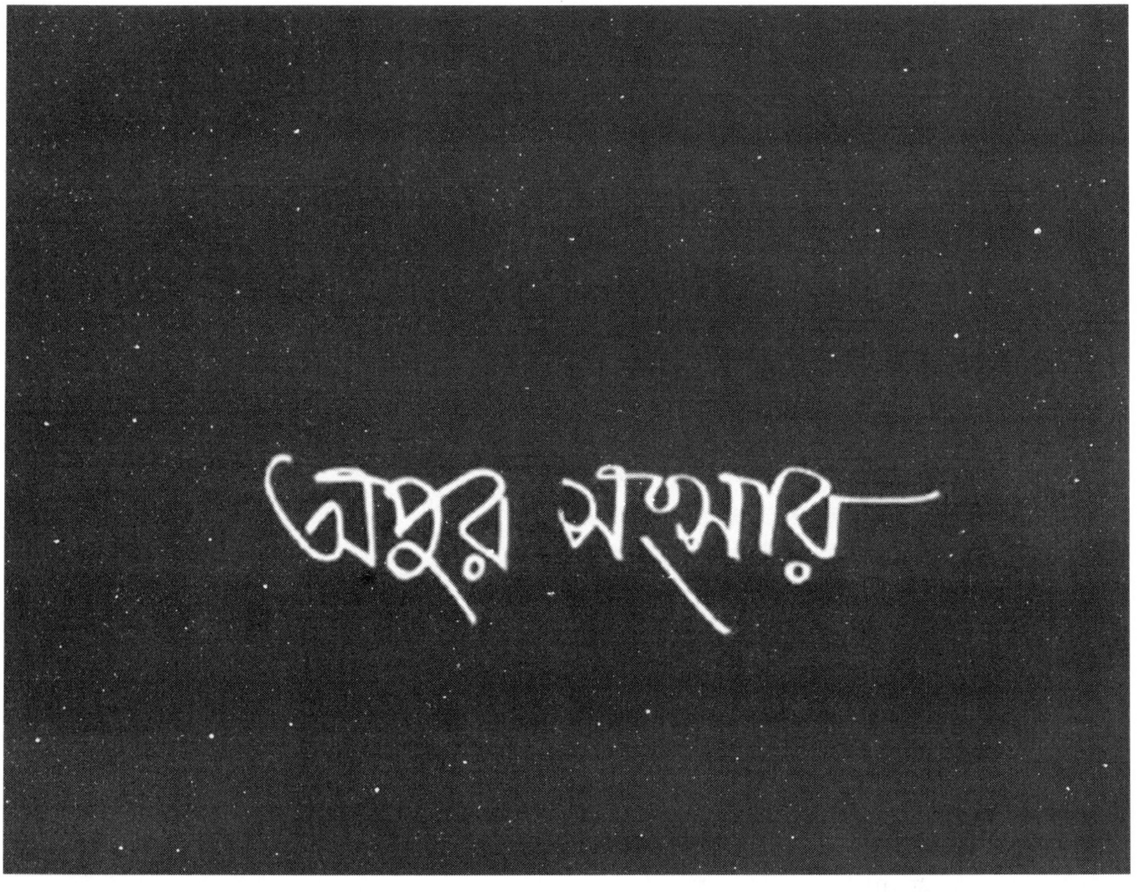

अपराजितो सर्वजया की मृत्यु पर अन्त होती है। अब, अपने परिवार से अपू की अन्तिम कड़ी भी टूट गयी। मानसपोटा गाँव में पुरोहिती के पेशे में सुरक्षा थी, परन्तु उसे ठुकराकर अपू कलकत्ता में अपनी पढ़ाई जारी रखने के लिए लौट जाता है।

अपूर संसार फ़िल्म तीन भागों में बाँटी जा सकती है।

भाग-1ः कोई छः साल बीत चुके हैं। कलकत्ता में अपू सबसे अलग-थलग सा रहता है। पुलू उसे अकेलेपन की हालत से बाहर निकालता है और अपने साथ खुलना ले जाता है। बहुत जल्दी-जल्दी में योग-संयोग कुछ ऐसा होता है कि अपू का विवाह अपर्णा से हो जाता है।

भाग-2ः अपू ने सुखद विवाह का संसार बनाया है जो अपर्णा की शिशु जन्म में मृत्यु से बिल्कुल चकनाचूर हो जाता है। विषाद अवस्था में अपू समाज में सबसे अलग हो जाता है और लिखने का काम भी छोड़ देता है।

भाग-3ः छः साल बीत चुके हैं। अपू का पुत्र काजल

माता-पिता के स्नेह से वंचित बड़ा हो रहा है। इधर अपू भी भटकाव भरी जिन्दगी किसी तरह काट रहा है। पुलू फिर उसे अकेलेपन से बाहर लाता है। अपू काजल से मिलने आता है और कुछ प्रयत्न के बाद बच्चे से सम्पर्क साध लेता है।

अपूर संसार–पहला भाग

प्राक्कथन (PROLOGUE)

कुछ साल बीत चुके हैं। अपू अब 22 वर्ष का है। वह बी. ए. पास करने से पहले ही कॉलेज छोड़ रहा है। पढ़ाई का ख़र्चा नहीं झेल पा रहा है। एक प्रोफ़ेसर ने अपू के लिए सर्टिफ़िकेट लिखा है। कॉलेज की मैगज़ीन में अपू का एक लेख प्रोफ़ेसर को इतना अच्छा लगा था कि उनकी राय में अपू लेखक बन सकता है। सर्टिफ़िकेट लेकर जब अपू प्रोफ़ेसर के घर से निकलता है तब सड़क पर एक राजनैतिक जुलूस निकल रहा है। सन् 1930।

फ़िल्म शीर्षकों से पहले यह छोटा-सा दृश्य है। अपराजितो का अपू 16 साल का था। अब वह 22 साल का है। उसकी सूरत-शक्ल बहुत बदल गयी है। अपू की भूमिका भी अब एक दूसरा एक्टर कर रहा है। अपूर संसार के अपू को प्रोफ़ेसर वाला दृश्य पहली बार पेश कर रहा है। फ़िल्म के शीर्षकों के बाद पहले दृश्य में जब अपू सुबह सो कर उठता है, तो कोई दर्शक यह नहीं पूछता यह कौन है? सब पहचानते हैं कि यह अपू है, अब 22 साल का बड़ा हो गया है। फ़िल्म के शीर्षकों का सुलेखन त्रयी की फ़िल्मों के रूपबन्ध से ठीक जुड़ जाता है। अब अपू लेखक है। इसलिए शीर्षकों का सुलेखन एक पढ़े-लिखे व्यक्ति की लिखावट में है। **टाइटिल की धुन संगीत परिशिष्ट में देखिए। इस धुन का मुख्य अंश फ़िल्म के अन्त में जहाँ अपू और काजल का मेल होता है। वहाँ भी सुनाई देता है।**

अपू अकेलेपन में

1-A (i) सुबह-दिन के लिए तैयारी

पाथेर पांचाली, **अपराजितो** और **अपूर संसार**, तीनों फ़िल्में सुबह के दृश्य से आरम्भ होती हैं। एक तीन मंजिली इमारत कलकत्ते के किसी रेलवे साइडिंग के किनारे है, उसमें ऊपरी छत पर एक कमरे में अपू रहता है। बारिश हो रही है। तेज हवा चल रही है। जिसमें खिड़की का फटा पर्दा और खिंचा जा रहा है। अपू गहरी नींद में सो गया था तो स्याही की शीशी उलट गयी है। और चादर पर दाग़ बन गया है। अपू धब्बेदार चादर को धोने के लिए बाल्टी में डालता है। नीचे कुछ महिलाएँ शिकायत कर रही हैं कि नल में पानी नहीं आ रहा। छत के पनाले में तो पानी की धार गिर रही है। अपू पानी की बाल्टी पनाले के नीचे रख देता है। और स्वयं बारिश में भीगने का मज़ा लेता है, भीगते-भीगते कुछ हाथ-पाँव की कसरत-सी भी करता है।

अपू त्रयी में खिड़की पर फटा परदा पहले-पहल उस रात को दीखता है। जब दुर्गा की मृत्यु हुई थी। फिर अपूर संसार में कुँवारे अपू के कमरे में। शादी के बाद अपर्णा का पहला गृहिणी-परिचय यहीं होता है कि खिड़की का फटा परदा बदल कर नया परदा लगा है। जब अपू यहाँ बारिश में भीग कर मज़ा लेता है तो पाथेर पांचाली के बारिश का वह दृश्य याद आता है जब अपू भीगने से बच रहा था और बौछारों का पूरा मज़ा दुर्गा अपने चेहरे और शरीर पर ले रही थी।

मकान मालिक जब तीन महीने के बाकी किराये 21 रुपये का तकाज़ा करने आता है, तब अपू दाढ़ी बना रहा है। मकान मालिक बहुत कुछ जली कटी बातें भी करता है। जिनको अपू मसखरी में इधर-उधर टाल देता है। फिर भी यह बात साफ है कि सन्ध्याकाल तक किराया चुका दो, नहीं तो दूसरा घर ढूँढ़ो। दिन के समय में बिजली जला रखी है, मकान मालिक उस पर भी आपत्ति करता है। उसकी पीठ मुड़ते ही अपू बनावटी गुस्से में दो लाइट और जला देता है।

बाहर जाते समय अपू अपनी दो किताबें छाँट लेता है, शायद जिनको बेच कर घर का किराया जुटा सके। एक किताब के पृष्ठों में दबी एक फर्न (fern) की सूखी पत्ती निकलती है, अपू बहुत ध्यान से उस फर्न को अलमारी में किसी दूसरी किताब में रख देता है। किसी बात की स्मृति-चिह्न है।

अपू एक शिक्षित युवक है। रहन-सहन बिल्कुल अव्यस्थित—फटा परदा, चादर पर गिरी स्याही, महीनों चढ़ा हुआ कमरे का किराया। परन्तु जीवन में आकांक्षाएँ हैं। महान पुरुषों की तस्वीरें दीवाल पर लगी हैं। और अपू ने लिखना भी शुरू कर दिया है। प्रोफ़ेसर ने एक लेख की प्रशंसा की थी, एक और लेख साहित्यक पत्रिका में छपने वाला है।

उपन्यास लिखना शुरू कर ही दिया है, पुलू जब उसका कुछ अंश पढ़ेगा तो बहुत प्रशंसा करेगा। स्वभाव से अपू प्रसन्नचित्त व्यक्ति है जिस तरह उसने मालिक मकान के गुस्से को शान्त किया। वह यही बताता है। सुबह नल में पानी नहीं था पर अपू ने खूब मज़े में बारिश का फ़ायदा उठाया।

पाथेर पांचाली में सर्वजया ने बहुत हिचकिचा कर पीतल के बरतन बेचने का निश्चय किया था कि कोई देख न ले कि बरतनों को बेच कर बच्चों के लिए कुछ अनाज लायी है। कुछ वैसी ही स्थिति अपू की भी किताब बेचने के निर्णय में है। एक पुस्तक में से तो एक फर्न, पुरानी यादगार, भी निकल आती है। अपू जब नीचे जाता है तब पड़ोसी महिलाएँ उसकी ओर से मुँह फेर लेती हैं। नीचे दरवाज़े के पास अपू के हमनाम एक और ए. के. राय रहते हैं। अपू के नाम चिट्ठी उनके पास पहुँच गयी है। राय महाशय कहते हैं कि किसी गर्ल फ्रेंड की चिट्ठी गलती से उनको मिले तो मज़ा आये। यह पत्र एक साहित्यक पत्रिका से है। वह अपू का लेख छापने वाले हैं। अच्छी ख़बर है।

इस इमारत में पड़ोसियों से सम्बन्ध भी नहीं बन सके है। परिवारों के बीच में एक कुँवारा युवक कैसे रह सकता है। विवाह के बाद अपर्णा सबसे मिलजुल कर रहती है। अपू के हमनाम ए. के. राय तो शादी के ही ख़िलाफ हैं कि शादी हुई तो सुख-चैन गया। अपू का लेखकीय जीवन अब आरम्भ हो रहा है। एक उपन्यास भी लिखना चालू है। अपू शहर में तो है पर सबसे अलग-अलग-सा।

1-A(ii) दिन – अपू नौकरी की तलाश में

अपू अब नौकरी ढूँढ़ने निकलता है। कुछ लड़के सड़क पर क्रिकेट खेल रहे हैं। उनकी गेंद अपू को लगती है। एक प्रारम्भिक स्कूल में शिक्षक की नौकरी है। अपू अन्दर जाता है। स्कूल के मालिक चौपड़ खेल रहे हैं। अपू से बात करते-करते भी खेल नही रुकता। अपू इटरमीडियेट पास है, उनको मैट्रिक चाहिए और वह भी दस रुपये महीने पर। आगे वह एक दुकान में गया जहाँ शीशी पर लेबिल चिपकाने का काम होता था। पढ़ा-लिखा साफ-सुथरा व्यक्ति उस दुकान की गन्दी घुटन में ठहर तक नहीं सकता था, काम करना तो दूर की बात थी।

शिक्षित हो जाने से काम मिलना आसान नहीं रह जाता। और अपू ने तो अपनी शिक्षा बीच में छोड़ दी। नौकरी मिलने में दिक्क़त होती ही है। पुलू ही उसको ठीक से काम दिलवाएगा।

1-A(iii) सन्ध्या–अपू घर लौटता है

अपू दिन भर की असफलता के बाद छोटे रास्ते ट्राम से घर वापस आते ही वह चिट्ठी पढ़ता है जिसमें उसके लेख के छपने की सूचना है। इस तरह उसका मनोबल बढ़ता है। शंटिंग यार्ड रेल की लाइनें पार कर, जंगले के ऊपर से कूद कर अपनी बिल्डिंग से पहुँच कर ऊपर अपने कमरे में जाता है। सामने की इमारत में खिड़की पर एक लड़की उस का इन्तज़ार कर रही है। अपू उससे बहुत होशियारी से बचता है, अपनी खिड़की के किवाड़ धीरे से बन्द करता है। फिर बिस्तर पर टिक कर लेटे हुए बाँसुरी बजाता है।

दिन भर के नैराश्यमय जीवन में राहत के कई साधन भी हैं। प्रकाशन की चिट्ठी और बाँसुरी का संगीत। वह लड़की जो दूसरी खिड़की पर उसका इन्तज़ार कर रही है उसे बड़ी समझदारी से दूर-दूर रखना है। आगे अपर्णा भी उस लड़की का जिक्र अपनी चिट्ठी में करेगी।

अपू का बाँसुरी बजाने का दृश्य दो भावनात्मक अंगों को अलग करता है। हमने अब ठीक अकेलेपन की ज़िन्दगी देखी है। पुलू के आगे के जीवन में कुछ और ही बात होंगी।

बाहरी निराशा से बचने के लिए अपू यहाँ बाँसुरी बजाने का प्रयत्न कर रहा है। कुछ ऐसा ही पाथेर पांचाली के शुरू में दुर्गा अपनी बूढ़ी मित्र इन्दिर और बिल्ली के बच्चों के खेल से करती थी। दोनों उम्रों में बहुत अन्तर है। पर कोशिश एक सी ही है।

ट्राम में चिट्ठी पढ़ते हुए। फिर रेलवे लाइन पार करने का दृश्य फिर वैसे ही दिखाया जाएगा जब अपू अपर्णा की चिट्ठी पढ़ते हुए घर आएगा और घर पहुँचने पर अपर्णा की मौत की ख़बर मिलेगी।

1-B पुलू अपू को अकेलेपन से बाहर लाता है

बाँसुरी का संगीत पुलू के आने से रुक जाता है। पुलू कॉलेज के ज़माने का मित्र है और वह लम्बी कहानी सुनाता है कि अपू का पता लगाने में उसे कहाँ-कहाँ चक्कर लगाना पड़ा। पुलू अपू को एक रेस्टारेंट में ले जाता है जहाँ अपू

पेट भर के खाना खाता है, शायद बहुत दिनों बाद। पुलू अपू को इस बात पर भी राज़ी कर लेता है कि वह उसके साथ खुलना जाए जहाँ पुलू की चचेरी बहन अपर्णा की शादी है।

खाने के बाद वह एक नाटक देखने जाते हैं। लौटते में अपू को ऊँची आवाज में कविता पाठ करने पर एक पुलिस मैन ललकारता है। "कौन है"। जवाब में अपू कुछ पौराणिक नाम बता देता है। अपू स्वतंत्र रहना चाहता है, नौकरी-चाकरी के झमेले से परे, पुलू को दुनियादारी की समझ है। अपू का विश्वास है कि वह अच्छा लेखक है। वह पुलू को अपने उपन्यास की रूपरेखा बताता है। जो पुलू की समझ में अपू की आत्मकथा सी ही है। अपू जब उपन्यास में प्रेम तत्त्व की बात उठाता है तो पुलू यह बहस पेश कर देता है कि प्रेम तो अनुभव करने की चीज़ है कल्पना की नहीं।

अपू अकेला है, परिवार में कोई भी नहीं। इसलिए पुलू की मित्रता महत्त्वपूर्ण है। कॉलेज में वह साथ-साथ थे और एक के राज़ दूसरे को मालूम थे। अपू का रोज़ाना का खाना चावल और आलू वैसा ही है। जो सर्वजया के ज़माने में गरीबी का खाना था। पुलू जब यह सब समझ रहा है, और अपू को अच्छी दावत खिला कर साथ में खुलना जाने के लिए राज़ी कर लेता है।

दीनबन्धु मित्र का नाटक 'साधाबार एकादशी' देख कर दोनो लौट रहे हैं, तब पुलिस वाले को उत्तर देने में उसी नाटक के चरित्र मैनाक का उल्लेख करते है। मैनाक एक उड़ने वाला पहाड़ है। जो इस बात से मजबूर है कि उसके पंख काटे गये हैं। इन दोनों के अनुभव और कल्पना शक्ति बिल्कुल दोस्तों की सी है। अब तक अपू का लोगों से जो भी सम्पर्क हुआ है, उनसे अपू का अकेलापन और बढ़ा है। पुलू से अपू अपने दिल की बात कह सकता है। जिससे वह अकेलेपन से निकल पा रहा है।

1-C खुलना में, अपू की शादी तक

अपू और पुलू नदी में एक छोटी नाव में जा रहे हैं। अपू बाँसुरी पर टैगोर की धुन "आमी शोनार बांगला आमी तोमार भालो बासी" बजाता है, फिर टैगोर की एक और कविता का उच्चारण करता है इस बीच में पुलू ने अपू के उपन्यास की हस्तलिपि पढ़ी और उसे बहुत अच्छी लगी। शादी के घर पहुँचे तो पूरी तैयारी है। शहनाई के लिए एक अलग मंच बनाया गया है। अपू को पुलू के काका और उन के लड़के मुरारी से मिलवाया जाता है। अन्दर पुलू की काकी तो जैसे अपू को देख कर मोहित हो गयी हो, सुन्दर युवक हाथ में, बाँसुरी, बिल्कुल श्रीकृष्ण जैसा।

अन्दर अपर्णा का सिंगार पूरा हो चुका है, बस अन्त में, चेहरे पर चन्दन की बूँदें स्वयं माँ अपने हाथों से लगा रही है। रानू की शादी में लड़की का शृंगार सहेलियाँ कर रही थीं। यहाँ सब काम लड़की की माँ की देखरेख में हो रहा है। अपू त्रयी में यह बराबर दिखाया गया है कि घर की लड़की को सदैव इस तरह की शिक्षा दी जाती है कि उसे पराये घर जाकर वहाँ गृहस्थी सँभालनी होगी। अपर्णा की माँ ने जो सिखाया है वह बहुत ख़ूबी से काम में आएगा।

बारात नदी के किनारे के रास्ते से आ रही है। आगे-आगे बैंड एक पुरानी विलायती धुन "ही इज़ ए जौली गुड फ़ैलो" बजा रहा है। इस बीच अपू को इस सबसे कुछ वास्ता नहीं, वह एक पेड़ के नीचे सो रहा है। दूल्हा पालकी के बाहर निकल ही नहीं रहा है, सब बड़े-बूढ़े उसे मना रहे हैं। जब बाहर निकला तो सब को साफ दिखाई दे रहा था कि वर पागल है। लड़की के पिता कुछ इधर-उधर की सफ़ाई की कोशिश में हैं, पर लड़की की माँ ने बिल्कुल तय कर लिया कि पागल लड़के से अपर्णा की शादी कदापि नहीं हो सकती। मुश्किल यह है कि ज्योतिष के अनुसार अपर्णा की शादी का ग्रह आज ही था। अगर यह शादी आज के ग्रहों में नहीं हुई, तब कभी नहीं हो सकेगी। अपर्णा को जीवन भर अविवाहित रहना पड़ेगा।

पागल वर के दृश्य में दो बातें उभर कर आती हैं। एक पिता का रुख कि ज्योतिष में अंधविश्वास और अपनी इज्ज़त का मामला, शादी होनी ही चाहिए चाहे लड़की का कुछ भी भविष्य हो। पुराने समाज में कितनी ही शादियाँ ऐसी ही दुविधाजनक होती थीं। दूसरी तरफ, यहाँ अपर्णा की माँ इस क़दर गुस्से में है कि यह शादी हरगिज़ नहीं होगी, यहाँ तक कि वह अपने पति को कमरे के बाहर ढकेल कर दरवाजे की बाड़ लगा देती है।

अपू त्रयी में महिला की आन्तरिक शक्ति के कई पहलू दिखाये गये हैं। सर्वजया के चरित्र को लें। हरिहर जब नहीं था तब किस मज़बूती से वह बच्चों को सम्भाले रही, इन्दिर से जब हरिहर की बदनामी की सम्भावना शुरू हुई तब उसे

घर से निकाल ही दिया। बनारस में नन्द बाबू को अपने ही दम से ढकेल दिया, जब अपू के स्वाभिमान की बात सामने आयी तब बनारस छोड़ देने में क्षण भर की देर नहीं की। यहाँ अपर्णा की माँ भी अपनी बेटी का ग़लत-सलत ब्याह रोकने पर मुस्तैदी से अड़ी है। अपर्णा भी बहुत सुलभ, कोमल ढंग से वैसी ही अडिगता दिखाती है जब कलकत्ता में अपू नौकरानी ला कर घर का खर्चा बढ़ाने की बात करता है।

यहाँ अपू शादी की चहल-पहल से दूर नदी के किनारे पेड़ के नीचे पड़ा सो रहा है। बारात कब आयी यह उसको मालूम तक नहीं पुलू कुछ बड़े-बूढ़ों को साथ लेकर उस के पास यह सुझाव लेकर पहुँचा कि शादी अपू ही कर ले। अपू को यह सदियों पुरानी, घिनौनी सी बात लगी। असल में बात उस परिवार की इज्ज़त-प्रतिष्ठा की और लड़की के भविष्य की थी। इस पहलू से सोचने पर अपू को ऐसा लगा कि अगर वह यह शादी कर लेगा तो कोई बड़े गौरव की बात करेगा। और वह राज़ी हो गया। पुलू ने उसे आश्वासन दिया कि फ़ौरन ही कलकत्ते में उसे नौकरी दिलवा देगा। और यहाँ दूल्हे के पहनने के लिए साफ़ कुर्ते का भी प्रबन्ध कर देगा।

लड़की के पिता ने तो मजबूरी में हाँ कर दिया, ज्योतिष-विद्या का मामला था। लड़की की माँ को अपू पहले ही पसन्द था।

पुराना क़ायदा था कि शादी करने वाले दोनों परिवार सामाजिक और आर्थिक ढंग से एक होने चाहिए। यहाँ अपू के परिवार में कोई भी नहीं था, और न अपू के पास कोई ऐसे साधन जिससे गृहस्थी जम सके। फिर भी संकट टालना ही था। जल्दी-जल्दी से लगन हो गयी। अपू के जीवन में अकेलेपन से हट कर वैवाहिक जीवन की जिम्मेदारी आ गयी।

फूलों की सेज के कमरे में अपू परेशानी में चक्कर लगा रहा है। क्या अपर्णा को मालूम है कि उसके परिवार में कोई नहीं है और उसकी आर्थिक स्थिति क्या है? अपर्णा धीरे से बोलती है कि पुलू ने उसे सब कुछ बता दिया है कि अपू एक लेखक है और वह उसके साथ फ़ौरन कलकत्ता जाने को तैयार है अपनी नयी ज़िन्दगी में प्रवेश करने के लिए। बाहर नदी पर मांझी का गीत सुनाई दे रहा है।

यहाँ अपू के वैवाहिक जीवन की समझ सामने आती है कि इन दोनों की पिछली ज़िन्दगी कितनी अलग-अलग थी। अपू यह चाहता है कि अपर्णा को सब कुछ मालूम हो और अपनी पूरी समझ से वह अपू के साथ यह नाता मंजूर करे। दोनों के बीच भरोसे और पारदर्शिता का रिश्ता होना चाहिए।

मांझी का गीत हमको छः सालों बाद फिर सुनाई देगा इसी कमरे के बाहर, जब अपू यहीं काजल से अपना नाता जोड़ने का प्रयास करेगा।

फ़िल्म का यह पहला हिस्सा अपू के अकेलेपन से शुरू होता है और नये जीवन की शुरुआत से समाप्त होता है।

अपूर संसार—दूसरा भाग

अपू और अपर्णा कलकत्ता में अपने घर घोड़ा गाड़ी में पहुँचते हैं। चुपके से ज़ीने पर चढ़ते हुए किसी भी पड़ोसी ने नहीं देखा। अपने कमरे में पहुँच कर, अपू फिर नीचे जाता है। अपर्णा खिड़की पर बैठी है। खिड़की के परदे में छेद है, उसमें से अपर्णा नीच देखती है एक माँ और बच्चा। अपर्णा आँसू पोंछती है। तब ही अपू आ जाता हे। नीचे चलो, पड़ोसनें नयी बहू का स्वागत करेंगी।

कलकत्ते की तीसरी मंजिल पर एक कमरा, यह निवास स्थान, अपर्णा के लिए बहुत बड़ा अन्तर है। **खिड़की का फटा परदा बदल दिया जाएगा। गृहिणी का पहला काम यही होगा।**

अगले दिन सुबह—फटा परदा बदल दिया गया है और अपू और अपर्णा सो रहे हैं। घड़ी के अलार्म से अपर्णा उठती है, पर उसकी साड़ी का छोर अपू की चादर से बँधा है। जल्दी-जल्दी गाँठ खोलती है, और अपू की पीठ पर हल्के से चपत लगा देती है। अपर्णा कोयले की अँगीठी सुलगा रही है, तब ही अपू जागता है। अपर्णा के तकिये पर एक बालों की पिन है, अपू उसे छूता रहता है। सिगरेट की डिबिया खोली तो उसमें लिखित नोट है कि खाने के बाद सिर्फ एक। अपू उसे एकटक देखता है तो अपर्णा पूछती है, ऐसे क्यों देखते हो? मैं यहाँ नयी तो नहीं हूँ। अँगीठी के कोयले के ढेर से एक कीड़ा निकलता है उसे झाड़ू से मार दिया जाता है। अपर्णा अँगीठी के धुएँ को निकालने दूसरी छत पर जाती है। अपू बाँसुरी बजा रहा है। नीचे यार्ड में इंजिन की कर्कश

सीटी से अपने कान दबाती है। अपू बाँसुरी रोक देता है और सोचता है कहीं ऐसा न हो कि अपर्णा दुखी हो कि कहाँ आ फँसी। अपू कहता है कि काम करने वाली नौकरानी को बुला कर लाता हूँ। अपर्णा रोकती है कि घर का ख़र्चा मत बढ़ाओ क्योंकि फिर अपू को एक और ट्यूशन करनी होगी। और दोनों के साथ रहने का समय और कम हो जाएगा। इससे अच्छा यह होगा कि जो एक ट्यूशन है, उसे भी छोड़ दो, और साथ रहने का समय बढ़ा दो।

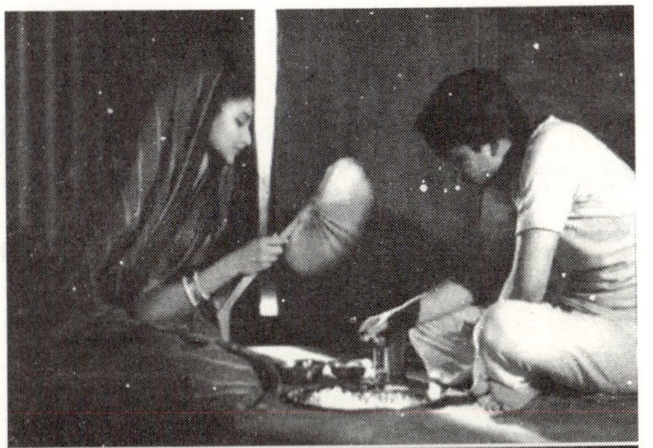

अपू और अपर्णा ने भरोसे और पारदर्शिता की बुनियाद पर वैवाहिक जीवन शुरू किया था। यहाँ रोज़ाना के कार्यक्रम में दिखाई दे रहा है कि दोनों कैसे एक-दूसरे...के बारे में संवेदनशील हैं। आमदनी कम है, और नीचे शंटिंग का शोर भी है पर अपू-अर्पणा के दाम्पत्य पर इसका कोई प्रभाव नहीं है। शाम को अपर्णा अपू का नटखट स्वागत करती है। कागज़ की थैली फुला कर पटाख़ा फोड़ती है। यही दिल्लगी दोनों के बीच काफ़ी है। रात को जब अपू खाए तो अपर्णा पंखा झले, जब अपर्णा खाए तो अपू पंखा झले। एक रात को अपू अपर्णा को किताब से कुछ अंग्रेजी शब्द सिखा रहा है, अपू को नींद आ रही है और अपर्णा और अधिक पढ़ना चाहती है। एक और शाम, अपू अपर्णा को सिनेमा ले गया है। भक्त प्रह्लाद ऐसी कोई पौराणिक फ़िल्म है, अपर्णा चाव से देख रही है, अपू को मज़ा नहीं आ रहा। लौटते में अपू एक बग्घी ले लेता है। अपर्णा अब गर्भवती है और जल्दी ही उसको जन्म के लिए माँ के घर जाना है। अपू कहता है कि पिछले महीनों में उसने अपने उपन्यास को बिल्कुल आगे नहीं लिखा है, अब वह फिर शुरू करेगा और उपन्यास का समर्पण 'टु माई वाइफ' होगा। इन कुछ कोमल क्षणों में अपर्णा अपू के लिए एक सिगरेट जला रही है। तुम्हारी आँखों में क्या है? जवाब ठीक ही मिलता है 'काजल'—सीक्वेंस यही ख़त्म होता है।

अपू की वैवाहिक ज़िन्दगी में हँसी मज़ाक के बाद ऐसे मौके भी हैं जिनमें अपर्णा भी अपना करतब दिखा सकती है। जैसे कागज़ के थैले का पटाख़ा, मैं पंखा झँलूं, और तुम भी पंखा झलो। इस तरह की दिल्लगी में बड़ा लचीलापन है। वाइफ़ का माने जानने पर जो बातचीत होती है वह बहुत महत्त्व की है। काजल के एक और मायने बनते हैं जब बच्चे का नाम यही रखा जाता है।

दोनो के सम्बन्धों में कहीं प्रभुत्व की भावना नहीं है जो हमेशा पुरुष-प्रधान वैवाहिक रिश्तों में होती है। उनकी रोज़ाना की घटनाओं में प्यार का मूल तत्त्व झलकता है। विवाह के बन्धन के अनुसार, तुम यह करो, वह भी यह करे, यह बात तो जँचती है, पर उस करने के बीच दोनों के अपने-अपने हिसाब से करने की छूट है। यह ऐसी आधुनिकता है जो परम्परा को नकारने पर आधारित नहीं है, बल्कि परिवार के अनन्य मूल्यों पर आधारित है। यह भावना प्रबल है कि अपनापन तो है, पर दोनों को अपने-अपने क्षेत्र में आज़ादी भी है।

स्टेशन पर जुदाई का दृश्य—गाड़ी चलने वाली है। अपर्णा रेल में बैठी है, अपू प्लेटफॉर्म पर है। दोनों की बोली जैसे बन्द हो। सीटी बज़ती है और गाड़ी चलनी शुरू होती है। अपर्णा को अब इधर-उधर की दसियों बातें याद आती हैं और कई आख़री हिदायतें दी जाती हैं। गाड़ी चली जाती है। अपू प्लेटफॉर्म पर अकेला रह जाता है।

अपू दफ्तर में है। खिड़की के बाहर एकटक देख रहा है। टाइपराइटर पर कुछ अधूरी टंकन अटकी हुई है...अपू की अन्दरूनी खुशी चेहरे पर साफ़ झलकती है। एक दूसरा टाइपिस्ट अपू को बताता है कि उसकी स्त्री कितनी आज्ञाकारिणी है जिधर बैठा दो बैठ जाती है, न कोई नाज़, न नख़रा। बिल्कुल बोरिंग है। टाइपराइटर की आड़ से अपू अपर्णा की चिट्ठी पढ़ रहा है। पिछले हफ्ते तुम्हारी एक चिट्ठी कम आयी। ट्राम से लौटते में भी उसी की चिट्ठी पढ़ता रहा। पड़ोस वाली लड़की से बचते रहना। खिड़की बन्द ही रखना। उसी चिट्ठी में मस्त, यार्ड की लाइनों को पार करने के बाद, उसने एक बच्चे को उठाकर उसकी माँ की खाट पर बिठा दिया, नीचे वाले हमनाम ए. के. राय से कुछ बात चलते-फिरते में, अपू ऊपर आया। पाया कि मुरारी छत पर उसकी प्रतीक्षा में है। बुरी ख़बर है अपर्णा की मृत्यु हो गयी। अपू नियंत्रण से परे, मुरारी को ज़ोर से मारता है, फिर खुद बेजान होकर गिर जाता है।

अपू त्रयी में एक महत्त्वपूर्ण तरीका यह है कि दृश्य को सीधा स्वयं मत दिखाओ, उस दृश्य की जो दूसरों पर प्रतिक्रिया हुई है उसे दिखाओ। अपर्णा की मृत्यु का जो आघात अपू पर हुआ है। उसे अपू मुरारी पर डाल देता है। और इस प्रकार अपू ने मुरारी को सहसा, ज़ोर से मारा, यह

मुख्य घटना हो जाती है पर इसके द्वारा दर्शक को पता लगता है कि मौत का धक्का, अपू पर, कितना कठोर हुआ है। पाथेर पांचाली में भी शेजोबऊ यह इलज़ाम लगाती हुई आती है कि पहले कभी (आफ़स्क्रीन) दुर्गा ने टुनू की माला चुराई होगी। इस पर सर्वजया गुस्से में आ कर दुर्गा को सख्त सज़ा देती है, और फिर स्वयं बेदम हो कर बहुत देर पड़ी रहती है।

अपने परिवार में मृत्यु की दुखद घटनाएँ अपू झेलता गया। दुर्गा की मौत के बाद चोरी की माला का मामला अपू ने अपने ही में छिपा लिया। माँ की मृत्यु के बाद उसने अपनी पारिवारिक पंडिताई को तिलांजलि दे दी। पर अपर्णा की मृत्यु से तो उसका बना-बनाया संसार चकनाचूर हो गया। अपू फिर अकेलेपन में घिर गया। यहाँ तक कि बच्चे का ध्यान भी नहीं दिया। बल्कि उसी को अपर्णा की मौत का कारण भी मान लिया।

अपू के लिए समय गुज़र रहा है। इसके कोई मायने नहीं हैं। पिंटू की माँ थाली में खाना लाती है, पर अपू ध्यान भी नहीं देता। अपर्णा कितनी सुशील थी। पर अपू को फिर दूसरी शादी कर लेनी चाहिए। अपू सुन भी नहीं रहा है।

अपू को धीरज भी कैसे आये। उसके जीवन का सबसे महत्त्वपूर्ण नाता बना और वही टूट गया। पड़ोसियों ने दूसरी शादी की बात शुरू कर दी है। ठीक है, पड़ोसी कब तक अपू के खाने-पीने की व्यवस्था करेंगे। घर में स्त्री तो चाहिए। सामाजिक समझ में और अपू की समझ में विवाह के अर्थ काफी भिन्न हैं। इस बात को पड़ोसनों को कौन समझाए?

पीछे घड़ी टिक-टिक कर रही है। अपू बहुत कष्ट से अपने आप को सीधा करता है। और आईने में देखता ही है कि घड़ी भी बन्द हो गयी और इंजिन की सीटी बजी। अपू नीचे जाता है, जिस लाइन पर गाड़ी आ रही है उसके किनारे खड़ा हो जाता है। शायद उसने आत्महत्या की बात सोची होगी, पर वह क्षण निकल जाता है, इंजिन से एक सूअर घायल हो कर चीख़ता है। अपू आगे खड़ा है और मालगाड़ी के जानलेवा भारी डिब्बे सामने से गुज़र जाते हैं।

पाथेर पांचाली की याद करें। भारी रेलगाड़ी परदे पर आगे तेजी से निकल रही है। और अपू का सुकोमल चेहरा लाइन पार उधर–बस दीख भर रहा है। यहाँ उस चाक्षुक संरचना का ठीक उल्टा है। असीम दुख लिये अपू सामने खड़ा है। और रेल के डिब्बे उसके सामने से निकले जा रहे हैं। चेहरे पर रेल की सीटी यह पुराना मोटिफ़ है। हरिहर के चेहरे पर जिस रात वह गाँव छोड़ने का निश्चय करता है, सर्वजया पर बनारस छोड़ने के निश्चय पर, अपू तो यहाँ सब कुछ छोड़ने की सोच रहा था।

अपू पुलू को चिट्ठी लिखता है कि वह सब कुछ छोड़ कर आज़ादी की तलाश में जा रहा है। अपना उपन्यास साथ ले जा रहा है। रेल में यहाँ से वहाँ, वहाँ से कहीं और, वह निरुद्देश्य घूमता है।

उधर अपर्णा के घर में शिशु काजल पालने में लेटा है। अपर्णा की माँ बच्चे को पाल रही है पर उनको कौन धीरज दिलाए? बच्चे के पास बैठी लम्बी साँसें ले रही है। अपू और गाती हुई इन्दिर, अगली पीढ़ी में काजल और सिसकती हुई अपर्णा की माँ। साम्य है, पर बड़े विरोध के साथ।

अपू समुद्र तट पर घूम रहा है। दाढ़ी बढ़ा ली है, फिर किसी जंगल में, अपू थीम की कई धुनें पार्श्व में हैं। जंगल में अपू कहीं से वैसा ही फर्न उठाता है। जो पहले किताब के बीच मिला था।

एक दिन पहाड़ी की चोटी पर सूर्योदय हो रहा है। अपू अपने उपन्यास की हस्तलिपि के कागज़, पहले एक फेंक देता है, फिर और, और फिर सब। कागज़ हवा में उड़ते, हिलते-डुलते, नीचे गिर कर नष्ट होते जाते हैं। अपू के विषाद की अवस्था इतनी गहरा गयी है कि वह अब जीवन की आकांक्षाएँ त्याग रहा है। अब न उसमें जिजीविषा है, न कुछ करने की इच्छा। अपना उपन्यास जो अपर्णा को समर्पित किया था, वह भी फेंक दिया। इस कृत्य से अपू दुनिया के सभी सामाजिक सम्बन्धों को तिलांजलि दे रहा है।

अपूर संसार का दूसरा भाग रिश्तों की सघनता से शुरू होता है। और अत्यन्त अकेलेपन पर खत्म होता है।

अपूर संसार–तीसरा भाग

कुछ समय गुजर गया है। अपू का पुत्र काजल अब छः साल का है। मुँह पर एक भयानक मुखौटा है हाथ में गुलेल है। पेड़ों के बीच घूम रहा है। एक चिड़िया गिरा ली है, उसे डोरे में बाँध कर बाँस पर लटकाये आ रहा है। एक बुढ़िया पकौड़े तल रही है। मरी हुई चिड़िया से उसे डरा कर एक पकौड़ा ले कर भागा। गाँव का एक आदमी उधर से

जा रहा था, उसने बीच-बचाव करने की कोशिश की। काजल ने उसके हाथ में काट लिया और बहस करने लगा। काजल का पिता बहुत बलवान है और कलकत्ते में रहता है। जब आएगा तब उस आदमी की पिटाई करेगा।

पुलू विदेश से लौट आया है और खुलना आते-आते काजल का यह रूप भी देख लिया। नाना कहते हैं कि जब नानी जिन्दा थी, वह साध लेती थीं। अब काजल उनके बस का नहीं है। अपू का पता है, नागपुर के पास किसी कोयले की खदान में काम करता है।

पुलू समस्या को समझ रहा है। काजल को माँ-बाप का लाड़-प्यार और संस्कार कुछ नहीं मिला है। उसे केवल नाना की घुड़की और पीटने की छड़ी, इसी का अनुभव है। भरे परिवार में बच्चे जैसे-जैसे बड़े होते है, वैसे-वैसे नैतिक व्यवहार सीखते हैं। दूसरे बच्चों के साथ मिल कर बच्चे अपनी दुनिया भी बना लेते हैं, जिसमें सामाजिक सम्पर्क सीखते हैं। काजल को यह सब कुछ नहीं मिला। बच्चे के मन में एक तनाव है कि उसकी समझ में उसका पिता काजल से नाराज है और उसे अकेले छोड़ दिया है। काजल को पिता चाहिए। अपू बिल्कुल ही अपने फर्ज़ को भूल गया है। पुलू एक बार फिर अपू की तलाश में निकलता है।

अपू त्रयी के रूपबन्ध में 5-6 साल का गुज़रना हर फ़िल्म में सुविधाजनक है। पाथेर पांचाली में अपू शिशु अवस्था से बड़ा हो जाता है, पर आसपास के लोगों के सम्बन्ध नहीं बदलते, सर्वजया, शेजोबऊ, इन्दिर, दुर्गा इन सबके व्यवहार ठीक वैसे ही हैं। जैसे थे, बस अपू बड़ा हो गया। स्कूल जाने का तैयार है। अपराजितो में छः साल गुज़रने के बाद अपू मैट्रिक पास कर चुका है और माँ-बेटे का अलगाव ऐसे केन्द्रबिन्दु पर पहँचता है कि सर्वजया जीवन में पहली बार अपू को चाँटा मारती है। और फिर तुरन्त राजी हो जाती है कि अपू आगे की पढ़ाई के लिए कलकत्ता जा सकता है। अपूर संसार के छः साल अपू और काजल को अलग-अलग रखते हैं फिर मिला देते हैं।

खदान के पास पहाड़ी रास्ते पर पुलू को अपू मिल जाता है। पुलू ने पहले कुछ शुरू की बातचीत की। अपू यहाँ नौकरी सिर्फ पेट भरने के लिए कर रहा है। उसने उपन्यास के पन्ने भी फेंक दिए हैं। कुछ रुपया और जमा हो जाए तो वह कहीं विदेश चला जाएगा। पुलू उसे बेटे की ज़िम्मेदारी का ध्यान दिलाता है। अपू कभी दस-पाँच रुपये का मनीआर्डर कर देता है। यह काफी नहीं है। बढ़ते हुए बच्चे को पिता का पूरा साथ मिलना चाहिए। इस तरह की बहस में अपू एक बार आन्तरिक पीड़ा से टूट कर पुलू को सच बात बताता है कि उसे काजल क्यों नहीं भाता। क्योंकि काजल ज़िन्दा है इसीलिए अपर्णा ज़िन्दा नहीं है। बात यहीं ख़त्म हो जाती है। और पुलू चला जाता है, पर अपू को काजल के बारे में झकझोर कर।

इस दृश्य में पुलू का एक उद्देश्य है कि अपू को यह बता सके कि उसका फ़र्ज क्या है, और चाहे हालात कुछ भी हों। अपू अभी तक अपने शोक में डूबा हुआ है। पुलू की सीधी बात से अपू की मनोःस्थिति इतनी तो बदली कि उसने खुलना जा कर काजल से मिलने का निश्चय किया।

खुलना में अपर्णा के पिता बाहर के बरामदे में खड़े थे। वह अपू को नहीं पहचान पाये। अपू ने बताया वह कौन है। तब उन्होंने पूछा कि क्या काजल को ले जाने आये हो। काजल ऊपर वाले कमरे में है।

ऊपर वाले कमरे में बड़े पलंग के एक कोने में बच्चा सो रहा है। अपू कुर्सी में बैठे-बैठे इन्तज़ार कर रहा है। उस रात की यादें उमड़ आती हैं। पार्श्व में माँझी का गीत भी बज रहा है।

अपू बहुत प्यार से काजल के माथे पर हाथ रखता है। काजल जागते ही करवट बदल कर उठता है और कमरे के बाहर, नीचे उतर कर घर से दूर भाग जाता है अपू उसके पीछे-पीछे, बार-बार यह कहते हुए कि "मैं तुम्हारा पिता हूँ।" फाटक के पास बड़े गुस्से से काजल अपू पर एक पत्थर फेंकता है, अपू बच जाता है। नानाजी इस बेहूदी हरकत पर काजल को सजा देने के लिए जैसे ही अपनी छड़ी उठाते हैं अपू उनका हाथ रोक लेता है, "यह क्या कर रहे हैं। ऐसे तो यह मर जाएगा"। काजल यह सब देख रहा है, फिर भी अपू के बुलाने पर नकार कर घर में चला जाता है। अपू काजल के लिए एक खिलौना रेल का इंजिन लाया है। अपू इंजिन चला कर काजल को देता है। काजल उठा कर अपू की तरफ फेंक देता है। रात को लेटे हुए अपू फिर कोशिश जारी रखता है। मुझसे दोस्ती करो मैं तुमको तरह-तरह की कहानियाँ सुनाऊँगा। अपू का कोई भी प्यार का इशारा काजल को मंजूर नहीं है।

अगले दिन सुबह अपू जाने को तैयार है। अपर्णा के गहनों की पोटली पिता को सौंपता है—काजल को बोर्डिंग स्कूल में भेजने में काम आएगी। तुम पिता हो उसको ज़बरदस्ती ले जा सकते हो—यह सुझाव अपू को बिल्कुल नामंजूर है। अपू नदी के किनारे की पगडंडी पर जा रहा है। काजल दूर से उसे देख रहा है। अपू रुकता है मुड़ कर पूछता हैः अपूः क्या कुछ कहना है। छोटी-सी बातचीत में यह तय होता है कि काजल अपू के साथ कलकत्ता जाएगा। वहाँ अपू काजल को उसके 'पिता' के पास ले जाएगा। 'पिता' नाराज होकर अपू को फिर कभी नहीं छोड़ेंगे। अपू काजल का 'मित्र' है। इसी बीच नाना जी काजल को आवाज देते आ पहुँचे। अपू ने काजल को अपनी तरफ दौड़ कर आने को कहा। काजल तेज़ी से दौड़ कर अपू के पास पहुँच गया। अपू ने काजल को उठा कर अपने कन्धों पर बिठा लिया। और खुशी-खुशी आगे बढ़ चला।

अपू और काजल के सम्पर्क को फिर देखें। अपू के आते ही अपर्णा के पिता उसे सीधा काजल से मिला देते हैं। काजल इस अजनबी इन्सान के प्रेम को नहीं स्वीकारता है। यहाँ तक कि उसे पत्थर मार देता है। बात बदलती है जब नाना के सज़ा देने वाले हाथ को यह अजनबी रोकता है कि बच्चे को पीटोगे तो वह मर जाएगा। इसका कुछ न कुछ असर काजल पर हुआ होगा कि यह दयालु व्यक्ति कौन है जो मुझे पिटने से बचा रहा है।

खिलौने और कहानियों के वादे से कुछ नहीं बनता। काजल अपू को पास नहीं आने देता। बच्चे की समझ में तो उसका पिता कलकत्ता में है। किसी बात पर नाराज़ है। काज़ल को तो अपने पिता के पास कलकत्ता जाना है। यह बात अगले दिन सुबह बन गयी। अपू काजल को उसके 'पिता' के पास कलकत्ता ले जाएगा। अपू खुद काजल का 'मित्र' है। नाना चाहते थे कि अपू उसको ज़बरदस्ती ले जाए, यहाँ संयोग ऐसा बना कि काजल खुद ही अपू के साथ जाने को तैयार है।

अपू ने भी अनुभव किया कि भोला बच्चा कितना असहाय है और फिर उसकी समझ बदली कि काजल अपर्णा की मृत्यु का कारण नहीं है। सच यह है कि काजल अपर्णा के प्रेम का प्रतीक है। बच्चे का भरण-पोषण अपू की पूरी ज़िम्मेदारी है।

संगीत का एक अद्भुत प्रयोग यहाँ हुआ है। जैसे काजल अपू की ओर भागता है, उस अंश पर 'माँ का क्रन्दन' धुन का आरंभिक हिस्सा लगाया गया है। पाथेर पांचाली में दुर्गा की मृत्यु जब सर्वजया हरिहर को बताती है, तब उसके रोने की आवाज़ के बजाय यह संगीत सुनाई देता है। बच्चे के खोने का परम दुख और बच्चे के पाने का परम सुख एक ही स्तर के अनुभव हैं। कन्धे पर काजल को बिठाए जब अपू आगे बढ़ता है तब अपू थीम की धुन जो फ़िल्म के शीर्षक में है, वह बजती है। अपू त्रयी आशाजनक मानवीय सम्बन्धों पर अन्त होती है।

हम देखते आये हैं कि अपू त्रयी का कहानी-कथन तो सीधा है पर उसकी संरचना जटिल है। इसकी जटिलता की समझ के लिए तीन स्तर की बनावट का ध्यान रखना होगा। कलाकृति में कोई भी अंश बेकार नहीं होता है। हमने अपू त्रयी की ऐसी ही कुछ विशेषताओं को दिखाने का प्रयत्न किया है। आज भी इस फिल्म में नये अर्थों की तलाश जारी है।

उपसंहार

सन् 2009 में अपू त्रयी फ़िल्मों के पचास वर्ष पूरे हो गये। तीनों फ़िल्में बहुत उच्च स्तर की कलाकृतियाँ हैं उनमें से दो **पाथेर पांचाली** और **अपराजितो** बंगाल में काफी लोकप्रिय रहीं। इन फ़िल्मों के बन जाने से यह बहस भी शुरू हो गयी कि कलाकृति और लोक मनोरंजन की फ़िल्मों में क्या अंतर है। क्या यह परस्पर विरोधी हैं। बहस की गरमा गरमी लिखने में भी हुई और भारतीय लोकसभा संसद में भी पहुँची। इस बहस की मुख्य बातें हम यहाँ दोहरा सकते हैं। बहस एक ऐतिहासिक पारेप्रेक्ष्य भी है।

शुरू से चलें। 1895 में लुमिए चलचित्र की मशीनों का आविष्कार होने के बाद तीन अलग-अलग प्रकार के लोग इसकी तरफ आकर्षित हुए। धन्धेवाले व्यापारी, कुशल तकनीशियन और कलाकार। धन्धे वालों के लिए फ़िल्म एक बहुत अच्छा व्यवसाय था—जिसमें लगाया पैसा फौरन ही वापस मिल सके। शहरीकरण तेजी से हो रहा था और मनोरंजन के ग्राहक बढ़ रहे थे। परन्तु फ़िल्म बनाने में कुशल तकनीशियन भी चाहिए। इस तरह व्यापारी और कुशल कारीगरों ने मिलकर फिल्म उद्योग स्थापित किया जिसमें जनता के लिए मनोरंजक फ़िल्में बन सकें।

इन कुशल कारीगरों में कुछ एक व्यक्ति कलाकार भी थे जिनकी सोच व्यापारी मनोरंजन के फार्मूले से बिलकुल भिन्न थी। कलाकार को इसमें एक अभिव्यक्ति का नया माध्यम भी दिख रहा था और उद्योग के व्यवहारों के बीच वह इन्तजार करता रहा कि उसे अपनी मनचाही फ़िल्म बनाने का मौका कब मिले। व्यापारी और कुशल कारीगरों की साझेदारी इतनी घनिष्ठ थी कि कैमरा के आविष्कार के बीस साल के अन्दर ही हॉलिवुड इतना मजबूती से जम गया था कि 1915-16 में डी. डब्ल्यू. ग्रिफिथ ने दि बर्थ ऑफ ए नेशन और इन्टॉलरेन्स ऐसी बड़ी फ़िल्में बना लीं जिनमें पूरे विस्तार से मैदान-ए-जंग के दृश्य, बड़े बड़े सेट्स और लाखों डॉलर की लागत का नजारा साफ दिख रहा था। नयी तकनीकि जल्दी ही और मुल्कों में भी फैल गई। भारत में सन् 1912 में दादासाहेब फाल्के ने राजा हरिश्चन्द्र फिल्म बनाई—अपने ही पैसे से—यह दिखाने के लिए कि फ़िल्में यहाँ भी बनाई जा सकती है। यहाँ भी वही समझदारी बनी, जो अब 'बॉलिवुड' के नाम से अपना रिश्ता अमरीका से जोड़ रही है। दुनिया में सबसे ज्यादा फ़िल्में यहाँ बनती हैं। भारत की सांस्कृतिक विविधता प्रादेशिक फ़िल्मों के विस्तार में प्रतिबिंबित होती है।

कुछ बुनियादी बातें हैं। फ़िल्म कैमरा एक अंकन का यंत्र है। कैमरा के सामने जो भी चीज चलती फिरती होगी, उसका दृश्य बिम्ब बनेगा। चाहे वह रेल स्टेशन पर आती हुई ट्रेन हों या कोई स्लमडॉग करोड़पति बनने की कहानी बुनी गई हो। इसी तरह मायक्रोफोन और ध्वनिमुद्रण के यंत्र किसी भी ध्वनि का श्राव्य बिम्ब बनाएँगे। यहाँ मुख्य समझने की बात यह है कि मानव समाज में पहली बार यह सम्भव हो सका कि दृश्य चलन का मुद्रण हो और उसकी बिम्ब परदे पर दिखाई जा सकें। इसी तरह किसी भी ध्वनि का मुद्रण हो सके और फिर सुनाई जा सके। सिनेमा का जीवन्त अनुभव लुमिए प्रोग्रामों में इतना प्रभावशाली रहा कि अगले दिन अखबार में शीर्षक था—'यह बिल्कुल जीवन ही है।' सिनेगा के पहले नाम बिटाग्राफ या बायोग्राफ भी रख दिये गये (लैटिन में बिटा और बायो का अर्थ जीवन है) बर्थ ऑफ नेशन के दस साल बाद ध्वनि और चित्र एकसाथ दिखाई सुनाई देने वाली फ़िल्म तैयार होने लगी। बुनियादी बात यह है कि फ़िल्म माध्यम एक साधन है जिसमें दृश्य और ध्वनि के जोड़ से कथन स्पष्ट हो जाता है। कैमरा-माइक के प्रयोग करने के दो तरीके हैं। पहला, कैमरा-माइक अंकन-पुनःक्षेपण की क्षमता का उपयोग प्रमुख है और दूसरा कैमरा-माइक से बिम्बों की संरचना से कुछ अभिव्यक्त करने की क्षमता का

उपयोग। अंकन-पुनःक्षेपण की क्षमता से फ़िल्म द्वारा अन्य कला जैसे साहित्य, संगीत, नाटक और नृत्य—के दृश्य-श्रव्य बिम्बो का पुनर्निर्माण होने लगा। ऐसे पुनर्निर्माण के लिए पटकथा लेखन, दिग्दर्शन अभिनय, संवाद, सेट, रंगभूषा, वेशभूषा, गाने, नाच आदि सभी कौशल फ़िल्म के काम आने लगे। दूसरी प्रकार के फ़िल्म में माध्यम के संसाधन जैसे दृश्य संरचना, श्राव्य संरचना और उनके जोड़ से दृश्य-श्राव्य बिम्ब का निर्माण प्रमुख है। इसमें सभी कुशलता फिल्म संरचना के अधीन होगी—जैसे संवाद और अभिनय फ़िल्म के अभिनय से इसलिए भिन्न होगा कि फ़िल्म का अभिनय कैमरा और माइक के लिए किया जाएगा। कलाकृति में कथन के सतही स्तर के साथ एक स्तर भावार्थ का होता है जो संरचनाओं की व्याख्या से उजागर होता जाता है। इस किताब में हमने इसी बुनावट के सरंचनात्मक आधार बार-बार बताये हैं। हमने कथन का विन्यास और बुनावट किस तरह से एक-दूसरे पर आधारित है इसकी चर्चा भी की है। कलाकार की अभिव्यक्ति की रचना से मानवी भावजीवन के अव्यक्त को व्यक्त रूप मिलता है।

फ़िल्म कलाकृति और मनोरंजन की फ़िल्म में तीन बुनियादी अन्तर हैं। एक कुछ अंगों का अनावश्यक होना। मनोरंजन फ़िल्में कहानी के डोरे पर मनोरंजन के टुकड़े बाँध कर तैयार की जाती हैं। इसलिए उस फ़िल्म में से कुछ दृश्य, जैसे मारपीट, कुछ नाच अगर निकाल भी दिया तो फ़िल्म की कहानी फिर भी बनी रहेगी। फ़िल्म कलाकृति की एक जैविक पूर्णता होती है। जिसमें हर हिस्सा दूसरे कई अंगों से बँधा होता है। इससे कोई भी टुकड़ा अलग करने से फ़िल्म के पूर्ण अर्थ को क्षति पहुँचेगी। अपू त्रयी के इस विश्लेषण में यह बात समझाई गयी है कि फ़िल्म के विभिन्न टुकड़े एक-दूसरे से जुड़कर किस तरह एक जैविक पूर्ण बनाते हैं।

मनोरंजन फ़िल्में जीवन की सम्मिश्र और जटिल बातों को एक सरल रूप में दिखाती हैं। यह इनमें दूसरी विशिष्टता है। किसी मानवीय रेखा का उदाहरण लेते हैं। हर व्यक्ति में एक सम्मिश्रित व्यक्तित्व होता है। मनोरंजन का सिनेमा सम्मिश्रण की मुश्किलें आसान कर फ़िल्मों में घिसे पीटे चरित्र बना देता है जैसे हीरो होगा या हिरोइन, या विलैन उसके सूरत शक्ल डायलॉग बोलने का ढंग, चलने फिरने का अन्दाज सब ऐसा होता है कि देखते ही समझ में आ जाय। फ़िल्मों में हीरो की माँ, हिरोइन की सास, परिवार का पुराना विश्वस्त नौकर—ये सब चरित्र आपने सैकड़ों फ़िल्मों में देखे हैं। इस तरकीब से मनोरंजक फ़िल्म आसानी से देखने वालों के पास पहुँचती है। हीरो और हिरोइन आपस में प्रेम करेंगे ही, विलैन बीच में साजिश रचेगा। जिन्दगी की असलियत दिखाना मनोरंजन का काम नहीं। यह साहस सिर्फ कलाकार के ही पास है कि जिन्दगी के मुश्किल सवालों को पेश करें तो दर्शक समझ पाएँगे और पसन्द भी करेंगे। यानी कलाकृतियों का काम यह है कि वह दर्शक को जिन्दगी के गम्भीर मसलों पर सोचने का मौका दें। और जब फ़िल्म की कहानियों में गम्भीर मसले पेश होंगे तो आपको अपने जीवन को भी समझने का साधन मिल सकता है। ललित कलाकृतियों का यही सामाजिक कार्य है। आस्वादन की संवेदनशीलता पैनी करें।

मनोरंजन की फ़िल्म दुनिया सुन्दर-सुन्दर चीजों से भरी होती है। अत्यन्त सुन्दर पुरुष और स्त्रियाँ, घूमने फिरने की जगहें, अत्यन्त सजे हुए घर, खूबसूरत मेज-कुर्सियाँ और परदे। मनोरंजक फ़िल्म के दृश्य संरचना का एक शास्त्रीय सिद्धान्त है कि जो भी कैमरा फ्रेम के अन्दर जाए वह नयनसुख होना चाहिए। किसी भी भूमिका में नारी काम कर रही हो कैमरे के लिए लाइट्स उस पर सिर्फ एक ही ढंग से पड़ेंगे कि उसका बदन लहकता दीखे। नायिकाएँ कपड़े नहीं, कॉस्ट्यूम पहनती हैं। और कभी-कभी कपड़े का काम ढकना नहीं प्रदर्शित करना होता है। इन्सान हो या वस्तु बात वही है। देखो और चाहो। चारों ओर बाजार से खरीदो। मनोरंजन फ़िल्म खुद एक बाजार की बिकाऊ चीज़ है और उसका सीधा ताल्लुक उन और उद्योगों से है जो अन्य भोग विलास वस्तुओं का उत्पादन बाजार में लाते हैं। कुछ फ़िल्मकार कई सामाजिक समस्याओं से सम्बन्धित फ़िल्में बनाते हैं। मगर उनको भी मनोरंजन के दायरे में रख कर काम करना पड़ता है। इसलिए फ़िल्मों में दो तरह का मसाला होता है। एक जिसके बारे में खुलकर बात और बहस की जा सके और दूसरा जिसके बारे में बात नहीं की जाती, सिर्फ चुपचाप मज़ा लिया जाता है। ऐसी फ़िल्मों में पेचीदा मामलों को सुलझाने का तरीका होगा—इत्तफाक, दुर्घटना या मौत। सौ बातों की एक बात यह है कि मनोरंजन फ़िल्म एक ऐसा पैकेट है जिसमें मुश्किल जिन्दगी आसान बनाने का फार्मूला भरा है

और जनता उसे इसलिए पसन्द करती है कि जटिल मसलों के सरल समाधान होते हैं।

रूपकों के भावार्थ बन्धन

अपू त्रयी में कुछ ऐसे रूपक भी हैं जो सतही अर्थों के परे हैं। वह जीवन के ऐसे भावबन्धनों को छूते हैं जो कहानी के बाहर हैं। हरिहर राय की जिन्दगी देखिए। वह अपने पुश्तैनी गाँव से साधारण-सी जिन्दगी चाहता है, मगर बदलती व्यवस्था में यह सम्भव नहीं। उसे घर द्वार छोड़कर बैलगाड़ी में बैठकर अपना सफर शुरू करना होता है। निश्चिंदिपुर गाँव में बैलगाड़ी के अलावा एक रेलगाड़ी भी है, जो ग्रामीण इलाके के सीने को चीरती हुई सुबह दोपहर शाम धड़धड़ाती है। इन दोनों के बीच में एक कहानी है। देखें, क्या। रेलें हिन्दुस्तान में उन्नीसवीं सदी में अंग्रेजी राज के साथ आयीं। त्रयी का बनारस वाला अंश सन् 1920 से शुरू होता है। रेलों ने भारत में अपना संजाल फैलाया। लोग जल्दी प्रवास कर सकते थे। मिल सकते थे, और रेल लोगों को अलग भी कर देती थी। देखिए रूपक किस तरह काम करता है पाथेर पांचाली में रेल धड़धड़ाती हुई परदे पर से गुजर रही है और भागते-भागते अपू का छोटा-सा चेहरा रेल के पार दीखता है। ये छोटे-बड़े का विरोध व्यक्ति और व्यवस्था के कई पहलुओं में दिखाई देगा। ब्रिटिश सरकार के लिए रेलों में करोड़ों का खर्चा एक राजनैतिक और आर्थिक उद्देश्य था, जिससे भारतीय लोगों की जिन्दगी पर काबू पाया जा सके। रेल के साथ-साथ नयी नौकरियाँ हुई, नयी तंत्रकुशलता फैली और तेजी से सफर भी होने लगे। निश्चिंदिपुर के देहात में जो काँस के सफेद फूल रेल के काले धुएँ से कलुषित हुए—इसी तरह बनारस में रेल के पुल के गर्डर्स काशी ऐसे पवित्र स्थान पर हावी हो रहे हैं। कलकत्ता शहर में घुसने का दृश्य सियालदा टर्मिनस का निहायत प्रभाहीन नजारा है। अपूर संसार में अपू के रहने का कमरा एक रेलवे यार्ड की बगल में है, जहाँ इंजिन का धुआँ और शोर वातावरण का अभिन्न अंग है। अपर्णा की आदत थी झाँकी के सुरीले गीत सुनने की, और यहाँ इंजिन की कर्कश सीटी है। अपर्णा की मृत्यु के बाद यही इंजिन की सीटी अपू को अपनी मौत के करीब बुलाती है। रेल बार-बार लोगों को एक-दूसरे से अलग करती है। मानसपोटा में घर के पीछे ही रेल की लाइन सर्वजया के भीतर अपू से कभी न कभी बिछुड़ने का संदेह जगाती ही है। **अपू त्रयी की कहानी में रेल किसी न किसी ढंग से इन लोगों की ज़िन्दगी से जुड़ी हुई है। पाथेर पांचाली में रेल की पटरी गाँव से दूर है। रात के सन्नाटे में सीटी सुनाई देती है। पर जब अपू उस दोपहर को रेल देखता है तो एक बड़ा भारी भयानक आकार है। रेल ही हरिहर के परिवार को बनारस ले जाएगी, जब बनारस से लौटा कर लाएगी हरिहर ही नहीं होगा। मानसपोटा में हर सुबह शाम रेल सर्वजया से अपू की जुदाई का खेल खेलेगी। रेल अंग्रेज मालिकों का साधन है इन पात्रों से जैसे-जैसे जुड़ेगी, वैसे-वैसे अन्दाज़ बदलते जाएँगे।**

एक दूसरा रूपक कीड़े-मकोड़ों के नृत्य का है। सर्वजया की चिट्ठी मिलती है कि हरिहर लौट कर आ रहा है। यह परम आनन्द का क्षण प्रकृति तक पहुँचता है। पर यह भी बहुत छोटा रूप ही है। दुर्गा बारिश में भीगने का मज़ा लेती है। यह कितनी देर? अपू और अपर्णा का सुखद बन्धन भी बहुत जल्द टूट गया। जीवन के सुखद क्षण छोटे ही होते हैं। फिर भी जिन्दगी जीनी ही होती है प्यार के साथ, समझदारी के साथ।

अपू त्रयी के डिज़ायन में और बहुत से तत्त्व ऐसे हैं जो परिर्वतन की प्रक्रियाओं से जुड़े हैं। मानव-प्रकृति, मानव-मशीन या आर्थिक बदलाव, किसी भी स्तर पर। फ़िल्म में देखें किस तरह ऐसी चीजें जैसे, रहन-सहन के कपड़े, खाना, रुपया पैसा, मकान यह सब बदलते चलते हैं। मनोरंजन के साधन भी। इन सब चीजों के सम्मिश्रण से परदे पर बने चित्र में एक बुनावट दीखती है जो विश्वसनीय है।

यह सच्चाई और विश्वसनीयता फ़िल्म के दृश्यों में इस बात से पैदा होती है कितनी सोच समझ से दृश्य का निर्माण किया गया है। फ़िल्म सीन में चमक-दमक हो या सच्चाई, यह चुनाव हर फिल्मकार को करना होता है। अपू त्रयी के सब बिम्ब सच्चाई के आधार पर चुने गये हैं। फ़िल्म संरचना में कहीं भी कोई घिसा-पिटा चरित्र नहीं है। न कहीं सामाजिक मूल्यों को झुठलाया गया है। त्रयी के फ़िल्मों की सघनता का यही रहस्य है। त्रयी में एक ही परिवार की कहानी है परन्तु उस परिवार की समस्याओं को, उन समस्याओं के मनोवैज्ञानिक-सामाजिक पहलुओं को इस फैलाव से देखा गया है, कि यह कहानी पूरे भारतीय समाज के एक युग की पृष्ठभूमि दिखा देती है। कलात्मक सच्चाई, बिम्बों में सामाजिक वास्तविकता दिखाने की क्षमता में है।

परिशिष्ट-1
दृश्य सूची

परिशिष्ट

पाथेर पांचाली-पहला भाग

अपू के जन्म के समय हरिहर राय का जीवन ढाँचा

अमरूद चुराने का प्रसंग

1. शेजोबऊ के अहाते में
2. दुर्गा का बालविश्व
3. सर्वजया का धर

अपू का जन्म

4. सोई हुई दुर्गा, चक्कर लगाता हरिहर
5. माँ की प्रसूतिवेदना, नीलमणि की पत्नी और शेजोबऊ
6. अगले दिन की सुबहः पड़ोसनें बच्चों के साथ, इन्दिर की वापसी

परिवार के सपने

7. इन्दिर अपू को झूला झुलाती, पास में दुर्गा खेल के बक्से के साथ
8. हरिहर और सर्वजया की बातेंः घर की मरम्मत, अपू की शिक्षा, दुर्गा की शादी
9. पूरा परिवार एक साथः इन्दिर और अपू आख़िरी शॉट में शामिल

जीवन का ढाँचाः छः साल बाद

अपू पाठशाला जाता है

10. सुबह का नित्यक्रम
11. अपू को पाठशाला भेजने की तैयारी
12. पाठशाला में अपूः गपशप और सज़ा

माला चुराने का प्रसंग

13. इन्दिर-सर्वजया-दुर्गा त्रिकोणाकृति सम्बन्ध जारी है।
14. हरिहर पर पारिवारिक माँगों का बोझ, बच्चों पर अधूरी इच्छा का बोझ
15. आरोप, सजा और मेल-मिलाप

परिवार के सपने बरकरार

16. इन्दिर और बच्चे
17. हरिहर और सर्वजया
18. बच्चे सोने के लिए जाते हैं, इन्दिर अकेली

ढाँचे पर तनाव

चादर माँगने का प्रसंग और पूजा-जात्रा

19. दो झगड़े पिकनिक में बच्चे, घर में इन्दिर और सर्वोधक
20. पूजा-जात्रा (जात्रा में स्वाभिमान संबंधी झगड़ा)
21. अपू और दुर्गा का झगड़ा

टेलीग्राफ़ खम्बे, रेल और इन्दिर की मृत्यु

22. बच्चे, टेलीग्राफ़ टेलीग्राफ़ खम्बे और रेल
23. इन्दिर की मृत्यु
24. इन्दिर के लिए मातम

पाथेर पांचाली–दूसरा भाग

तना बढ़ता है

25. बाइसकोप वाला
26. हरिहर–सर्वजया से विदाई
27. हरिहर–बच्चों से विदाई

सर्वजया की भरसक कोशिश

28. सर्वजया की दिक्कत, उसका हल
29. रामू की शादी

30. सर्वजया बुरे हाल में

अच्छी ख़बर की चिट्ठी

31. हरिहर की चिट्ठी में अच्छी ख़बर
32. कीड़ों का नाच
33. बारिश

दुर्गा की मृत्यु, हरहर का संकल्प

34. दुर्गा बीमार है
35. बारिश, तूफान और मौत
36. दुर्गा की मौत के बाद

पाथेर पांचाली-तीसरा भाग
धागे टूट जाते हैं

विदाई

37. हरिहर सामान बाँधता है
38. गाँव के
39. रोजोवाड़ा और नीलमणि की स्त्री सर्वजया के साथ

अपू और चोरी की माला

40. अपू ऊपर की शेल्फ साफ करता है
41. चोरी की माला गिरती है
42. अपू माला को पोखर में फेंक देता है

परिवार गाँव छोड़ता है

43. परिवार बैलगाड़ी में
44. घर में अब केवल जानवर
45. बैलगाड़ी चलती है, सर्वजिया रो देती है

अपराजितो
अपराजितो-पहला भाग
बनारस में रहन-सहन का ढाँचा

भौतिक आकार

1. कबूतरों को चुगाना
2. गंगा घाट पर भीड़
3. हरिहर का सुबह का कार्यक्रम

व्यक्तिगत आकार

4. हरिहर और सर्वजया नये वातावरण में, पड़ोसी, अपू के नये मित्र
5. बेहतर आमदनी, अपू के खेल, पड़ोसी का सुझाव
6. कालीचरण और नन्द बाबू की सर्वजया पर अनुक्रिया

काशी के मुख्य देव

7. विश्वनाथ आरती की भीड़
8. सर्वजिया और अपू आरती में
9. अपू का आरती की ओर विस्मय

हरिहर की बीमारी आरम्भ

10. त्योहार
11. हरिहर घर आता है, कुछ अस्वस्थ
12. हरिहर और सर्वजया दूसरे मकान में जाने की बात करते हैं

तनाव बढ़ता है

13. हरिहर गंगा स्थान की जिद करते हैं, लौटने में बेहोश हो जाते हैं
14. पाण्डे, पड़ोसन की मदद
15. सर्वजया नन्द बाबू से अपना बचाव करती है, मन्दिर आरती

हरिहर की मृत्यु

16. हरिहर गंगाजल माँगता है, अपू लाता है
17. हरिहर की मृत्यु
18. पड़ोसी और अपू दसवें के श्राद्ध में

वातावरण का सुझाव

19. सर्वजया रसोइया की नौकरी में
20. भवतारण कहता है दोनों मानसपोटा चलो
21. सर्वजया अभी रुकी रहती है

सर्वजया नौकरी करती रहती है

22. सर्वजया काम कर रही है
23. अपू को एक पैसे का इनाम
24. अपू पैसा खर्च करता है बन्दरों पर

सर्वजया भवतारण का सुझाव मानती है

25. मालकिन सर्वजया से दीवानपुर जाने की बात करती है
26. सर्वजया मान सी जाती है
27. अपू को नौकर ऐसा देखते ही सर्वजया बनारस छोड़ देती है

अपराजितो-दूसरा भाग

बनारस छोड़ते में

28. भवतारण, सर्वजया और अपू बनारस छोड़ती ट्रेन में
29. सफर, अपू माँ की गोद में सो रहा है
30. सर्वजया मुस्काती है, बंगाल आ जाने पर

अपू की ट्रेनिंग शुरू

31. मनसा पोटा के नये मकान में सर्वजया
32. भवतारण अपू को पूजा विधि सिखाता है
33. अपू लड़कों को खेलते देखता है, स्कूल

अपू का स्कूल शुरू

34. अपू सर्वजया से स्कूल की बात करता है
35. खर्चे का प्रश्न
36. सर्वजया खर्चा उठाएगी, अपू स्कूल जाएगा

अपू स्कूल की पढ़ाई में अच्छा

37. इंसपेक्टर के निरीक्षण की तैयारी
38. इंसपेक्टर आते हैं
39. इंसपेक्टर अपू के कविता पाठ से खुश

अपू का दिमाग खुलता है

40. हेडमास्टर अपू को प्रोत्साहन देता है
41. अपू खूब पढ़ेगा
42. अपू जो सीखता है, वह समझता भी है

अपू मैट्रिक पास करता है

43. अपू मैट्रिक परीक्षा में जिले में दूसरा
44. हेडमास्टर अपू की कलकत्ते में पढ़ाई में सहायता करेगा
45. माँ मानेगी या नहीं

अपू कलकत्ता जाना चाहता है

46. सर्वजया कलकत्ता जाने के खिलाफ
47. अपू स्कालरशिप की बात बताता है
48. सर्वजया परेशान है

माँ और अपू विरोध में

49. सर्वजया पैतृक पेशे की बात करती है
50. अपू उस सब को नकराता है
51. सर्वजया अपू को चाँटा मारती है

फिर से मेल

52. अपू घर के बाहर चला जाता है
53. सर्वजया अन्दर जाती है
54. बाहर आकर माँ अपू को मना लेती है, रुपये दिखाती है अपू ने जैसे बाजी मार ली हो

अपराजितो-तीसरा भाग

55. अपू कलकत्ता जाता है, सर्वजया अकेली रह जाती है
56. ट्रेन पर अपू ग्लोब में खोया हुआ
57. ट्रेन कलकत्ता पहुँचती है

कलकत्ता में पहले अनुभव

58. अखिलबाबू का पता ढूँढ़ना
59. कमरे का इन्तजाम, माँ को चिट्ठी
60. दिन में कॉलेज, रात को प्रेस में काम

अपू का नये क्रम में संघर्ष

61. क्लास में ऊँघने की सजा, बाहर जाओ, शिवनाथ साथ में
62. नदी किनारे, आगे की अभिलाषा की बातें
63. अपू की सबसे बड़ी रोक माँ है

अपू की पहली छुट्टी गंज में

64. सर्वजया तैयारी करती है, अपू आते ही पोखर में स्नान को जाता है
65. कलकत्ता का खाना क्या माँ के खाने से अच्छा है?
66. कलकत्ता की बात। माँ की बात सुनते अपू सो गया

गाँव में अपू की बेचैनी

67. अपू बेचैन, बाजीगर का करतब नापसन्द

68. सोते समय, जल्दी उठा देना, कल कलकत्ता जाना है
69. माँ नहीं जगाती है, जागकर अपू जल्दी में जाता है

अपू एक और दिन रहता है

70. स्टेशन पर अपू
71. रेल आती है, अपू नहीं जाता
72. अपू घर वापस कर, फिर सोने को तैयार

माँ और अपू की दूरी बढ़ती है

73. अपू का पढ़ाई और प्रेस के काम में और उलझना
74. सर्वजया की चिट्ठी अपू को बुलाते हुए
75. अपू माँ को मना कर देता है

सर्वजिया अकेली, मृत्यु

76. अपू की चिट्ठी पर माँ की निराशी, पड़ोसन की बकझक सर्वजया निरुपमा को मना कर देती है अपू को बताने के लिए
77. कलकत्ता में अपू इस ख्याल में कि पैसा भेज देने से स्वयं न जाने का एवज़ हो सकता है
78. अँधेरी शाम को सर्वजया का धोखा कि अपू आ गया है जुगनुओं का नाम। सर्वजया की मौत

अपू सब बन्धन तोड़ता है

79. माँ की बीमारी की चिट्ठी, अपू ट्रेन से वापस, सब दर्दों की दवा वाले का कोई असर नहीं।
80. घर पहुँच कर माँ नहीं भवतारण खड़े दिखाई देते हैं। अपू रोता है
81. रात को भवतारण सान्त्वना देता है। पढ़ाई हरेक के बस की नहीं। अपू चाहे तो मानसपोटा में पुरोहित बन कर रह सकता है। अगली सुबह अपू माँ की कुछ चीजें ले कर चलने की तैयारी करता है। श्राद्ध कालीघाट में करेगा

अपूर संसार-पहला भाग

पूर्वकथन

अपू अपने प्रोफ़ेसर से सर्टिफिकेट पाता है। प्रोफ़ेसर अपू के लेखन की प्रशंसा करते हैं, और उसे पेशेवर लेखक बनने की सलाह भी देते हैं। अपू विदा लेता है जब एक जुलुस निकलने की आवाज आती है।

टाइटिल्स

अपू और उसका कलकत्ता परिवेश

1. बरसाती सुबह। सोया हुआ अपू। स्याही की बोतल लुढ़कने से चादर पर दाग अपू बरसात का मज़ा लेता हुआ
2. अपू और मकान मालिकः तीन महीने का बाकी किराया कुल मिलाकर रु. 21 शाम तक चुकाने की माँग
3. अपू का हमनाम पड़ोसी। उसे भूल से अपू का खत मिलता है, वह अपू को दे देता है

अपू को नौकरी न मिलने का क्रम

4. अपू प्राथमिक पाठशाला में। ज्यादा पढ़ाई के कारण नकार
5. अपू औषधि कम्पनी के लेबलिंग यूनिट में। काम की जगह के माहौल से अपू को घृणा आती है
6. असफल प्रयासों से विफलता में घर लौटता अपू। प्रकाशक का स्वीकृति पत्र और फ्लूट वादनः उसकी राहत की बातें। बगल की बिल्डिंग में उस पर नजर लगाने वाली लड़की से बचता है

पुलू अपू को ढूँढ़ निकालता है

7. पुलू दरवाजे पर दस्तक करके आता है। बरसों बाद दोस्त मिलते हैं
8. पुलू अपू को ढूँढ़ने की कोशिश का बयान करता है।
9. दोनों मिलकर बाहर जाने को निकलते हैं। अपू एक दिन उसे आलू और चावल का खाना खिलाने का वादा करता है

रेस्टोरेंट में पुलू और अपू

10. एक-दूसरे का हाल पूछ लेते हैं
11. पुलू अपू के टाइपिंग कौशल के बारे में और नौकरी के बारे में पूछताछ करता है
12. पुलू रेलवे में भर्ती की बात करता है, आप ने वहाँ जाना पसन्द नहीं किया क्योंकि हड़ताल पर गये लोगों की जगह भर्ती चल रही थी

पुलू और अपूः पुलू से परिवार में शादी के लिए निमन्त्रण

13. पुलू अपू को साथ चलने का प्रस्ताव देता है
14. अपू हाँ-ना करता है, पर पुलू वहाँ के निसर्ग का लुभावना वर्णन देता है
15. अपू मान जाता है

पुलू और अपूः नाटक देखने के बाद

16. अपू रास्ते में जोर से कवितापाठ करता है। पुलिस ललकारती है तब किसी पौराणिक कथा से अपने नाम बताते हुए दोनों निकलते हैं
17. अपू को नौकरी पसन्द नहीं, क्योंकि वह एक लेखक के नाते आजादी चाहता है
18. अपू जो उपन्यास लिख रहा है उसके बारे में बताता है। दोनों में कल्पनाशक्ति और अनुभव के महत्त्व पर बहस छिड़ती है

खुलना जाते समय नदी पर सैर

19. नदी के किनारे का नजारा। अपू बाँसुरी वादन करता है
20. अपू का कविता पाठ
21. पुलू उपन्यास के पन्ने पढ़कर अपू का अभिनन्दन करता है

तै की हुई शादी रद्द की जाती है

22. शादी की तैयारियाँ
23. दूल्हे की बारात पधारने पर झमेला
24. अपर्णा की माँ इस शादी को रोक देती है

अपू की शादी होती है

25. परिवार में धर्मसंकटः दूसरे दूल्हे की खोज
26. अपू से रिश्ते की माँग
27. अपू के आक्षेप और अपू का मान जाना

अपू और अपर्णाः विश्वास और पारदर्शिता

28. सुहाग रात पर चिंतित अपू, अपर्णा से मन-मिलाप चाहता है
29. अपू अपर्णा को अपना हाल बताता है, अपर्णा उसके बारे में क्या जानती है यह पूछ लेता है, क्या अपर्णा गरीबी में उल्टा साथ निभाएगी?
30. अपर्णा मान जाती है

अपूर संसार-दूसरा भाग

बाप और अपर्णा : मन-मिलाप और पारस्परिकता

31. कलकत्ता के कमरे में नव-विवाहित आँसू बहाती है अपू उसे पड़ोसन से परिचित करा देता है
32. अपू नौकरानी रखने की सोचता है, अपर्णा इस खर्चे पर रोक लगाती है
33. अपर्णा की जवाबी शरारतः अपू को चौंकाने की। खाने के समय एक-दूसरे के लिए पंखा झलते हैं। अपू को नींद आ रही है।

अपू और अपर्णाः हँसी-मजाक और प्रगल्भना

34. अपर्णा सोने का समय टालती है
35. सिनेमा थिएटर में पौराणिक चित्र देखते हुए अपू और अपर्णा
36. घोड़ागाड़ी में घर लौटनाः अपर्णा के दूर जाने की बात, उपन्यास वाइफ को अर्पण करने की बात, अपर्णा चालाकी से श्रृंगारिकता टाल देती है

अपर्णा मायके जाती है

37. मुरारी और अपर्णा रेल के डिब्बे में
38. प्लेटफॉर्म पर खड़ा अपू और डिब्बे में बैठी अपर्णा दोनों निःशब्द। ट्रेन निकलते ही अपर्णा से बहुत सारी सूचनाएँ
39. ट्रेन चली जाती है, अपू अकेला रह गया है

अपर्णा की चिट्ठी

40. अपू अपने दफ्तर में अपर्णा को याद करता हुआ
41. अपू का सहयोगी
42. अपू चिट्ठी पढ़ता है

सहयोगी और अपू

43. सहयोगी अपू के सन्तोष के बारे में बात करता है
44. सहयोगी अपनी अति-आज्ञाकारिणी पत्नी का जिक्र करता है
45. अपू घर लौटते समय रास्ते में चिट्ठी पढ़ता है

मुरारी बुरी खबर लाता है

46. घर पहुँच जाने पर मुरारी दरवाजे पर प्रतीक्षा में खड़ा है
47. मुरारी अपर्णा की मृत्यु की खबर हिचकिचाकर देता है
48. अपू मुरारी को भावमयी ट्रेक में चाँटा मारता है। और खुद ढह जाता है

अपू शोकमग्न

49. अपू बिस्तर पर लेटा हुआ—आँखों में बूँद तक नहीं—दिन रात गुजर जाते हैं
50. पड़ोसन आके अपर्णा की अच्छाई याद करती है, अपू की दूसरी शादी आसानी से हो जाने की बात करती है, टेबल पर खाने की थाली रख जाती है
51. अपू का भारी कष्ट से उठ जाना आईने में प्रतिबिम्बत है

अपू पुलू को खत लिखता है और कलकत्ता छोड़ जाता है

52. अपू रेलवे लाइन के नजदीक, निराशा। इंजिन आता है, अपू खिसकता है
53. एक सूअर से इंजिन टकराता है, लोग सूअर को उठाकर ले जाते हैं
54. अपू पुलू को खत लिखता है और रेल से चला जाता है

अपू रेलगाड़ी में

55. रेल डिब्बे के खिड़की के नजदीक अपू। तेज रफ़्तार से चलती ट्रेन
56. अपर्णा का बेटा पालने में
57. अपर्णा की माँ पास बैठे गहरी साँस भरती है

अपू समुद्र के किनारे पर

58. अपू—दाढ़ी बढ़ी है—समुद्र किनारे पर
59. अपू लहरों का उछाल देखते खड़ा है
60. लहरों की वापसी से बालू पर बने निशान मिलते हैं

अपू उपन्यास के पन्ने बिखेर देता है

61. अपू जंगल में निरुउद्देश्य सा भटकता हुआ।
62. सुबह होते एक पहाड़ी के चढ़ाव पर आकर उपन्यासकार पांडुलिपि निकालता है
63. अपू सारे पन्ने हवा में छोड़ देता है, उन्हें बिखरते देखता है

अपूर संसार-तीसरा भाग

काजल, अपू का बेटा, अब छः साल का

64. काजल एक मुखौटा पहनकर हाथ में गुलेल लिए शरारतें करता है। उसे डाँट पड़ती है, उस पर किसी का नियंत्रण नहीं। उसे चोर कहा जा रहा है। पुलू देखता है
65. पुलू विदेश से वापस आया है। उसे अपू से बेटे की ओर पूरा दुर्लक्ष करने की खबर मिलती है
66. पुलू अपर्णा के पिता अपने मामा से अपू का पेन लेता है

अपू को उसके जिम्मेदारी की याद दिलाता है

67. कोयले के खदान के रोपवे के पास पुलू और अपू मिलते हैं
68. पुलू को उपन्यास के बारे में भी पता चलता है
69. पुलू अपू को उसकी बेटे के प्रति जिम्मेदारी की याद दिलाकर चला जाता है। अपू अब और भी अकेला।

अपू काजल से मिलने आता है

70. खुलना की बाड़ी में अपू/ससुर उसे पहचानते नहीं
71. सोया हुआ काजल। अपू प्रतीक्षा करता हुआ। पुरानी यादें
72. जगने पर काजल दूर भागता है, उसे पुकारता अपू काजल से सम्पर्क बनाने में असमर्थ
73. अपू के ससुर दोनों को देखते हैं। अपू काजल को अपनी पहचान बताता है
74. संसार अपू के पास। काजल एक पत्थर उठाकर मारता है
75. काजल को पास बुलाकर नाना अपनी छड़ी उठाते हैं अपू उनका हाथ पकड़कर उन्हें रोकता है। काजल यह देखकर फिर भी भाग जाता है।

काजल अपू को नकार देता है

76. अपू इंजिन का खिलौना लाता है
77. काजल उसकी ओर देखता है और इंजिन उसकी ओर फेंक देता है
78. बिस्तर पर दोनों लेटते हैं तब अपू उसे कहानी सुनाकर जीतना चाहता है, लेकिन काजल पुकारता है

काजल अपू पर विश्वास जताता है

79. अपू अकेला लौट जाने के लिए निकलता है। अपर्णा के गहने उसके पिता को सौंप देता है। अपू काजल को जबरदस्ती ले जाना चाहिए—यह ससुर की राय है
80. काजल अपू को जाते हुए देखता है। अपू आखरी बार सम्पर्क की कोशिश करता है। काजल उसे पूछता है कि क्या वह उसे पिता के पास ले जाएगा? क्या पिता उससे नाराज होंगे?
81. जब अपू हाँ कहता है और नाना काजल को ढूँढ़ते आते हैं तब काजल अपू पर विश्वास करने का निर्णय लेता है—उसे एक दोस्त समझकर। काजल अपू की ओर दौड़ता है। अपू के कन्धों पर सवार होकर काजल कलकत्ता में अपने पिता से मिलने जा रहा है।

परिशिष्ट-2

रचना में अन्तस्सम्बन्ध

अपू त्रयी में डिजाइन के आन्तरिक बन्धन

फ़िल्म की बनावट में जब कोई अंश किसी और जगह दोहराते हैं समान रूप में या विरोध में, सन्तुलन में या सुलझन मं, इसी दोहराने से डिजाइन का ताना बाना बनता है। इस परिच्छेद में कुछ ऐसे दोहरानों को दर्शाया गया है। बहुत से और भी दृष्टान्त हैं। उनको आप ढूँढ़िए।

पाथेर पांचाली-पहला भाग

अपू के जन्म के समय हरिहर राय का जीवन ढाँचा

1. अमरूद चुराने का प्रसंग-रोजोबऊ के अहाते में। सर्वजया-दुर्गा त्रिकोणाकृति	दोहरानाः पाथेर पांचाली-15 त्रिकोणाकृति चलन के दो परिणाम पहली बार शिक्षा, दूसरी बार सजा
शेजोबऊ सर्वजया नीलमणि की पत्नी त्रिकोणाकृति	दोहरानाः पाथेर पांचाली-5 दोनों जगह आपसी सम्बन्धों का स्वरूप के दोनों त्रिकोण पाथेर पांचाली उसमें सुलझते हैं। रोजोबऊ विरोध छोड़कर फलों की टोकरी लेके आती है और अपनापन जताती है। दोहरानाः पाथेर पांचाली-15 जहाँ रोजोबऊ माँ-बेटी दोनों को चोर कहती है।
शेजोबऊ-पड़ोसन-माँ-दुर्गा और अन्य महिलाएँ शेजोबऊ के घर का अहाता	दोहरानाः पाथेर पांचाली-14, 20, 29 अमरूद चुराने का प्रसंग अपू संसार दृढ़ से बँध जाता है जब अपू का बेटा काजल एक हरकत पर बड़ों से डाँट खाता है। पाथेर पांचाली में सही रास्ते पर चलना दुर्गा को सिखाया गया। यहाँ धमकाया जा रहा है सजा की सँभावना से।
2. दुर्गा का बाल विश्व बूढ़ी इन्दिर और पालतू बिल्ली इसके सदस्य हैं	दुर्गा और इन्दिर का मानवबन्ध पुनरावृत्तिः पाथेर पांचाली (3, 6, 7, 13, 16, 23, 24) इस विश्व का गोलाकार जिससे निरागसत्ता और सुरक्षितता सूचित होती है, हिस्से पाथेर पांचाली 3, 6, 7 में दिखाई देता है। पालतू जानवर पाथेर पांचाली 14, 15 में फिर से दिखाई देते है। परिसर का एक अभिन्न अंग बनकर प्राणी पशु-पक्षी और जीवजन्तु कई जगह जाते हैं।
3. सर्वजया घर सर्वजया-दुर्गा-इन्दिर के त्रिकोणाकृति सम्बन्ध	दोहरानाः पाथेर पांचाली-6 सौम्य रूप में पाथेर पांचाली-13 उग्र रूप में पाथेर पांचाली-15 सूक्ष्म छटायें
दुर्गा को घर के काम करने में लगाया जाता है—आँगन में झाड़ू लगाना	दुर्गा की शिक्षण के उदाहरण पाथेर पांचाली 11, 14, 19 और 28 में मिलते हैं। दुर्गा का शिक्षण व्यक्तिगत उपमा का विषय बनता है पाथेर पांचाली 15
यह घर फिल्म का केन्द्र स्थल है और इसका हिस्सा पाथेर पांचाली 35 में ढह जाना है।	सम्मान से जीने की प्राथमिक आवश्यकता के रूप में यह घर और उसकी मरम्मत दिन बादिन कठिन होती जाती है। अन्य मकानों से

4. दुर्गा सो रही है, हरिहर हराडे में चक्कर काट रहा है दुर्गा का खेल का बच्चा पास में है।

5. सर्वजया की प्रसूति वेदनाः पास नीलमणी की पत्नी और रोजोबहू

6. अगली सुबहः पड़ोस की महिलाएँ घर में मौजूद हैं, इन्दिर वापस आती है।

इन्दिर का परिवार में वापस लौट आने का स्वीकार

अपू परिवार का केन्द्र परिवार के सपने

7. इन्दिर अपू को झुलाती हुई, दुर्गा बगल में बक्से के साथ बैठी हुई

8. हरिहर और सर्वजया मकान की मरम्मत-दुर्गा की शादी और अपू की शिक्षा के बारे में बातें करते हैं

विरोध की घटनाएँः बनारस में किराये से विरोध की घटनाएँ बनारस में किराये का मकान (अपराजितो-12) और अपूर संसार-1 का कमरा जिसका किराया न चुकाने पर मालिक अन्तिम इशारा देता है अपू का जन्म

दुर्गा की मृत्यु के समय अपू सो रहा हैः विरोध

यह बक्सा अलग-अलग ढंग से दिखाया है-पाथेर पांचाली-7, 15, 21

एक-दूसरे की मदद करने का रिवाज सँभालती हुई तीनों का बर्ताव पाथेर पांचाली-1 के प्रसंग से विरोध में है।

साम्य-सम्बन्ध में फिर पाथेर पांचाली 39 में ये तीनों हैं, जहाँ नीलमणि की पत्नी नजदीकी रखती है और शेजोबऊ दूरी रखती है। मेल-जोल से गोलाकार का निर्माण किया गया है, जिसका केन्द्र है अपू।

यह गोलाकार पाथेर पांचाली-1, 5 और 28 में भी निर्मित होता है। अपू त्रयी में पड़ोसन का दोस्ताना अपराजितो-4 में पाण्डे की पत्नी और अपूर संसार-31 और 50 में पिंटू की माँ के बर्ताव में दिखाई देता है।

दुर्गा-इन्दिर का नाता

पाथेर पांचाली-7 में इन्दिर अपू को झूले में झुलाती हुई-सर्वजया का हाथ बँटाती हुई

विरोधः पाथेर पांचाली-19 और 22 में इन्दिर को घर से बाहर निकाला गया।

दोहरानाः पाथेर पांचाली-11 जब उसे पाठशाला भेजने के लिए तैयार किया जाता है।

कड़ी सजा देने के दृश्य अपू की प्रतिक्रिया से बनाए गये हैं। पाथेर पांचाली-11, 14

रानू के शादी के दृश्य में बैंड बजाने वाले के सामने की भीड़ में से अपू बीचो-बीच आगे निकलकर खड़ा होता है। पाथेर पांचाली-29

साम्यबन्धः अपू और इन्दिर पाथेर पांचाली-6 में साथ हैं, जहाँ दुर्गा और इन्दिर दोनों दंतहीन हैं।

दुर्गा इमली के बीज गिन रही है। उसका यही कौशल पाथेर पांचाली 19 में दिखेगा, जब वह रानू की शादी के लिए बाकी दिनों की गिनती करेगी।

यही तीन बातों से परिवार की कहानी पाथेर पांचाली में है।

मकान ढहने लगता है। (पाथेर पांचाली-28) इसका हिस्सा तूफान और बारिश में गिरता है (पाथेर पांचाली-35) और इस पुश्तैनी मकान को छोड़कर परिवार बनारस चला जाता है (पाथेर पांचाली-44) दुर्गा की शादी के बारे में बात होती है, लेकिन उसकी मृत्यु से यह बात समाप्त हो जाती है (पाथेर पांचाली-35)

लड़की की शिक्षण का मुद्दा रानू के चरित्र में लाया गया है। (पाथेर पांचाली-29)

	अपू त्रयी में अपू के शादी की बात अपराजितो-76 में की जाती है, और अपूर संसार-27 में उसकी अपर्णा से शादी एक इत्तफाक से होती है
	लड़कियों का शिक्षण उन्हें अपर्णा जैसी (अपूर संसार 19-39) शालीन और समर्थ बनाने के लिए की जाती है।
	अपू की शिक्षा पाथेर पांचाली में लिखने पढ़ने तक धीरे-धीरे चलती है, अपराजितो में वही प्रमुख धन है और अपूर संसार में वह अर्ध शिक्षित है-जैसे, हरिहर पौरोहित्य की परम्परा में-दोनों को पांडित्य की श्रेणी हासिल नहीं।
सर्वजया के भय, उसकी चिन्ताएँ।	उसके भय वास्तव रूप लेते हैं जैसे-जैसे एक-एक सपना टूटता है। दुर्गा की मृत्यु (पाथेर पांचाली-32) मकान गिरना (पाथेर पांचाली 32) अपू की शिक्षा अधूरी रह जाना (अपूर संसार-पूर्वकथन)
	परिवार सिमटता जाता है पाथेर पांचाली-43, 45, अपराजितो 128, 81 बदलाव के साथ अपूर संसार 19-39 एक और परिवर्तन अपूर संसार (81)
9. पूरा परिवार एक फ्रेम में, अपू अन्तिम कड़ी के रूप में। पाथेर पांचाली-1ब छः साल बाद हरिहर की जीवनसारणी अपू पाठशाला जाता है	पाथेर पांचाली-1 परिवर्तन के साथ दोहराना
10. दिनक्रमः सुबह	अपराजितो और अपूर संसार के आरम्भिक दृश्य सुबह के दिनक्रम चित्रित करते हैं
11. अपू पाठशाला जाने के लिए तैयार किया जाता है।	विरोध बन्धः दुर्गा की मृत्यु के बाद अपू अकेला तैयार होता है पाथेर पांचाली-35, 36
	सर्वजया की अपू पर प्यार भरी नजर अपराजितो-42 और अपराजितो-54 में, जब वह स्कूल में क्या शिक्षा पा रहा है और पृथ्वी गोल पर के नक्शे पर कलकत्ता दिखाया है
अपू, सर्वजया और दुर्गा के शिक्षण में केन्द्र स्थान पर	अपू का गोलाकार विश्व सुरक्षितता अभिव्यक्त करता है। अपू अपराजितो में स्वतन्त्र होता है और खुद स्कूल जाने पर आग्रही बनता है। अपराजितो-33
	काजल के बाल्य से विरोधः काजल के माता-पिता न होने पर वह असुरक्षित है
	घर की दीवार पर (पाथेर पांचाली-14)
12. अपू पाठशालायेंः गाँव की गपशप और सज़ा लिखना और पढ़ना	अपू खत पर लिखा पढ़ने लगता है (पाथेर पांचाली-32 पढ़ने पर पसन्दगी (अपराजितो-39)
	अपू लेखक बनना चाहता है, (अपूर, संसार पूर्वकथन,) अपू के लेखन की प्रशंसा (अपूर संसार पूर्वकथन, 21)
प्रौढ़ व्यक्तियों की गपशप	आनेवाले उत्सव के संकेत (पाथेर पांचाली रानू की शादी में सहयोग पाथेर पांचाली-29) हरिहर के गाँव छोड़ने पर सवाल उठाया (पाथेर पांचाली-38) हरिहर की मृत्यु के बाद उपस्थित अन्य प्रौढ़ लोग (अपराजितो-18)
	दोहरानाः (पाथेर पांचाली-15)
	दोहरानाः जब कॉलेज क्लास से बाहर निकाला जाता है (अपराजितो-61)
अपू के लिए पहली बार सजा देने की हिंसा का अनुभव यात्रा चुराने का प्रसंग	सर्वजया से कड़ी निन्दा, पाथेर पांचाली-3 का दोहराना
13. इन्दिर-दुर्गा-सर्वजया त्रिकोणाकृति दुर्गा का विकास	दुर्गा-इन्दिर नाना (पाथेर पांचाली-2, 6, 12 दोहरानाः पाथेर पांचाली 14, 19, 23, 28, 33)
14. हरिहर पर पारिवारिक जिम्मा-बढ़ता बोझा, इन्दिर की फटी चादर	गोलाकार छेद का मोटिफ़ पाथेर पांचाली-2, दोहराना पाथेर पांचाली

बच्चे मिठाई खरीदना चाहते हैं सर्वजया ईंधन की लकड़ी के बारे में शिकायत करती है।	11, 23, 42 और अपूर संसार-31, चादर फिर से पाथेर पांचाली-19 में होगी
बच्चे भी कुछ माँग रहे है	अपू को भूख लगी है, दुर्गा कुछ चीज बनाती है। अपू को मिठाई के लिए पैसा नहीं मिलता। दुर्गा दानू के घर जाकर खेलने का बहाना करती है
दुर्गा चार चोटियाँ बनाना चाहती है।	उसके बाल रूखे सूखे है, क्योंकि वह तेल नहीं लगाती। दुर्गा की इच्छा अधूरी रहती है। इसके विरोध मेंः नीलमणि की लड़की बिनी (पाथेर पांचाली-36) में ऐसे बाल बनाकर आएगी, दुर्गा की मृत्यु के बाद
तुलसी के पास साँझ होने पर दिया जलाना।	पाथेर पांचाली-28 और 35 में सर्वजया के हाथ में, घर में दिया होगा। उससे अर्थमयी छटा है
हरिहर लिख रहा है जो उसके व्यवसाय का अंग है।	अपू यह सब छोड़ देगा (अपराजितो-81)
अपू का लेखन	अपू की शिक्षा का आशयसूत्र
रेलगाड़ी की सीटी सुनाई देती है, बच्चे बात करते हैं।	पाथेर पांचाली-22 में ये दोनों एक साहस यात्रा करेंगे। रेलगाड़ी त्रयी में रहने की जगह बदलने के निर्णय से जुड़कर और अन्य तटों को से आएगी
रानू के शादी का जिक्र किया जाता है।	पाथेर पांचाली-29 में पूरी धूमधाम दिखेगी
बच्चे खट्टा अचार बनाते हैं।	पाथेर पांचाली-2 से बाल विश्व का चित्रण यहाँ विकसित होता है
	दोहरानाः पाथेर पांचाली-19
दुर्गा ने नारियल के खपड़े में छुपाकर रखा तेल	नारियल खपड़ेः पाथेर पांचाली-41 में दोहराना
मिठाई वाला चिनिवास	दोहरानाः पाथेर पाचाली-34
टुनु की माला के दाने	दोहरानाः पथेर पाचाली-15, 41
अपू को पैसा मिला नहीं	विरोध पाथेर पांचाली-25 में अपू को पैसा मिला
15. आरोप, सजा और मन-मिलाप	माँ के शिक्षण के दो गोलाकार के बीच एक तीव्र त्रिकोणाकृति दृश्य
अपू धनुषबाण खेलता हुआ	विरोधः अपूर संसार-64 में काजल गुलेल लेकर अकेला खेलता हुआ
दरवाजा धकेलकर शेजोबऊ आती है	पाथेर पांचाली-33 में धकेल कर दरवाजा खुलेगा
सर्वजया की शिक्षण अच्छी न होने का आरोप और अपमान	सर्वजया इन्दिर के चादर माँगने पर अपमानित महसूस करती है।
शेजोबऊ दूसरों को सुनाने के लिए चिल्लाकर आरोप लगाती है।	पाथेर पांचाली 19 पाथेर पांचाली-1 को दोहराना
दुर्गा को मिली सजा अपू की प्रतिक्रिया से दर्शाई गयी है।	पाठशाला को दोहराना पाथेर पांचाली-12
सर्वजय थकान से दरवाजे के पास ढह जाती है।	दोहरानाः अपराजितो-15 में जब खुद के संरक्षण में तीव्र भावुकता में खड़ी होती है
इन्दिर और अपू माँ के संताप और दुख पर सौम्यता छिड़कने की कोशिश करते हैं।	विरोधः अपराजितो-75 जब अपू अपनी जिद लेके बैठता है
माँ दुर्गा को बुलाने के लिए अपू को भेजती है (reconcitiatin)	अपराजितो-54 में दोहराना
भविष्य के सपने बरकरार	
16. इन्दिर और बच्चे मनोरंजन की विधाएँ	बच्चों के मनोरंजन के लिए भयकथा। दोहरानाः पाथेर पांचाली-19, 20, 25, 29, 33 जिसमें पिकनिक, यात्रा, बायोस्कोप और बारिश जैसी नैसर्गिक घटना भी शामिल है। अपराजितो-9 में विश्वनाथ मन्दिर की आरती एक भव्य रूप है, अपराजितो-10 में पटाखे और दीप उत्सव के अंश हैं, अपराजितो-17 में अपू पहलवान की मुगदर घुमाना देखता है। अपराजितो-42 में शिक्षा ही मनोरंजक है। विरोध में अपराजितो-67 में अपू रास्ते पर कसरत दिखाने वाले लड़के से ऊब जाता है।

	अगले दृश्य पाथेर पांचाली 17 में सर्वजया के मन में छाई चिन्ता और भय यहाँ कथा के स्तर पर है।
17. हरिहर और सर्वजया	पाथेर पांचाली-3 से दर्शाया गया विरोध यहाँ भी दोहराया गया है। हरिहर आशावादी है और सर्वजया आने वाले संकटों की कल्पना से भयभीत है। विरोधः अपराजितो-12 में दोनों आशावादी हैं।
हरिहर खाना खाने बैठता है और सर्वजया पंखा झलती है।	विरोधः अपूर संसार-32 में अपर्णा खाना खाती है और अपू पंखा झूलता है।
18. बच्चे सोने के लिए जाते है इन्दिर अकेली बैठती है दुर्गा झूठ बोलती है।	अपू को सच्चाई मालूम होती है पाथेर पांचाली-41 में। झूठ से बना खिंचाव अपू के नैतिक कृति से विराम हो जाता है। पाथेर-पांचाली 42
सर्वजया अपने खुद के सपनों के बारे में बात करती है, लेकिन हरिहर सो जाता है।	अपराजितो-66 में जब सर्वजया उसके मन की चिन्ताएँ बोल रही है, अपू सो जाता है।
इन्दिर का गाना	पाथेर पांचाली-3 में यह गाना दिलरुवा के स्वर में था। यहाँ इन्दिर की आवाज में है, और पथेर पांचाली-23 में उसकी शवयात्रा के साथ दोहराया जाएगा
पाथेर पांचाली जीवनसरणी पर बढ़ता तनाव चादर-पूजा यात्रा	
19. बच्चों का पिकनिक और इन्दिर-सर्वजया झगड़ा	बच्चों के और बड़ों के झगड़े में विरोधः दोनों में जिम्मेदारी का मसला है, बच्चों का मामला सुलझता है, बड़ों के झगड़े में घर के प्रमुख की प्रतिष्ठा पर आँच आने से निर्णायक मोड़ आ जाता है। रानू की समझदारी से बच्चों का झगड़ा सुलझना एक परीक्षण का अंग भी दिखाता है।
रानू की शादी के बारे में रानू और दुर्गा की बात	दुर्गा शादी के लिए कितने दिन रह गये यह गिनकर बताती है। पाथेर पांचाली-14 का दोहराना जहाँ दुर्गा और माँ रानू की शादी के बारे में बातें करती हैं।
20. पूजा-जात्रा नाटक में सम्मान को लेकर संघर्ष	रोजोबऊ के आँगन में ढोल बजाने वाले-पाथेर पांचाली-12 में इसका जिक्र था।
दुर्गा पूजा की उत्समूर्ति	अपराजितो 7-9 में विश्वनाथ मन्दिर में मूर्ति
बच्चे नये कपड़े पहनते हैं।	आवश्यकता की चीजें खरीदने की जीवनसरणीः इसका जोड़ सुबह का दिनक्रम (पाथेर पांचाली 1-3), पाथेर पांचाली-10 और साल भर के लिए बनाने से है (पाथेर पांचालीप 28)
शेजोबऊ अन्य बच्चों के साथ दुर्गा को भी प्रसाद की मिठाई देती है।	विरोधः पाथेर पांचाली-14 में जब शेजोबऊ चिनिवास से मिठाई खरीद रही है, तब उसे दुर्गा का वहाँ आना पसन्द नहीं।
जात्रा नाटक में नागराज और मनुष्य के बीच सम्मान और प्रतिष्ठा के बारे में झगड़ा	सर्वजया और इन्दिर के बीच हरिहर के सम्मान पर दाग लगने पर झगड़ा होता है।
21. अपू-दुर्गा का झगड़ा दुर्गा का मुँह चिढ़ाना	यह दुर्गा के खेल के बक्से से अपू के चमकीला कागज चुराने पर है। यह खेल-खेल में है, फिर भी अधिकार और जिम्मेदारी इसमें भी है, जैसे बड़ों के झगड़े में है।
टेलिग्राफ के खम्भे, रेलागाड़ी के साथ बच्चों के दृश्य और सर्वजया का इन्दिर को सहारा देने से आखरी बार इनकार।	साम्यः पाथेर पांचाली-19 में जब माँ दुर्गा के बाल बनाती है नव दुर्गा जीभ दिखाती है, पाथेर पांचाली-33 में बारिश में भीगते समय अपू को फिर जीभ दिखाती है, और बीमार हो जाने पर डॉक्टर के कहने पर उसे जीभ दिखाती है। (पाथेर पांचाली-34)
22. बच्चे टेलिग्राफ के खम्भे और रेलगाड़ी देखते हैं	

अपू और दुर्गा घर से बहुत दूर खेतों के पार भाग कर जाते हैं। तभी एक बादल आकाश से गुजरता है।	थोड़ी ही देर में आकाश में धुआँ छा जाएगा।
त्रयी की ललित कहानी की नैसर्गिक पृष्ठभूमि	यहाँ के खुले खेत और मैदान, अपराजितो के आरम्भ में गंगा का विशाल पात्र, अपूर संसार-19 में नदी और अपूर संसार-63 में जंगल वह समृद्ध निसर्ग इस ललित विश्व के कालखण्ड में मनुष्य जीवन की पृष्ठभूमि के रुपये है।
ऊँचे कांस फूलों के इलाके में अपू फँस जाता है।	दुर्गा को भी रास्ते का पता नहीं। अपू को अस्तव्यस्त और तीव्रता के साथ अपराजितो-67-69 में और अपूर संसार-25-28 में अति तीव्र रूप में है, जब अपू अपर्णा की प्रतिक्रिया के बारे में कुछ जानता नहीं।
अपू का छोटा-सा चेहरा और बड़ी भारी धड़धड़ाती रेलगाड़ी	यही विस्मय अपराजितो-9 में निश्चय मन्दिर के भारी माहौल में है। अपर्णा की मृत्यु का हादसा अपू यह गहरा घाव अपूर संसार-46-48 सभी घटनाओं में ऐसी शक्ति है जो अपू के आकलन तथा नियन्त्रण के परे है।
इन्दिर सहारा चाहती है सर्वजया इनकार करती है।	बर्ताव के स्थापित नियम, प्रतिष्ठा के मसलों पर मतभेद यहाँ तक बिगड़ते ही गये। झगड़ा मिटाने की इन्दिर की आखरी कोशिश बहुत तीव्र है। दोहराना: पाथेर पांचाली-19 में जब सर्वजया को खाँसी की तकलीफ हुई तब इन्दिर ने सिर थपथपाया। इससे पहले पाथेर पांचाली-15 में सर्वजया के सन्तप्त और दुखी हालत में इन्दिर घर के काम करने और दुर्गा की चीजें सँवारने में लगी थी।
इन्दिर पौधे पर पानी डालती है।	पाथेर पांचाली-1 में यह आदत देखी गई है।
23. इन्दिर की मृत्यु बच्चे उसके आखिरी क्षण में उसे देखते हैं।	इंदिर बच्चों के विश्व का हिस्सा थी, खासकर दुर्गा के लिए। (पाथेर पांचाली-4, 7, 9, 13, 15...)
इन्दिर का लोटा लुढक कर पाखर में गिरता है। इन्दिर अकेलेपन में आखरी साँस लेती है।	इन्दिर के चरित्र का हिस्सा: वह इस्तेमाल करती है। (पाथेर पांचाली-3) साथ ले जाती है, और पौधे पर पानी डालती है। 3, 21 इन्दिर के जीवन का प्रतीक: एक मामूली चीज इन्दिर के शवयात्रा के साथ उसका गाना उसी की आवाज में जोड़ने में उपरोध का डिजाइन
24. शोक बच्चों के बरांडे में अब इन्दिर नहीं है।	पाथेर पांचाली-3 की याद: जब वह हुलिया खा रही थी और दुर्गा बैठी थी! अपू के झुलाने की वही जगह। बच्चों को कहानी सुनाने की याद
हरिहर लोटा हाथ में गिरा पोखर से आता है, सर्वजया के पास से गुजरता है, लेकिन कुछ कहता नहीं। सर्वजया अकेली खड़ी रहती है। हरिहर थोड़े दिनों के लिए जाता है।	पाथेर पांचाली-45 में जब गाँव छोड़कर बैलगाड़ी निकलती है, तब सर्वजया मुँह छिपाए आँसू बहाती है, लेकिन हरिहर तब भी कुछ कहता नहीं
25. बायोस्कोप दूर के दृश्य दिखाने वाला बक्सा	गाँव में बाहर से आने वाला एक और पात्र। जैसे बैडवाले (पाथेर पांचाली-29) बाडल भिक्षुक (पाथेर पांचाली 28) चिनिबास (पाथेर पांचाली-14 और 34) और ढोल बजाने वाले तथा जात्रा नाटक खेलने वाले (पाथेर पांचाली-20)
हरिहर घर से बाहर जाते समय हरिहर और सर्वजया दोनों के बीच बहुत कम संवाद।	दोहराना: अपूर संसार 37-39 जब अपर्णा मायके जा रही है। दोनों की प्रार्थना में साम्य और भेद: हरिहर गणेश मूर्ति के सामने हाथ जोड़ता है, और सर्वजया हरिहर के रास्ते की दिशा में।
27. हरिहर जाते समय वह और बच्चे। हरिहर अपू को बायोस्कोप देखने के लिए पैसे देता है।	चिनिवास (पाथेर पांचाली-14) के दृश्य से विरोध: तब भी अपू ने

हरिहर दुर्गा को आखरी बार देखता है।

पैसे माँगे थे, लेकिन नहीं मिले।
स्वरांश सम्बन्धः अपराजितो-55 में सर्वजया अपू को विदा करती है।
अपू अपर्णा को विदा करता है अपूर संसार-39
इन्दिर घर की ओर आखरी बार देखती है। पाथेर पांचाली22

पाथेर पांचाली-दूसरा भाग तनाव बढ़ता है

सर्वजया की कोशिश

28. सर्वजया की कठिनाइयाँ और कुछ सुलझुन
अपू के लिए मीठा बनाने के लिए गुड़ लाने में पैसा खर्च करना।

निराशाजनक खबर देने वाला पहला खत
वाडल मिसुक दरवाजे पर
दुर्गा वाडल को भिक्षा देती है।
रात में सर्वजया कीमती बरतन बेचने के लिए निकालती है।

29. रानू की शादी

समाज और रूढ़ी की यहाँ पर अहमियत है
रानू की पसन्दगी का मुद्दा उठता ही नहीं।

30. सर्वजया अत्यन्त गहरे संकट में नीलमणि की पत्नी सिक्का छोड़कर जाती है।
अच्छी खबर देने वाला खत

31. हरिहर के खत में पाँच महीनों बाद अच्छी खबर है।
अपू पढ़ने लगा है-खत पर लिखा सर्वजया का नाम पढ़ता है।

सर्वजया का चेहरा चमक उठता है।
सर्वजया को बहुत दिनों बाद विश्राम (सुकून?) मिल गया है।
सर्वजया के आनन्द की लहरें अगले दृश्य में फैलती है

32. कीड़ों का नर्तन
दृश्य के सौन्दर्य से आनन्द चिन्ताओं का मिट जाना और

सालाना कड़ी मगौड़ी बनाने का काम
पाथेर पांचाली-14 की उसकी सोच से विरोध बच्चों को चिनिवास से मिठाई खरीदने पर रोक लगाना।
अच्छी ख़बर देने वाले दूसरे खत से विरोध (पाथेर पांचाली-31)
घर का नाम खराब होने का खतरा कि यहाँ अनाज की कमी है।

दुर्गा बड़ी होकर समझदारी से काम ले रही है।
मूक दृश्य जैसे पाथेर पांचाली-24, 45

बृहद् रचना में सर्वजया के घर में गहराये संकट के दो दृश्यों के बीच बिठाया गया सीन।
पहला हिस्सा घर के बाहर बैंड बज रहा है कई लोग वहाँ की भीड़ में हैं जिसमें अपू दृश्य संरचना का केन्द्र है।
घर के अन्दर गाँव की अन्य महिलाओं के साथ सर्वजया शादी के खाने की तैयारी में शामिल
दुर्गा-रानू की दोस्त और डिजाइन के नाटकीय रूप में उसकी उलट व्यक्ति रेखा वधू के दुल्हन के कमरे में जहाँ उसे सजाया जा रहा है और कन्यादान की विधि सम्पन्न होता है।
विरोधः अपू की शादी (अपूर संसार-27)
अपूर संसार में अपू व्यक्तिगत विचारों को अग्रिम मानता है।
अपू अपर्णा की पसन्दगी की अहमियत मानता है।
शेजोबऊ पाथेर पांचाली-14 में मिठाई खरीदती है, रानू दुर्गा के लिए चुरी है। (पाथेर पांचाली-14) इन्दिर-चादर कर्जा माँग लेती है (पाथेर पांचाली-19) उधार (पाथेर पांचाली-14) लेती है और अब दूसरों के उपकार से जीना पड़ रहा है।

अपू माँ को पसन्द होने के लिए अच्छा बर्ताव रखता है, दोहरानाः पाथेर पांचाली-15, अपराजितो 39 में पढ़ाई पर फिर पसन्दगी और प्रशंसा।
विरोधः पांचाली-28 में चेहरे पर छाया गहराई थी।
इससे पीछले दृश्य से विरोधः जहाँ जीने का संकट छा गया था।
सर्वजय की मुसकान पर पानी की सतह पर की तरंगों का डिजॉल्व।
दिग्दर्शक के विशेषाधिकार का क्षण
डिजाइन में परिवर्तन, अपराजितो-78 में मूड का विरोध जब सर्वजया

उनके बन्धन से मुक्त होने का आनन्द। पोखर के सतह पर तैरते कीड़े पूरी जगह में मनचाहे विहार कर रहे है।	की क्षीण आँखों के सामने जुगनुओं चिनिवास का टिमटिमाता नृत्य दिखता है। एक और परिवर्तन अपूर संसार-63 में जब अपू के उपन्यास के कागज वीरानी में बिखरते जाते हैं।
पानी में एक टहनी का प्रतिबिम्ब	दोहरानाः बच्चे, कुत्ता एक जुलूस में, रोजोबऊ के घर तक जाते हैं तो उनका प्रतिबिम्ब पाल के पानी में दिखता है। पाथेर पांचाली-14 सर्वजया का पूरा परिवेश स्वस्थ है, उसके आनन्द का क्षण सभी स्वरांशों में पाया जा रहा है।
कुत्ता और बिल्ली आपस में खेलते हुए।	
33. बारिश दुर्गा काजल बिन्दी लगाकर खुद को आईने में देखकर सजाती-सँवरती है।	दुर्गा के विकास का एक अंग पाथेर पांचाली-20 में अपू से साम्य। वहाँ मूँछे लगाकर वह बड़ा होने का स्वांग रचना चाहता है। अपर्णा सिन्दूर और बिन्दी लगाकर अपू के स्वागत के लिए तैयार होता है (अपूर संसार-11)
दुर्गा व्रत रखती है।	दुर्गा का कच्चापन दिखाई देता है जब बादल गरजन पर वह जल्दी से पूजा पूरी करके बाहर भागती है।
बारिश की पहली बूँद गंजे आदमी के सिर पर टपकती है और वह अपना छाता खोल लेता है	बहुत दृश्यों में छाते का उपयोग पाथेर पांचाली-26 में हरिहर दुर्गा की मृत्यु के बाद अपू पाथेर पांचाली-36 अपराजितो-2 में गंगाधर पर लगे बड़े छाते।
दरवाजे की आवाज से सर्वजया जाग जाती है। और दुर्गा को पुकारती है लेकिन दुर्गा भाग निकली है।	अपराजितो-78 में उसे अपू के पुकार की भ्रांति होती है, और अपू नहीं आता। अपराजितो-79 में अपू माँ को पुकारता है, लेकिन माँ नहीं रही।
दुर्गा और अपू बारिश में दोनों भींगते हैं	विरोधः पिछले सीन में सभी प्रौढ़ बारिश से बचने के लिए आसरा लेते हैं।
अपू दुर्गा को बुलाता है दुर्गा मुँह चिढ़ा देती है।	पाथेर पांचाली-21 के मुँह चिढ़ाना यहाँ दोहराना बच्चों की दुनिया का भाग। विरोध से दोहराना अगले सीन में पाथेर पांचाली 34
दुर्गा अपू को बारिश से बचाने के लिए पल्लू लपेटती है।	पाथेर पांचाली-11 का दोहराना दुर्गा अपू को पाठशाला छोड़ने जाती है। परिवर्तनः पाथेर पांचाली-35 में, जब माँदुर्गा को तूफानी हवा से बचाने का प्रयास करती है। कविता पाठ की विधाएँ पाठशाल-में लेखन का पाठ। (पाथेर पांचाली-12)
दुर्गा और अपू बारिश के चले जाने की रट लगाते हैं	अपू किताब सामने धर कर रटता है-दुर्गा की सजा के बाद (पाथेर पांचाली-15) दुर्गा व्रत के दौरान मंत्र की रट जल्दी से लगाती है (पाथेर पांचाली 32) स्कूल इन्स्पेक्शन में अपू का कविता पाठ (अपराजितो-39) अपू के कविता पाठ अपूर संसार-16, 19 दुर्गा की नाजुक तबीयत पाथेर पांचाली-13 में सूचित है, जब माँ उसे बुखार चढ़ने के बारे में पूछती है।
दुर्गा छींकती है दुर्गा की मृत्यु और हरिहर का निर्णय	दोहरानाः पाथेर पांचाली-5 अपू के जन्म के समय, पाथेर पांचाली-29 रानू की शादी के समय
34. दुर्गा बीमार है मदद करने वाले पड़ोसीः नीलमणि और उसकी पत्नी	

गाँव का डॉक्टर दुर्गा की चिकित्सा-परीक्षण करता हुआ, ठंडे पानी की पट्टी और खाने में साबूदाना देने की सलाह देता हुआ

दुर्गा ने रेलगाड़ी देखी नहीं थी, उसे देखती है।

चिनिवास घर के बाहर से जाता है, मगर दुर्गा को तीव्र बुखार चढ़ा है, उसका चेहरा दूसरी ओर मुड़ा है।

35. तूफान और मृत्यु
 अपू गहरी नींद में
 हवा का तेजी से चलना और बारिश में परदा टूटता है।

गणेश मूर्ति डगमगाती है।
दरवाजा टूट गिरने का खतरा है, सर्वजया एक भारी ट्रंक लगाकर सँभलती है।

36. विध्वंस के बाद अपू नीलमणि के दरवाजे पर दस्तक देता है

घर की हताहत स्थिति भरा हुआ मेढक भी मलबे में पड़ा हुआ दिखाई देता है।

सर्वजया दुर्गा का सिर गोद में लिए स्तब्ध बैठी है।

नीलमणि की पत्नी से निःशब्द-सहवेदना

जीवन सरणी चलती रहती है।

अपू बाहर जाने के लिए निकलता है छाता ले जाने की सावधानी बरतता है

बिना तरकारी की टोकरी लेके आती है, सर्वजया शोक ग्रस्त है। हरिहर वापस आता है

पुकारता है लाई हुई चीजें दिखाता है, दुर्गा के लिए साड़ी भी है।
सर्वजया का रुदन

अपराजितो-14, हरिहर की बीमारी अपूर संसार-50, अपू गहरे दुख और शोक में डूबा है तब पिंटू की माँ
अपराजितो-14 में पाण्डे डॉक्टर को बुलाते हैं, जब हरिहर बीमार है।
दुर्गा की चाहें भी पूरी नहीं होनी जैसे पाथेर पांचाली-1 या पाथेर पांचाली-14 में मिठाई या माला बनाने की इच्छा
विरोधः अपनी चाह फल चोरी करके पूरी करना, रानू का चोरी छिपे मिठाई देना, हरिहर से बायोस्कोप देखने के लिए पैसा लेना, पूजा के समय नये कपड़े पहनना, पाथेर पांचाली विरोधः पाथेर पांचाली-14 से जब चिनिवास मिठाइयों के नाम बताता है, तब दुर्गा जबान चाट रही है।
पाथेर पांचाली-4 से उलटापलट
अपूर संसार-1 में अपू के कमरे के खिड़की का परदा फटा हुआ है।
विरोधः अपर्णा के आने पर नया परदा लगता है, अपूर संसार-31
विरोधः हरिहर की श्रद्धा से प्रार्थना
पाथेर पांचाली-28 सर्वजया के जीने के प्रयास की याद

दरवाजे की और बोल्ट की मजबूती सर्वजया के घर के दरवाजे के विरोध में (पाथेर पांचाली-28) रोजोबऊ के घर के दरवाजे पर सिंह की मूर्ति-मजबूती का साम्य
मनुष्यों की तरह प्राणी थी निसर्ग के हिस्से रहते हैं, जीते और मरते हैं। प्राणी और पशुपक्षी पूरी बुनावट में है।
सर्वजया से विरोधः पाथेर पांचाली-15, 18, अपराजितों-15
पाथेर पांचाली-15 में थकान के दृश्य से साम्य, परन्तु अत्यधिक तीव्र
नीलमणी की पत्नी पाथेर पांचाली-1 में एक निःशब्द लेकिन नाराजगी भरी नजर रोजोबऊ की दिशा में उठाती है, निःशब्दता का साम्य, भाव में भिन्नता।
कुएँ से पानी भरना और अपू का बाहर जाने के लिए अकेला तैयार होना-दोहराना (पाथेर पांचाली) और 11
दुर्गा की यादें और उससे जुदाई की वेदना
छाते का अलग अभिव्यक्ति के लिए उपयोग
एक वस्तु के रूप में छाता वही है, लेकिन यहाँ अपू में आ गया बदलाव दिखाने के लिए
पड़ोसी लोगों से मदद मिलने का एक और पहलू।
बिली दुर्गा की याद ताजा करती हुई और उसकी चार-चोटियाँ वैसे बनी हुई जैसे दुर्गा चाहती थी
बच्ची की मृत्यु पर शोक मनाने के भिन्न (अलग तरीके) स्पर्श से सहवेदना और दुख बाँटना

'माँ का क्रन्दन' संगीत की धुन
हरिहर रात में जागता है और निर्णय लेता है। रेलगाड़ी की आवाज और सीढ़ी

अपराजितो-27 में सर्वजया के चेहरे पर सीटी, जब वह बनारस छोड़ने का निर्णय लेती है।
अपूर संसार-51 में फिर दोहराना

पाथेर पांचाली-तीसरा भाग
बन्ध टूट जाता है

विदाई

37. हरिहर सामान बाँधता है

38. गाँव के बुजुर्ग पूछताछ करने आते हैं।

हरिहर उनको मदद मिलने पर विश्वास जताता है लेकिन अपने सपनों की निशानी बताता है।

39. रोजोबऊ और नीलमणि की पत्नी सर्वजया से मिलती है।

अपू और चोरी की माला

40. अपू शेल्फ के ऊपरी हिस्से में हाथ डालना

41. माला गिरती है तालवाद्य की रौद्र आवाज

42. अपू माला पोखर में फेंक देता है।

पोखर के सतह पर मौस है, माला गिरने से दूर होती है, फिर समेटती है, लेकिन एक छेद-सा रह जाता है।
परिवार गाँव छोड़ता है।

43. परिवार बैलगाड़ी में

44. पीछे छोड़ा घर और प्राणी
कुत्ता वहीं छोड़ा है साँप सुनसान मकान में आकर बरांडे होकर कमरे में जाता है।

45. बैलगाड़ी चलती है, सर्वजया मुँह छिपाकर रोने लगती है।

पांडुलिपियों का कागज टाइटल जिस पर लिखे गये हैं वैसे देखते हैं।
बुजुर्ग हरिहर के निर्णय की योग्यता पर सवाल उठाते तो हैं लेकिन जानते भी हैं कि उनका कोई प्रभाव नहीं।
इन्दिर पाथेर पांचाली-15 में प्रश्न पूछती है लेकिन कोई उसे जवाब नहीं देता-साम्य
हरिहर के आशावाद से विरोध

यहाँ पर इन तीनों में खिंचाव की त्रिकोणाकृति सुलझ गयी है। रोजोबऊ फलों की टोकरी उपहार में लाई है। बदलाव जरूरी होने की बात करती है। एक ही जगह रहने दिल भी छोटा होने की बात करती है।

पाथेर पांचाली-13 में तेल का खपड़ा लानाः साम्य।
एक मकड़ी भी निकलती है। प्राणी जीवन का एक और टुकड़ा।
पाथेर पांचाली-15 की सजा और अपू की चिन्ता और भय की याद
पाथेर पांचाली-36 में अपू का समझदार होना, अपू का नैतिक विकास, जो मृत बहन का राज खुलने नहीं देता।
इन्दिर के चादर का छेद जैसा आकार

आखिर में बँध का टूटना साम्यः इंदिर के बँध टूटे पथरे पांचाली 19, 20 पाथेर पांचाली-37 में समाज से बँध टूटे।

इसी जगह इसी मार्ग पर इन्सान आते जाते थे।
साँप और घर के बारे में सांस्कृतिक धारणाएँ प्राणियों में भक्ष्य और भक्षक नया पालतू और वन्य और जातियों के अनेक प्रकार।
परिवार ने एक जीवन सरणी छोड़ दी है, अब नया जीवन अपनाएँगे। यह बनारस में बनती गयी जीवन सरणी में भी दोहराया जाएगा और मानसपोटा-अपराजितो में तथा अपूर संसार में कलकत्ता में अपू के जीवनक्रम छूट जाएँगे।

अपराजितो

यहाँ से डिजाइन के मोटिफ़ बड़े हिस्सों के होंगे। अभी तक अपू त्रयी की तीनों फिल्मों में तफसीलों के बन्धन दिखाए गये थे। यहाँ मुख्यतः अपराजितो के अन्दरूनी बन्धन देखेंगे। कुछ पाथेर पांचाली और कुछ अपूर संसार के बन्धनों से जोड़ा जाएगा।

अपराजितो-पहला भाग
बनारस में हरिहर राम का जीवन क्रम

भौतिक परिसर के अंग

1. कबूतरों को दाने खिलाने को बुलाया जा रहा है।	विरोधः अपराजितो-17 से, जब हरिहर की मृत्यु के बाद कबूतरों का झुंड उड़ जाता है
2. गंगा नदी और घाट पर लोगों की भीड़	पवित्र गंगा नदी की नैसर्गिक विशाल पृष्ठभूमि बनारस के भौतिक और सामाजिक तथा सांस्कृतिक जीवन का केन्द्र भी है। यह जगह निश्चिंदिपुर की तुलना में भीड़ और लोगों की विभिन्नता में अलग है।
3. हरिहर का सुबह का कार्यक्रम व्यक्तिगत तथा सामाजिक अंग	सुबह गंगास्नान एक ब्राह्मण कथावाचक होने से हरिहर का पवित्र कर्त्तव्य है। रास्ते के किनारे पेड़ों के तले मूर्तियाँ होना एक नयी बात है, इस जगह के सन्दर्भों से जुड़ी बात है। मूर्तियों पर गंगाजल डालना इन्दिर के पौधे पर पानी डालने की आदत से साम्य रखता है।
4. सर्वजया, हरिहर नयी जगह में आराम से जम जाने में लगे हैं, पड़ोसी और अपू के नये दोस्त	नयी जगह में बस जाने के वही तीन अंग हैं, पड़ोसी, अपू के दोस्त और हरिहर के पहचान के लोग।
बनारस का घर	बहुत अलग तरह का-नल का पानी बड़ी सुविधा है, जब कि कुछ बातें अखरने वाली भी हैं–जैसे परदे की कमी।
5. अधिक आमदनी	पाथेर पांचाली 17-18 में सर्वजया के सुझाव यहाँ वास्तविक हैं।
अपू का खेल	बच्चों की दुनिया का फैलाव अलग है, फिर भी अस्तित्व है। अपू को साथ में खेलने वाले दोस्त मिल गये हैं।
पड़ोसियों से नये मेलजोल	पाण्डे परिवार सर्वजया को गंगाजल लाने के लिए साथ में बुलाते हैं, नन्द बाबू कैलेंडर देते हैं।
6. दो अजनबी पुरुष कालीचरण और नन्द बाबू पर सर्वजया की मौजूदगी का प्रतिसार विश्वनाथः बनारस का पवित्र देखाता	सर्वजया के लिए अन्य पुरुषों की नजर में आने का नया अनुभव। कालीचरण खुद ब्याह करना चाहता है, यह बात सर्वजया की मौजूदगी से जुड़ी है। अपराजितो-15 में नन्द बाबू सर्वजिया के प्रति क्रमांक पहल करता है। (जब सर्वजया असुरक्षित है)
7. आरती के समय मन्दिर में बनी भीड़	यह मन्दिर एक जाग्रत और समृद्ध संस्थान है, जिसका भक्तजनों पर गहरा प्रभाव है।

8. सर्वजिया और अपू आरती के समय भीड़ में शामिल होकर खड़े हैं।	बनारस की जीवन सरणी का यह समापन दृश्य है
9. अपू awe से देखता है।	अपू पारिवारिक पुरोहिती व्यवसाय से घिरा हुआ है। यह दृश्य और अपराजितो-16 में दोहराई गयी आरती के बीच इस जीवन क्रम पर तनाव बढ़ता है और यह टूट भी जाता है।
तनाव और विनाश हरिहर की बीमारी के लक्षण	
10. दशहरे का उत्सव	पूजा-जात्रा से साम्य (पाथेर पांचाली-20) उत्सव मनाने में व्यक्तिगत रूप, रामलीला का जिक्र होता है
11. हरिहर अस्वस्थ होकर घर में आता है।	हरिहर पारम्परिक दवा मकरध्वज से हर बीमारी का इलाज करता है
12. हरिहर और सर्वजया अच्छे मकान में जाकर बसने की बात करते हैं।	वही आशावाद उभरता है, जो पाथरे पांचाली के सपनों में था। इस तनाव के लक्षणों का कोई गहरा मानसिक असर नहीं होता, अपू भी अपनी अंग्रेजी बोलकर दिखाता है, जो उसने दोस्त से सीखी है
तनाव बढ़ता है	
13. हरिहर गंगास्नान जाने की जिद करता है, और लौटते समय चक्कर आकर गिरता है	हरिहर की खतरों को नजरअन्दाज करने की आदत
14. पाण्डे और अन्य पड़ोसी मदद करते हैं।	बाद में निरुपमा सर्वजया की मदद करेगी जब अपू दूर कलकत्त में है। (अपराजितो-67-78)
15. सर्वजया नन्द बाबू की कामुकता से खुद ही अपना रक्षण करती है। मन्दिर में आरती	सर्वजया की आत्मशक्ति द्वारा अपना बचाव–अब दो खतरे हैं अपनी सुरक्षा, और हरिहर की बीमारी
हरिहर की मृत्यु	
16. हरिहर गंगाजल माँगता है अपू लाता है	
17. हरिहर गंगाजल चाहता है अपू लाता है, गंगाजल लेने पर हरिहर आखरी साँस लेता है	सर्वजिया के मन का भय वास्तव में भीषण रूप लेता है।
कबूतरों का झुण्ड उड़ जाता है	फिल्म के आरम्भ के दृश्य का उलट रूप अपू गंगाजल लाते समय पहलवान की ब्लापासना देखता है, दोहराना: (अपराजितो-5)
18. अपू को श्राद्ध विधि के लिए पड़ोसी मदद करते हैं	समाज से इस नयी जगह में भी मदद मिलती है। हरिहर की मृत्यु पवित्र तीर्थ क्षेत्र में पुत्र के हाथ से गंगाजल लेकर होने का दृश्य अन्य मृत्यु दृश्यों से अलग तरह से चित्रित है। ऐसी छोटी उसमें श्राद्ध जैसे विधि में अपू का सहभाग धार्मिक मान्यता का हिस्सा है। इन्दिर और दुर्गा के शव हम परदे पर देखते है। सर्वजया और अपर्णा के दर्शाए नहीं जाते। उनकी मृत्यु अपू पर असर दिखाने से अभिव्यक्त होती है। जो अपू देखता है, तो उसे कोई समझ नहीं है, जो वह देखता नहीं, उनका गहरा घाव उस पर होता है।
19. सर्वजया किसी बड़े घर में खाना बनाने की नौकरी से गुजारा चलाती है	संकट झेलने के सर्वजया के तरीकों का डिजाइन
20. भवतारण दोनों को मानसपोटा ले जाने का सुझाव रखते हैं।	परिवार से मदद, पारिवारिक पुरोहित व्यवसाय चालू रखने का अवसर।
21. सर्वजया हाँ नहीं भरती	बड़ी जगह में अपू की शिक्षा का इन्तजाम का प्रयास हरिहर की मृत्यु के बाद भी जीवन क्रम चलता रहता है। एक नयी जिन्दगी बसानी पड़ेगी

सर्वजया का बनारस छोड़ने का निर्णय

22. सर्वजिया रसोई का काम करती है

सर्वजया के पाक कौशल की याद और अपराजितो-65 में अपू से प्रशंसा

23. अपू छोकरा बनकर काम करता है, उसे बख्शीश मिलती है।

परिवार के सपनों से एकदम भिन्न भूमिका/ सपनों से विरोध

24. अपू बख्शीश का पैसा खर्च करता है।

अपू को अकेला रहना पड़ता है, तो उसके निरालस आनन्द के क्षण।

यह जीना जीवित रहना तो है लेकिन उस सम्मान से नहीं, जिसकी खोज पूरे परिवार को थी।

सर्वजया भवतारण का सुझाव मानती है।

25. सर्वजया की मालकिन अपने परिवार के साथ दीवानपुर चलने का प्रस्ताव रखती है।

अपराजितो-5 में हरिहर की कथा सुननेवाली अन्य विधवाओं से सर्वजिया का अलगाव; विरोध

26. सर्वजया स्वीकार करती है।

27. अपू को चिलम के अंगारे ले जाता हुआ देख के सर्वजया बनारस छोड़ने का निर्णय लेती है।

निर्णय के क्षण के साथ रेलगाड़ी की सीटी

सर्वजया का काम मालकिन पसन्द करती है इसका सर्वजया पर ज्यादा प्रभाव नहीं है-उसे अपू के भविष्य की सोच इस प्रशंसा और पसन्दगी से दूर ले जाती है। अपू के लिए हरिहर की मृत्यु के बाद सर्वजया धीरज से काम लेती है।

पाथेर पांचाली-14 में हम शेजोबऊ को विधवा के रूप में देखते हैं। वह सधन परिवार की होने से उसे आधार है। अपूर संसार में एक सामाजिक विरोध है, अपू के मालिक की मृत्यु। यह विरोध सामाजिक अपेक्षाएँ व्यक्तिगत प्रतिक्रियाएँ और जीने के हेतुओं से बाँधकर कथन में आता है।

अपराजितो-दूसरा भाग

बनारस छोड़ने में

28. बनारस से बाहर निकलती हुई ट्रेन पर भवतारण, सर्वजया और अपू

फिल्म की शुरुआत में ट्रेन जब बनारस पहुँचती है, तो उसकी दिशा उलटी है।

29. सफर में अपू माँ की गोद में सोया हुआ

पुश्तैनी गाँव का छोड़ते समय परिवार छोटा हो गया था। तब बैलगाड़ी में सफर शुरू हुआ। अब परिवार और भी छोटा हुआ है, बनारस छोड़कर गाँव वापस जा रहा है। बाद में अपू जब मानसपोटा और पुश्तैनी पेशा छोड़कर चला जाता है। तब रेलवे स्टेशन के रास्ते पर पैदल जाता है। (अपराजितो-81)

30. बंगाल के परिचित गाँव के दर्शन से सर्बजया के चेहरे पर उजाला

पाथेर पांचाली थीम धुन यहाँ बजती है। सर्वजया को परिचित माहौल से सन्तोष उसके चेहरे पर झलकता है।

अपू पूजापाठ की विधि सीखता है

31. सर्वजया नये मकान में बस जाती है, यहाँ अपू के लिए उसे आशा दिखाई देती है।

यह मकान गाँव के पुराने मकान जैसा है।

32. भवतारण अपू को दैनंदिन पूजा की विधि समझाते हैं

यह पारम्परिक शिक्षा की रीति परिवारों में चलती आयी है।

33. अपू स्कूली लड़कों के खेल देखता है, उनके पीछे स्कूल की ओर भागता है।

अपू बच्चों के समूह में अबतक शामिल नहीं है। निश्चिंदिपुर से यह विरोध की बात है।

बनारस पहुँचने के बाद अपू एक नयी दुनिया का विस्तार देख रहा है, जिससे सर्वजया परिचित नहीं है।

अपू स्कूल में

34. अपू माँ से स्कूल जाने की बात करता है।

35. सर्वजया खर्चे का सवाल उठाती है।

36. अपू पैसों के बारे में माँ से पूछता है, वह मान जाती है।

अपू की स्कूल में अच्छी प्रगति छः साल बीतते हैं

37. स्कूल इंस्पेक्शन की तैयारियाँ

38. इंस्पेक्टर आते हैं

39. इंस्पेक्टर अपू के पढ़ने से खुश होते हैं।

सर्वजया की संवेदनशीलता। उसे अपू के मन की उलझन का एहसास है।
सर्वजया के व्यावहारिक प्रश्न और अपू की इच्छा का टकराव
सर्वजया ने अपू के भविष्य के लिए लगाए पैसे आगे चलकर उन दोनों में दूरी पैदा करेंगे
घर में पारम्परिक व्यवसाय अगली पीढी को सौंपने की पद्धति
विरोधः निश्चिंदिपुर के बच्चों के समूह में अपू एक सदस्य था। यहाँ अजनबी है।

बनारस में पहुँचने के बाद अपू ऐसी दुनिया के नजारे देखता है, जिससे सर्वजया अपरिचित है।
एक माँ की भूमिका में सर्वजया की संवेदनशीलता
अपू के मन की इच्छा और सर्वजया का व्यावहारिक प्रश्न एक दूसरे के सामने आ जाते हैं।
सर्वजया अपू की इच्छा और भविष्य के लिए पैसा लगाती है और वही अपू की दूरी का कारण बन जाता है।
इस दृश्य से माँ बेटे के बीच की दूरी सूक्ष्म रूप में शुरू होती है।

ब्रिटिश राज की औपचारिक शिक्षा की व्यवस्था, संस्था रूप में।
भारतीय लोगों के नौकरी के नये रूप और नयी भूमिकाएँ।
अपू खुद को और स्कूल को अच्छा साबित करता है।
अपू के पाठ से इंस्पेक्टर का अपनी देशभूमि के प्रति बना भावनिक बन्ध जाग्रत होता है। इससे समान्तर भावना अपूर संसार 13-14 में अपू की है, जब वह रेलवे में नौकरी नहीं लेता, जहाँ पर हड़ताल तोड़ने के लिए भरती हो रही थी एक और घटा है, अपूर संसार-19 में जब अपू गाँव में बैठे कविता पाठ करता है और माँ की पसन्दगी की प्रतिक्रिया देता है।
औपचारिकता तीन घटकों में दिखाई गयी है। पहनावा, इंस्पेक्शन की प्रक्रिया और बच्चों की अच्छी प्रगति दिखाने की अहमियत।
अपूर संसार-4 में अपू एक स्कूल में नौकरी ढूँढ़ने के लिए जाता है, उससे यह स्कूल बहुत भिन्न है। विरोध ब्रिटिश प्रभाव इंस्पेक्टर के थ्री पीस सूट और सोला हैट के रूप में दीखता है।
स्कूल की छटाएँ: हेडमास्टर धोती के साथ कोट, शूज और सॉक्स पहनते हैं इंस्पेक्टर का चपरासी गणवेश पहनता है। कॉलेज के विद्यार्थी (अपराजितो-61) धोती और शर्ट पहनते हैं। और जिसे ब्रिटिश असर छुआ तक नहीं वह प्रसन्न (पाथेर पंचाली-11) सिर्फ धोती पहने बच्चों को पढ़ा रहा है। आगे चलकर अपू भी शर्ट और शूज पहनेगा।

नयी दुनिया से अपू की दिलचस्पी

40. अपू को हेडमास्टर से प्रोत्साहन मिलता है।

41. अपू कड़ी मेहनत करने का और पढ़ाई जारी रखने का आश्वासन देता है।

हेडमास्टर से व्यक्तिगत प्रोत्साहन मिलने से अपू की प्रगति होती है। इसके विरोध में कॉलेज के वातावरण में रुक्षता। अपराजितो-61
अपू बाहरी दुनिया की जानकारी और अपने ज्ञान का विस्तार तीन प्रकार से करता है। पढ़ना, प्रयोग करके देखना, समझना और खुद अनुभव करना।

42. स्कूल में जो भी पढ़ता है उसका प्रयोग करता है	यहाँ पर आविष्कार की खुशी और रेलगाड़ी देखते समय का साहस साम्य सम्बन्ध पाथेर पांचाली 24 में अपू राजपुत्र बनता है, यहाँ आफ्रिकन आदिवासी। इन हिस्से में पारिवारिक पूजापाठ का महत्त्व अपू के लिए कम होता जाता है और नयी दुनिया का विस्तार और आकांक्षाएँ बढ़ती जाती है
छः साल बाद अपू मैट्रिक की परीक्षायें अच्छे अंकों से उत्तीर्ण होता है	
43. अपू अब छः साल बाद अपू की उपलब्धि पर प्रशंसा अपूर कुमारावस्था में, जिले में अपूर-संसार-3 में प्रकाशक के खत से क्रमांक पाने पर अभिनन्दन का दोहराता। अपूर संसार-19 में करना हुआ	अपू की उपलब्धि पर प्रशंसा। अपूर संसार-3 में प्रकाशक के खत से दोहराना। अपूर संसार-19 में पुत्र से उपन्यास पढ़ने पर अभिनन्दन
44. हेडमास्टर जी कलकत्ता में उच्च शिक्षा के लिए मदद करने का प्रस्ताव रखते हैं।	मदद के नये स्रोत।
45. माँ से इजाजत मिलने पर आशंका।	अपू व्यक्तिगत प्रगति के बारे में सोचते समय माँ से दूर हो जाता है। शिक्षा का असर अपनों से दूर जाने की मानसिकता के रूप में दिखाता है।
संघर्ष और सुलझन 46. सर्वजिया अपू की यशलिप्सा से खुश, मगर दूर जाने के इरादे से अस्वस्थ।	
47. अपू स्कॉलरशिप के बारे में बताता है।	माँ और बेटे के विचार एक दूसरे से बिलकुल अलग। सर्वजिया के लिए जो खतरा है, वह अपू के लिए नया अवसर है।
48. सर्वजया अपनी चिन्ता की बात बताती है अपू और माँ के बीच झगड़ा	फिर भी संघर्ष इस हदतक बढ़ता है कि माँ अपू को चाँटा मारती है।
49. सर्वजया पारिवारिक पेशे के बारे में गौरव से बोलती है।	
50. अपू पूजापाठ से बाहर निकलना चाहता है	यहाँ अपू माँ के मन में पारिवारिक व्यवसाय की जो प्रतिष्ठा है, उसपर चोट लगाता है और उसे पुरोहित बने रहना पसन्द नहीं यह बताता है।
51. माँ अपू के मुँह पर तमाचा देती है सुलझन	अब विवाद का कोई हल नहीं।
52. अपू दुखी और गुस्सा होकर घर के बाहर जाकर पेड़ के नीचे बैठता है।	अपू की अपने आप को बड़ा महसूस करने की अवस्था और ठान लेना।
53. विराम का क्षण जब तक सर्वजिया कमरे में चली जाती है।	बरांडे में लालटेन के प्रकाश में ग्लोब दृश्य संरचना का विशेष अंग है।
54. सर्वजया बाहर आकर अपू को मनाकर अन्दर लाती है और उसे इजाजत देती है अपू उत्साह से उसे ग्लोब पर कलकत्ता कहाँ है यह दिखाता है।	सर्वजया के चेहरे पर, अपू के प्रति प्यार और आनन्द यह पूरा हिस्सा पाथेर पांचाली-15 की पुनरावृत्ति है, जब दुर्गा को सजा दी गयी थी। वहाँ बेटी के शिक्षण पर चोर कहकर अपमानित होना पड़ा था, यहाँ परिवार की जीविका पर अपू ने प्रतिष्ठा नहीं मानी थी।

अपराजितो-तीसरा भाग

अपू मानसापोटा से विदा लेकर कलकत्ता पहुँचता है	
55. अपू सामान बाँधकर कलकत्ता जाता है, सर्वजिया अकेली रह जाती है	संघर्ष मिट जाने के बाद भौतिक दूरी दोनों ही अच्छी तरह से मान लेते हैं।
56. रेलगाड़ी के डिब्बे में अपू ग्लोब के निरीक्षणों पर पूरा ध्यान	अपराजितो-79 में दवा बेचने वाला फिर से आएगा।

लगाता हुआ। दवा बेचने वाले पर ध्यान नहीं देता।	अपूर संसार-5 में दवा की शीशियोंपर (लेवल लगाने की जगह दिखाई जाएगी जहाँ अपू नौकरी की खोज में गया था)
57. रेलगाड़ी कलकत्ता पहुँचती है।	रेल, रेलों के जोड़, और रेल व्यवस्था की जटिलता। रेल के हिस्से मोटिफ़ के रूप में यहाँ से रेलवे की भूमिका बढ़ती है, अपू कलकत्ता से मानसपोटा आता जाता है। सामाजिक सम्बन्धों की भिन्नता पहले दृश्य से जताई है, जब अपू भीड़ में एक बेनाम व्यक्ति हो जाता है। उसका सामाजिक महत्त्व महानगर में छोटा हो जाता है।
अपू कलकत्ता में रहना शुरू करता है 58. अपू अलिल बाबू का पता ढूँढ़ निकालता है।	रेलवे स्टेशन से रास्ते और सार्वजनिक परिवर्तन की व्यवस्था जैसे शहर के भौतिक रूप दिखाए हैं अपू अपनी आकांक्षाओं को वास्तव में लाने के लिए अकेला प्रयास करेगा अपूर संसार-4 में पुत्र को अपू का पता ढूँढ़ने के लिए बहुत कष्ट उठाने पड़ेंगे।
59. रहने की व्यवस्था के नियम, कमरा और माँ को खत	अपूर संसार-2 में इलेक्ट्रिक बल्ब मकान मालिक से बात करते समय फिर आएगा। बनारस में नल का पानी फिर आएगा। बनारस में नल का पानी सार्वजनिक व्यवस्था से या यहाँ घरेलू उपयोग के लिए बिजली की व्यवस्था है।
60. अपू कॉलेज जाता है और रात के समय प्रिंटिंग प्रेस में काम करता है।	शिक्षा पाने के प्रयासों में शहर का नया तरीका-कमाओं और सीखो
अपू के प्रयास	
61. अपू को कॉलेज के क्लासरूम से बाहर निकाला जाता है, क्योंकि ऊँघ रहा है। उसके साथ शिवनाथ को भी ध्यान न देने के कारण से निकाला जाता है।	स्कूल के हेडमास्टर से विरोधी भावनिक सम्बन्ध
62. अपू और शिवनाथ घूमने चले जाते हैं और आकांक्षाओं की बातें करते हैं	नये दोस्त से अपू अपनी समस्या की बात करता है
63. अपू माँ के विचारों के बारे में बोलता है।	अपू और माँ के बीच की दूरी अब स्थल या काल जैसी मूलभूत कल्पनाओं को लेकर भी बढ़ गयी है माँ और अलग थलग हो जाती है जब अपराजितो-73 में अपू उसे घर आने के बजाय पैसे भेजता है। विदेश जाने की बात अपूर संसार-68 में दोहराई गयी है, जब अपू अपने बेटे की जिम्मेदारी का सामना नहीं करना चाहता। जिस तरह हरिहर अपनी पारम्परिक जीवन सरणी बनायी रखने के लिए प्रयास कर रहा था उसी तरह अपू नयी दुनिया में तरक्की के लिए शिक्षा हासिल करने के प्रयासों में लगा है।
अपू और माँ के बीच बढ़ता फासला अपू की पहली भेंट 64. सर्वजया अपू के आने की प्रतीक्षा में तैयारियों में लगी है, अपू आने पर पोखर में तैरने जाता है।	अपू ऊँचा और बढ़ेगा। पाथेर पांचाली में दुर्गा ने जैसे राजपुत्र के रूप में सजे अपू को देखा था, उसकी याद पाथेर पांचाली-21
65. खाने के समय अपू के शहर में खाने के बारे में सर्वोदय पूछती है।	खाना और चर्चाः हरिहर और सर्वजया की याद/पाथेर पांचाली-17
66. सोते समय माँ चाहती है कि अपू उससे बात करें, लेकिन अपू सो जाता है और माँ की बात सुनता नहीं।	सर्वजिया का अकेलापन गहराता हुआ-यहाँ नींद से। (पाथेर पांचाली-18)

	अपू के आने पर माँ का आनन्द उसकी दूरी महसूस करने से कुछ फीका सा पड़ता है
अपू की हिचकिचाहट/परेशानी 67. अपू का गाँव में मन नहीं लगता	रास्ते पर कसरत दिखाने वाला लड़का अपू के मन को नहीं भाता जात्रा के मनोरंजन के विरोध पाथेर पांचाली-20 लड़के की कमाल दिखाने के साथ जो रट लगाई जा रही है वह शायद अपू भी खुद के बारे में कर रहा है-दुनिया को अपनी कमाल दिखाना परम्परा में 'कमाल दिखाने की' जो कल्पनाएँ हैं, उनसे अपू इतना दूर चला गया है कि यह सब उसे बेमानी लगता है। इस स्कूल से उसका कोई मनोरंजन नहीं होता।
68. अपू दूसरे दिन रहना नहीं चाहता और सुबह जल्दी जगाने को कहता है।	बढ़ती हुई दूरी की तीव्रता
69. माँ अपू को जगाती नहीं, फिर भी उठते ही अपू जल्दी में स्टेशन जाता है। अपू एक दिन और रहता है	सर्वजया फिर एक बार असहाय, अकेली।
70. अपू रेलवे स्टेशन पर	दो शॉटों में दृश्य साम्य स्टेशन पर खम्भे के पास अपू घर के बरांडे के खम्भे के पास सर्वजिया।
71. रेलगाड़ी आती है, अपू चढ़ता नहीं।	रेल यातायात की व्यवस्था की और बहुत तफसीलें।
72. अपू घर वापस आता है और सो जाता है	सर्वजया के लिए कुछ सन्तोष, विरोध का डिजाइन जब घर ले जल्दी में, कुछ चिड़चिड़ा-सा निकल आया कच्ची अवस्था। पाथेर पांचाली की 32-33 में दुर्गा का यही हाल था।
अपू पारम्परक व्यवसाय छोड़ देता है बढ़ता फासला 73. अपू इम्तिहान देता हुआ, काम, पढ़ाई और दोस्तों का दिनक्रम जारी।	अपू का नया दिनक्रम अब ठीक से चल रहा है। इससे माँ और उसके विचार पीछे रह गये हैं
74. अपू को घर आने का आग्रह करने वाला सर्वजया का खत	अपूर संसार 40-45 में अपर्णा के खत, जिसमें अपूने कम संख्या में खत भेजने पर शिकायत है।
75. अपू का खतः घर नहीं आ सकता सर्वजया बीमार और अकेली, अपू दूर कलकत्ते में, माँ की मृत्यु	अपू के पहले खत से विरोध
76. अपू के खत से सर्वजया निराश और दुखी। पड़ोसन अपू की शादी की बात करती है	पाथेर पांचाली-28 में इसी तरह का प्रसंग, जब हरिहर का निराशाजनक खत आता है और दरवाजे पर बहुल भिक्षा लेने आता है।
77. कलकत्ता में अपू, उसकी गलत समझ।	अपू के नये जीवन की अपनी कठिनाइयाँ हैं, इस गलतफहमी से आगे का गहरा दुख बनता है।
78. सर्वजया बहुत बीमार, भ्रान्ति में अपू का आना और उसके पुकार की आवाज सुनती है। फिर धीरे-धीरे ढह जाती है। जुगनू का नाच	निरुपमा उसकी मदद करना चाहती है लेकिन सर्वजया अपू को बुलाने को मना करती है। उसको आना हो तो खुद ही आये, बुलाने से नहीं। दिग्दर्शक का विशेषाधिकार का क्षण यहाँ सर्वजया के प्रतीक्षा और दुखभरे भाव उसके जीवन के अन्तिम क्षण जुगनू के नाच में फैलते-बिलखते हैं। सर्वजया की मृत्यु दिखाई नहीं जाती। अपू पर इसका गहरा आघात है। अपू इससे पुश्तैनी पेशा छोड़ देने का निर्णय कुछ ज्यादा ही जल्दी में लेता है। उसकी नजर में उसके मनचाहे जीवन बिताने में माँ एक रुकावट थी।

अपू पुश्तैनी पेशे से सम्बन्ध तोड़ देता है।	
79. अपू माँ की बीमारी की खबर अपू के लिए चिन्ता मानता देने वाला खत मिलते ही घर लौटने के लिए ट्रेन पकड़ता है। हरदर्द की दवा बेचने वाले की ओर इस बार भी ध्यान नहीं।	अपू के लिए चिन्ता मानता
80. अपू जल्दी से घर पहुँचता है, लेकिन भवतारण को देखते ही उसे पता चलता है। वह शोक मनाता है।	अपू माँ को पुकारते ढूँढ़ता है, तब दृश्य संरचना पाथेर पांचाली में काश फूलों के बीच रास्ता खोजते हुए अपू जैसी है। अपू ने माँ के बुलाने पर अमल नहीं किया और अब दुखी और खिन्न है।-सर्वजया ने इन्दिर को आखरी क्षण में ना कहा था और इन्दिर की मृत्यु के बाद उसके पास कोई शब्द ही नहीं। इस बात का साम्य है। भवतारण के शब्दों का कोई असर नहीं है। अपू उसके पैर छूना तक टाल देता है। परम्परा से नाता तोड़कर चला जाता है।
81. अपू और भवतारणः भवतारण सांत्वना और सलाह देते है, अपू मानता नहीं और माँ का सामान लेकर मानसपोटा छोड़ने के लिए स्टेशन के रास्ते पर नंगे पाँव चला जाता है।	नयी शिक्षा के प्रभाव से अपू इस फ़िल्म के आखिर में अपना पुश्तैनी पेशा छोड़ देता है, जबकि उसके पास अपना जीवन बिताने को कोई अच्छा बना भी नहीं है।

पाथेर पांचाली में थोड़ी देर के लिए गाँव छोड़कर जाने के बाद गाँव और घरबार छोड़कर जाना पड़ा। बनारस जैसे बड़े क्षेत्र से छोटे गाँव लौटना पड़ा। अब फिर आधुनिक शहर की ओर अपू खींचा गया। हर बार परिवार टूटकर छोटा होता गया और रिश्ते सम्बन्ध टूटते गये।

अपूर संसार
पहला भाग

पूर्वकथन

अपू प्रोफ़ेसर से सर्टिफिकेट लेता है।	अपू कॉलेज की पढ़ाई खर्चे के कारण आगे नहीं कर पाया।
प्रोफ़ेसर उसके लेखन कुशलता की प्रशंसा करता है। अपू चाहे तो लेखक का पेशा ही अपना सकता है।	अपू के लेखन पर प्रशंसा। आगे पुलू भी अपू के उपन्यास की प्रंशसा करेगा! (अपूर संसार)
अपू जब विदा लेता है तब बाहर से जुलूस की आवाज आती है।	अपू को अब शिक्षित बेरोजगार की जिन्दगी का सामना करना है।
टाइटिल	
अपू का अकेला रहने का रंग-ढंग	इस पूर्वकथन से अपराजितो और अपूर संसार के बीच की कड़ी बनती है। तीन-चार साल अनिश्चित रूप से बीत गये हैं, अपू अब बीस-इक्कीस साल का नवयुवक है।
1. बरसात की सुबह/अपू सोया हुआ/स्याही की बोतल लुढ़कने से दाग लगी चादर, अपू बारिश में भीगने का मजा लेता है।	अपूर संसार 32 में अपर्णा और अपू के दिन की शुरुआत अपू की शरारत से होती है। रेल के इंजिन की निकट से बजती सीटी, शूटिंग की आवाज, नल का पानी बन्द होना—ये सभी इस परिवेश के भौतिक पहलू है।
2. अपू और मकान मालिक तीन महीने का किराया वसूल करने आया है। अपू पर 21 रु. चढ़ें है।	अपू अकेला अपनी पढ़ाई के जोरपर गुजारा चलाने की कोशिश कर रहा है। मकान मालिक को टालने के और समय बिताने के तरीके खोजने पड़ते हैं। यह पहला सामाजिक सम्बन्ध आर्थिक दबाव और तनाव का है। अगर समय पर भुगतान नहीं होगा, तो रहने की जगह छोड़ने होगी।
3. अपू के एक हमनाम पड़ोसी ए. के. राय रहते हैं। उन्हें अपू के लिए भेजी गयी चिट्ठी जो गलती से मिली है। वह दे देते हैं।	अपू शादीशुदा न होने से दूसरों से सम्बन्ध बनते हैं। महिलाएँ घूँघट ओढ़ लेती हैं। चिट्ठी देते समय अपू को प्रेम पत्र मिलने पर मजाक की बात होती है। इस सीक्वेन्स में अपू का कुँवारा जीवनक्रम, उसका भौतिक वातावरण और सामाजिक सम्बन्धित रूखापन, दूरी का चित्रण है। किराया चुकाने के लिए किताबें बेचनी होंगी—आर्थिक कठिनाई सामने है। प्रकाशक से अपू के नाम उसके लेख की स्वीकृति का खत गलती से हमनाम को मिला था, वह अपू को देते समय शादी से बचकर रहने का मजाक करता है। यहाँ के सम्बन्धों में ढीलापन है, दूरी भी पास रहने वाले भी

नजदीकी रिश्ते नहीं बनाते अपू का उत्साह और आशावाद बरकरार है।

अपू को नौकरी नहीं मिलती

4. अपू प्राथमिक पाठशाला में। यहाँ उसे नौकरी नहीं मिलती क्योंकि वह ज्यादा पढ़ा है।

अपूर संसार-17 में अपू की अपनी भूमिका से विरोध जहाँ वह लेखक के स्वतन्त्रता की बात करता है।

5. औषधि कम्पनी के लेबिलिंग यूनिट में अपू—वहाँ के माहौल से अपू को घृणा आती है।

अपू की आकांक्षा से विरोध, हरिहर की विफलता से साम्य।

6. अपू निराश लौटता है, रास्ते में प्रकाशक के खत से और घर आने पर फ्लूट बनाने से संगीत में विश्राम पाने की कोशिश करता है। बगल की बिल्डिंग में रहने वाली लड़की को टाल देता है।

अपूर संसार-42 में अपर्णा के खत में इस बात का जिक्र है।

पाथेर पांचाली में दुर्गा खतरे से बचने पर अपनी दुनिया में चली जाती है, यहाँ अपू निजी दुनिया का उल्हास रखने के लिए प्रकाशक की प्रशंसा तथा संगीत का सहारा लेता है।

बड़े शहर में बेरोजगारी से जिन्दगी बिताने की कठिनाई से अपू जूझ रहा है।

पुलू अपू का पता लगाता है

7. पुलू दरवाजे पर दस्तक देकर आता है और बहुत दिनों बाद पुराने दोस्त मिलते हैं।

एक दोस्त के साथ खास रिश्ते का पहला परिचय दिया गया है।

8. पुलू अपू का पता ढूँढ़ने के प्रयासों की कहानी बनाता है।

दोस्ती की गहराई का अन्दाज।

9. दोनों खाना खाने बाहर जाने का प्लान बनाते हैं। अपू एक दिन चावल और आलू का खाना खिलाने का वादा करता है।

दोस्ती में अपू की खस्ता हालत कोई रुकावट नहीं है

पुलू सालों बाद फिर से सम्बन्ध जोड़ता है।

अपू को अकेलेपन से बाहर खींचने का काम पुलू फिल्म में दो बार करता है। दूसरी बार अपूर संसार 67-69 में होगी।

दोनों दोस्त रेस्टोरेंट में

10. दोनों एक-दूसरे का हाल पूछते हैं।

अपूर संसार 67-69 का विरोध, जहाँ पुलू अपू से सीधी बात शुरू करता है।

11. पुलू अपू की नौकरी के बारे में पूछता है, क्या उसने टायपिंग सीखी है जिससे नौकरी मिलने की सम्भावना बढ़ेगी।

अपूर संसार-27 में अपू शादी के लिए राजी होने से पहले नौकरी दिलाने की बात फिर से उठाता है। अपू ट्यूशन के जरिए जिस प्रकार की जिन्दगी काट रहा था उससे बेहतर हाल पुलू की मदद से नौकरी मिलने पर होगा-जो हम अपूर संसार 32-45 में देखते हैं।

12. पुलू रेलवे में नौकरी लेने के बारे में पूछता है, तो अपू ने वह मौका छोड़ दिया क्योंकि स्ट्राइक तोड़ने के लिए भर्ती हो रही थी।

अपू का सीधा-सादा तरीका सामने आता है। राजनीति में शामिल न होते हुए भी वह सामान्य मानवीय प्रतिवाद देता है।

पुलू के परिवार में शादी हो रही है, पुलू अपू को साथ ले जाता है।

इनके दोस्ती की सच्चाई और गहराई इस सीन में तथा अगले सीन में ठीक सामने आती है।

13. पुलू परिवार में मामा के घर शादी है, वहाँ साथ चलने की बात करता है।

14. अपू हाँ-ना करता है, पर पुलू वहाँ के निसर्ग का लुभावना वर्णन सुनाकर अपू को राजी कर देता है।

पुलू को अपू के मन का झुकाव मालूम है और उसी का प्रयोग करता है।

15. अपू मान जाता है।

मित्रों को परिवार में शामिल कराने की आसान-पारिवारिक सोच और दोस्तों का अपनापन

पुलू और अपूः नाटक देखने के बाद

16. रात को रास्ते पर चलते अपू कवितापाठ सुनता है, पुलिस आवाज देती है, अपने नाम किसी पौराणिक कथा से बताते हुए दोनों बचकर चलते हैं।

अच्छा खाना और नाटक देखने के बाद अपू एक छोटी सी शरारती मजाक करता है।

17. अपू नौकरी करना नहीं चाहता क्योंकि एक लेखक होने के नाते उसको आजाद रहना ज़रूरी है।

अपू की आकांक्षाएँ हरिहर जैसे स्वप्निल सुखों की हैं।

18. अपू ने जो उपन्यास लिखना शुरू किया है उसके बारे में वह पुलू को बताता है और दोनों के बीच कल्पनाशक्ति और अनुभव को लेकर विवाद उठता है।

अपूर संसार-36 में अपर्णा से बात करते समय उपन्यास का उल्लेख होता है, तथा अपूर संसार-63 में उपन्यास के लिखे हुए पन्ने दिखेंगे।

कॉलेज के दिनों का दोस्त पुलू और अपू के सम्बन्ध हार्दिक, खुले और मुक्त हैं।

इतने दिनों बाद दोस्ती के धागे जल्दी ही जोड़े जाते हैं, इसमें कोई हिचक नहीं है। पुलू व्यवहारी और कामयाब इन्सान है। लेकिन व अपू के सर्जनशीलता की कद्र करता है और अपू को अच्छी जिन्दगी बिताते हुए देखना भी चाहता है। पाथेर पांचाली में रानू और दुर्गा की जोड़ी इन दोनों जैसी है।

खुलना तक की सफर नाद से

अपूर संसार-16 से पुनरावृत्ति

19. नदी के किनारे का नजारा अपू बाँसुरी बजाता है।

अपूर संसार-6 तथा 32 में भी बाँसुरीवादन/यहाँ टैगोर गीत आमी शोमार बांग्ला की धुन बजाई जाती है।

20. नाव में अपू कविता पाठ करता है।

यह टैगोर कविता "शानार तोरी (सुनहरी-नाव इस नाव के मांझी की भी समझ में आ रही है।)"

21. पुलू अपू का उपन्यास पढ़कर उसका अभिनन्दन करता है।

यहाँ पुलू की प्रशंसा और अपूर संसार-68-69 में उसकी कठोर सी डाँट–इस दोस्ती का विरोध में दिखाया रूप है।

तय हुई शादी रद्द होती है

22. शादी की तैयारियाँ

अपू को देखकर अपर्णा की माँ जिस प्रकार प्रसन्नता और सन्तोष जताती है वह पाथेर पांचाली-6 में अपू के जन्म पर जताई गई प्रसन्नता से साम्य रखता है। अपू के व्यक्तित्व में परिवार में लड़का होने पर मिला हुआ सम्मान महत्त्वपूर्ण केन्द्र बनता है। आगे अपर्णा भी उसे अपने जीवन का केन्द्र बनाएगी। अपूर संसार-32

शादी समारोह का साम्य पाथेर पांचाली-29 से बैंडवाले शहनाई आदि।

23. दूल्हे की बारात आने पर मायूस करने वाली वारदात।

दूल्हा डोली से बाहर जिस प्रकार लुढ़कता है तब उसकी हालत छुपाई नहीं जा सकती। इसका विरोध अपू दूल्हा बनने पर (अपूर संसार-27) दिखेगा।

24. अपर्णा की माँ शादी पर रोक लगा देती है।

माँ अपनी बेटी की रक्षा करने को पूरी ताकत यहाँ दिखाती है। लड़की के परीक्षण में यह एक हिस्सा है। अपूत्रयी में इस मातृत्व के

अनेक पहलू हैं।

अपू की शादी

25. पुलू के परिवार में संकटः कोई दूसरा दूल्हा खोजना है।

यहाँ पर संकट की तीव्रता जीने-मरने के सवाल जैसी लगती है। क्योंकि ज्योतिष के अनुसार अगर इस लड़की का लग्न आज के मुहूर्त में नहीं हुआ तो आजन्म कुँवारी रहेगी।

अपू को यह प्रस्ताव अन्धकार युग का सा लगा। उसके नकार से पुलू और अन्य बुजुर्ग लोग निराश होकर लौट जाते हैं।

26. अपू के सामने शादी का प्रस्ताव

एक बार दूल्हा बनने का आग्रह अपू खारिज कर देता है। पर उसे इस प्रस्ताव को मान जाने से एक भलाई का काम मालूम होता है।

27. अपू की आपत्तियाँ और समाधान के बाद मान जाना।

भलाई का काम करने की अपू की आदत पाथेर पांचाली में बचपन से बनी है जब वह चुराई माला का किसी को पता नहीं लगने देता। (पाथेर पांचाली 42)

अपू के जीवन में यह मोड़ अचानक ही आता है, जहाँ एक रिश्ता बनाने लायक दूल्हे के रूप में उसे देखा जाता है जिससे परिवार का सम्मान और दुल्हन का भविष्य सँवारा जा सके।

कथन प्रवाह का यह मोड़ सामाजिक मान्यताओं में से निर्माण होता है। इस घटनाक्रम में अपर्णा की माँ की कोशिश अपर्णा को एक अनुचित शादी से बचाना है। सामाजिक मान्यता और माँ के फैसले से यह पेचीदा प्रसंग बनता है।

अपू का सहजीवन

अपू और अपर्णाः विश्वास और पारदर्शिता

28. सुहाग रात के समय अपू चिन्तित, अपर्णा से उसकी राय और पसन्दगी पूछ लेता है।

अपू शादी का बन्धन जोड़ते समय दोनों की सम्मति चाहता है और आपस में खुलापन रखने की शुरुआत करता है।

यह अपू की पहली मुलाकात ही विश्वास और पारदर्शिता का नाता बनाती है।

29. अपू अपनी घरेलू स्थिति और गरीबी का हाल अपर्णा को बताता है और पूछता है कि इस हालत में उसका साथ निभाना क्या उसे मंजूर है? अपर्णा मानती है।

अपर्णा की सम्मति से अपू को पूरक साथ मिल जाता है।

30. अपू आश्वस्त होता है और कलकत्ता में घर बसाने के लिए साथ ले जाने का निर्णय लेता है।

इस प्रसंग के साथ माँ जी का गाना सुनाई देता है। अपूर संसार-71 में अपू की काजल से पहली मुलाकात होगी तब यह दोहराया जाएगा। इस सीन में अपू और अपर्णा के भाव-बन्धन की शुरुआत होती है।

अपूर संसार-दूसरा भाग

अपू और अपर्णाः मनमिलाप और पारस्परिकता

31. कलकत्ता के मकान में अपू और अपर्णा अपू पड़ोसियों से सम्पर्क बनाता है।

नाजुक अपर्णा और कलकत्ता के परिवेश में विरोध।

पड़ोसनें अपर्णा की प्रशंसा करती हैं अब अपू कुँवारा या तब से अलग प्रकार की प्रतिक्रिया।

32. अपू नौकरानी रखने की सोचता है, लेकिन अपर्णा इस खर्चे पर रोक लगा देती है।

अपर्णा का पल्लू बाँध रखने की शरारत से इस रिश्ते के विनोदमय पहलू का परिचय कराया जाता है अपर्णा पैसों से ज्यादा महत्त्व

साथ-साथ रहने को देती है।

33. अपर्णा की शरारत अपू को चौंकाने की।

अपर्णा शरारत का जवाब शरारत से देकर विनोदमयता चालू रखती है। खाने के समय एक-दूसरे के लिए पंखा झूलने से सुखी क्षण बनते हैं यहाँ कैमरा पैन से बदलाव दिखाया गया है, जब अपू को नींद आने लगी है।

अपू और अपर्णाः हँसी मजाक और अंतरंगता

34. अपर्णा सोने का समय टाल देती है।

अपर्णा अंग्रेजी सीख रही है। यह उसका अपू के बराबर होने का प्रयास है।

35. सिनेमा थिएटर में अपू और अपर्णा।

मनोरंजन के कई प्रकार अपूत्रयी में हैं सिनेमा शहर की खास बात है।

36. घोड़ा गाड़ी से घर लौटना

अपना उपन्यास वाइफ को अर्पण करने की बात अपूर संसार-63 में बिखर जाएगी।

इस बातचीत में काजल जल्द आता है, अपूर संसार-64 में पुलू अपू के बेटे का नाम काजल है इसका जिक्र करता है।

अपू का सहजीवन एक सहनसृष्टि है। पिछली पीढ़ी के हरिहर और सर्वजया से तो बिल्कुल अलग है और अपू की पीढ़ी के भी बहुत दम्पतियों से (अपूर संसार-41) यह भिन्न है। यहाँ दोनों अपना-पन ऐसी खोज करते हैं जिससे शादी से बना रिश्ता समर्थ हो सकें। इसमें खुलापन है पारस्परिकता है, अभिव्यक्ति है और बहुत ज़्यादा मजा विनोदप्रिय होने से भी है।

अपू कलकत्ता में, अपर्णा से दूर

अपर्णा की विदाई

37. मुरारी और अपर्णा ट्रेन के डिब्बे में।

रेलवे और पात्रों का अलग होना फिर एक बार।

दृश्य संरचना में दोनों के बीच का अन्तर पूरे प्रसंग में बढ़ता जाता है।

38. अपू और अपर्णा निःशब्द हैं, जैसे ही ट्रेन छूटने लगती है तो अपर्णा बहुत सारी सूचनाएँ जल्दी से बोलती जाती है।

विरह का कल्पना की वेदना से रोध और दबाव और रोजाना जिन्दगी की मामूली चीजों के सहारे शब्दों में उतरना।

39. रेलगाड़ी चलती है, अपू अकेला रह जाता है।

रेल के और विवरण। रेल से अपू अपने नज़दीकी रिश्तों से दूर जाता है, अपराजितो-56 तथा अभी अपूर संसार-39 में।

यहाँ अपर्णा अपने गहनों के बारे में बोलती है। अपूर संसार-79 में जब अपू काजल को लिए बिना चले जा रहा है तब ये गहने अपर्णा के पिता को सौंप देता है।

अपर्णा की चिट्ठी

40. अपू अपने दफ़्तर में अपर्णा के बारे में सोचता है।

41. अपू का सहयोगी उसकी आनन्दमय मनःस्थिति समझता है।

अपर्णा अपू के जीवन में पूरी छा गयी है। उसकी अनुपस्थिति में भी

42. अपू चिट्ठी पढ़ता है।

उसकी चिट्ठी और अपू की लग्न से अपर्णा की मौजूदगी महसूस होती है।

सहयोगी और अपु

43. सहयोगी अपू के सुखी जीवन के बारे में बात करता है।
44. सहयोगी अपनी अत्यन्त आज्ञाकारिणी पत्नी के बारे में शिकायत करता है।
45. अपू घर लौटते समय चिट्ठी फिर से पढ़ता है।

लड़कियों के आज्ञाकारी होने का एक और पहलू सामने आता है दुर्गा जिसे मानने से इनकार करती थी।

अपू के सहजीवन के दो विरोध हैं। एक पड़ोसी, जो शादी टालने की सलाह दे रहा था दूसरा यह सहयोगी।

शोकाकुल अपू

मुरारी बुरी ख़बर देता है

46. काम से घर लौटने पर अपू को घर के दरवाजे पर मुरारी दीखता है।
47. मुरारी एक-एक कर अपर्णा की मृत्यु के बारे में बता देता है।
48. अपू शोकसंतप्त होकर मुरारी को चाँटा मारता है। फिर खुद गिर जाता है।

सहजीवन का सुखी जीवन एक ही आघात से मिट जाता है और अपू को विकल करता है।

शोक में डूबा हुआ अपू

49. अपू बिस्तर पर पड़ा आँखों में आँसू की बूँद तक नहीं।

पाथेर पांचाली-36 में हरिहर का घर लौटना, सर्वजया से दुर्गा की मृत्यु की खबर मिलना, हरिहर की शोकार्थ पुकार और माँ का रुदन यह क्रम था। यहाँ का विस्फोट और पाथेर पांचाली में आर्तता उसी विकलता के दो पहलू हैं।

50. पड़ोसन अपू को देखने आती है।

यह वेदना सुप्त ही रहती है अपूर संसार-69 में पुलू के मिलने तक यह सुप्त अवस्था बनी रहती है

51. अपू कष्ट से खड़ा हो जाता है, उसका प्रतिबिम्ब आईने में दिखाई देता है।

अपने शोक में डूबा अपू और बात करते जाने वाली पड़ोसन अपराजितो-76 से दोहराना-समानता में अपू का शादी के प्रति दृष्टिकोण सामाजिक रूढ़ि व्यवहार से अलग है।

अपू त्रयी में आईने में प्रतिबिम्ब कई बार अलग-अलग भावों से जुड़ गया है। अपूर संसार-3 में रोविंग करता अपू, अपूर संसार-33 में सिन्दूर बिन्दी लगाती अपर्णा और यहाँ शोकमग्न अपू।

पुलू को पता लिखकर अपू कलकत्ता छोड़कर चला जाता है

52. निराशा अपू रेलवे लाइन के नजदीक

अपू त्रयी के डिजाइन में रेलवे का उपयोग यहाँ अपू के मन में आत्महत्या के विचार और रेलवे लाइन नजदरीक होना।

53. इंजिन से टकरा गया सूअर

अपूत्रयी में जानवरों के प्रसंग भी बदल जाते हैं।

54. अपू पुलू को पत्र लिखता है।

अपू के लेखन का एक और पहलू

इस पूरे खण्ड का चलन सुखी सहजीवन से अकेलेपन की ओर बढ़ता है।

अपू अकेला भटकता है

अपू रेलगाड़ी में

55. रेल डिब्बे की खिड़की के पास बैठा अपू-रेलगाड़ी तेज रफ्तार से चलती हुई

अपू की अस्वस्थता। कहीं दूर जल्दी से जल्दी जाने का प्रयास रेल के दृश्य में प्रतिबिम्बित होता है।

56. पालने में अपर्णा का नन्हा बेटा।
57. पालने के पास बैठी अपर्णा की माँ गहरी साँस लेती है

इस खंड के दो कार्य हैं। अपर्णा के बच्चे के पोषण का कथन और अपू की भावनात्मक स्थिति का बयान अपू उस जगह से दूर जाता है मगर वेदना से मुक्ति नहीं मिलती।

अपू समुद्र के किनारे

58. अपू समुद्र तट पर-अब उसकी दाढ़ी है।
59. अपू समुन्दर की लहरें देखता रहता है।
60. लहरों से किनारे पर बने चिह्न मिटते जाते हैं।

समुद्र तट का विशाल नजारा और बार-बार उठने वाली लहरें यहाँ अपू के शोक की लहरों के समान्तर है।

इस खण्ड में समय बीत जाना और अपू का बढ़ता वैराग्य सूचित होता है।

अपू उपन्यास के पन्ने बिखेर देता है

61. अपू एक जंगल में उद्देश्यहीन भटक रहा है।
62. सुबह अपू एक पहाड़ी पर चढ़ता है और उपन्यास की पाण्डुलिपि निकालता है।
63. पन्ने हवा में छोड़ देता है और उन्हें बिखरते देखता है।

अपू अपने सृजनशील लेखन से बन्धन तोड़ देता है। उसके वैराग्य और जीवन की निरर्थकता की चरम सीमा।

अपू पूरी तरह से अकेला हो गया है।

अपूर संसार-तीसरा भाग

काजल, अपू का बेटा, छः साल का

64. काजल एक मुखौटा चढ़ाकर हाथ में गुलेल लिए अकेला घूम रहा है।

काजल के माँ-बाप मौजूद नहीं हैं-वह आक्रामक है प्रसन्नचित्त स्वभाव का नहीं। बच्चा स्वयं असमंजस में है और कोई उसे समझने वाला नहीं है। पाथेर पंचाली में बनी बच्चों की दुनिया अपराजितो में स्वतन्त्रता की खोज करने में लगी, और अकेलेपन तक ले गयी। काजल को न किसी दोस्त न विदेशी का परिवेश है, और न कोई रास्ता दिखाने वाला संरक्षक है।

65. विदेश से लौटने पर पुलू को पता चलता है कि अपू ने अपने बेटे के प्रति पूरा न्याय नहीं किया है।

पुलू को सिर्फ वह खत मिला था, जो कलकत्ता छोड़ते समय अपू ने भेजा था। काजल का हाल और उसके नाना का उपेक्षित दृष्टिकोण से एक तनाव भरा त्रिकोण बनता है, जिसके कोने है अपू, काजल

66. पुलू अपू का पता अपर्णा के पिता से लेता है।

तथा अपर्णा के बिना।

पुलू की दोस्त की भूमिका अब एक गहरी घटा से अपू को उसकी पारिवारिक जिम्मेदारी की ओर ले आती है। पुलू केवल जरूरत के समय हाथ बढ़ाने वाला दोस्त नहीं बल्कि दोस्त को हर प्रसंग में सही रास्ते पर लाने की शक्ति भी रखता है।

पुलू अपू को उसकी जिम्मेदारी की याद दिलाता है

67. कोयले की खदान के रोपवे के पास पुलू अपू को ढूँढ़ने पहुँचता है और मिलता है।
68. अपू पुलू को उपन्यास के बारे में बताता है
69. पुलू अपू को उसके बेटे के प्रति जिम्मेदारी की याद दिलाता है और चला जाता है अपू और भी अकेला

धीरे-धीरे अपू की नजर में बेटा काजल अपर्णा की मृत्यु का कारण नहीं बल्कि उन दोनों के प्रेम भावना के जीवन्त प्रतीक का रूप लेने लगता है। इसका आरम्भ यहाँ है, और अपूर संसार 71-72, 75-76 और 78, में इसका विकास होता जाता है।

इसका उच्चतम बिन्दु अपूर संसार-81 में होता है जब काजल एक दोस्त के नाते उस पर विश्वास करता है।

अपू और काजल के बीच भवबंध का निर्माण

अपू काजल को देखने आता है

70. अपू खुलना की बाड़ी में
71. सोया हुआ काजल, अपू की प्रतीक्षा
72. जागने पर काजल दूर भागता है, अपू उसे पुकारता है

अपू काजल से सम्पर्क नहीं कर सकता

73. अपर्णा के पिता दोनों को देखते हैं अपू काजल के पीछे दौड़ता है और अपनी पहचान बताता है।
74. अपर्णा के पिता अपू के पास, काजल एक पत्थर उठाकर अपू की ओर फेंकता है।
75. नाना काजल को पास बुलाते हैं और अपनी छड़ी उठाते हैं। अपू उनका हाथ पकड़कर उन्हें रोकता है

काजल देखता है, फिर भी भाग निकलता है

काजल अपू को नकारता है

76. अपू इंजिन का खिलौना लाता है
77. काजल उसकी ओर देखता है और इंजिन उठाकर जोर से उसकी ओर फेंकता है।
78. बिस्तर पर लेटा अपू काजल को कहानी सुना कर बहलाता

और प्रसन्न करना चाहता है। काजल फिर भी नहीं मानता।

काजल अपू पर विश्वास करता है

79. अपू अकेला वापस जाने पर मजबूरन निकलता है।

अपूर संसार-39 में गहनों का जिक्र हुआ था वह पोटली अपू अपर्णा को सौंपता है।

80. काजल अपू को निकलते देखता है और पूछता है कि क्या वह उसे अपने पिता के पास ले जाएगा।

81. अपू अपने आप को काजल का दोस्त बतलाता है काजल उस पर विश्वास करके उसकी ओर दौड़कर आता है काजल को अपू के कन्धों पर बिठाता है दोनों मिलकर निकलते हैं।

काजल जिस असमंजस में हो और अपू स्वीकार नहीं कर सकता यह एक गहरा संकट है जिसकी सुप्त वेदना इस बालक के अन्तर में छिपी है। अपू अपनी सौम्यता से पेश आता है जिसके विरोध में सजा और अनुशासन की सख़्ती बरतने वाले नाना का व्यवहार है। काजल दोनों को देखता है और अपू को दोस्त के नाते स्वीकार कर लेता है जो उसे कलकत्ता में उसके 'शक्तिशाली' पिता के पास ले जाएगा। काजल के दौड़ के साथ माँ के क्रन्दन का संगीत जोड़ देना अपूत्रयी के डिजाइन में सूक्ष्मतम तरल छटा है जिससे भाव के रूप बनते हैं।

संगीत की सूची

पाथेर पांचाली

1. पाथेर पांचाली की थीम धुन के सरगम है।

पथ सा निषध

पथपसां निपथ

मधप गपम रेपपम ग सारे सा।

यह थीम पाथेर पांचाली-3, 12, 13, 21, 22, 28, 34, 45 में और अपराजितो-30, 39; अपूर संसार-18 में सुनाई देती है। अपू त्रयी के डिजाइन यह धुन एक बन्धनत्व है।

2. इन्दिर का गीत : फिल्म में चार बार सुनाई देता है। दो बार इन्दिर की आवाज में और दो बार अलग साजो पर धुन के रूप में।

इन्दिर की आवाजः पाथेर पांचाली-18, 23-24

साजों पर धुनः पाथेर पांचाली-3, 19

3. तालवाद्यः क्रेडिट टायटल्स में तालवाद्य का उपयोग किया गया है, जिससे रौद्रता का भाव जुड़ जाता है। दुर्गा को माला चुराने के शक पर दी गयी सजा (पाथेर पांचाली-15) के साथ, दुर्गा पूजा के त्योहार में (पाथेर पांचाली-20) उत्सव मानते हुए और अपू को चुराई गयी माला मिल जाने पर उसी सजा की यादें दिलाते हुए (पाथेर पांचाली 41-42) तालवाद्यों का प्रमोः है। रौद्रता का अभिप्राय सदैव मंगलकारी होता है। दुर्गा माँ सारे विश्व के मंगल के लिए, दुर्गा की माँ अपनी बच्ची के मंगल के लिए और अपू अपनी बहन के दुष्कर्म भुलाकर मानवी रिश्तों के मंगल के लिए तीन स्तरों पर दिखाया गया है।

4. आनन्दमयी धुन कई बार फिल्म में लगायी गयी है।

पाथेर पांचाली-2 : जहाँ दुर्गा शेजोबऊ और माँस बचकर घर लौटती है।

पाथेर पांचाली-10 : जहाँ अपू को उठाकर पाठशाला के लिए तैयार किया जाता है।

पाथेर पांचाली-14 : जहाँ बच्चे मिठाई वाला चिनिवास के पीछे रोजोबऊ के घर जाते हैं।

पाथेर पांचाली-32 : जहाँ सर्वजया के आनन्द का क्षण फैलता है।

पाथेर पांचाली-33 : दुर्गा बारिश का मजा लेते हुए राग देश में धुन।

5. दुर्गा की मृत्यु के बाद सितार पर राग तोड़ी में धुन बजती है, जो सर्वजया के चेहरे पर और दैनंदिन जीवन चलाने रहने पर भी ज्ञात है और हरिहर की पुकार पर खत्म होती है।

6. माँ का रुदनः यह राग प्रदीप में बनी धुन है। तारशहनाई का उपयोग है। (पाथेर पांचाली-36)

इसका सरगम इस प्रकार है।

पति सारे ग/ग मपग/ग म पम ग/रे सारे निसा

ग़मप/ग़मपनि/निधपमग़।

ग़मपनिसां/निसां ध प मग/

मगरे सारे निसा।

इस धुन के पहले सात खण्ड काजल अपू की तरफ दौड़ने पर बजते हैं (अपूर संसार-81)

अपराजितो

अपराजितो के टायटल संगीत का सरगम इस प्रकार है।

सामपधपम/मपसारेसा।

सामपधपध मप गरेसा।

हरिहर की मृत्यु के बाद (अपराजितो-17) राग जोग में यह सरगम है सांनिनिपि /निपमग/मगगसा।

अपराजितो-66 में जब अपू कलकत्ता में श्मशान देखने की बात करता है अपराजितो-78 में जब सर्वजया अन्तिम क्षणों में अपू को याद करती है अपूर संसार-69 में जब अपू अपर्णा की मृत्यु की बात करता है यह धुन सुनाई देती है।

टायटल संगीत से अपू धुन बजती है। यह अपराजितो-42 में जहाँ अपू की स्कूल पढ़ाई का उत्साह है, 59-जहाँ अपू कलकत्ता से खत लिखता है, 62-63 जहाँ अपू और शिवनाथ नदी किनारे फैरी घाट पर बातें करते हैं और 80-जहाँ अपू माँ की मृत्यु के बाद रोता है सुनाई देती है।

इस फ़िल्म के संगीत के बारे में स्वयं सत्यजित राय का कहना था कि इसमें संगीत काफी नहीं है, और होना चाहिए था।

अपूर संसार

अपूर संसार के टायटल संगीत का सरगम यह हैः

सासारेग/सारेगसाSS।

गम गसा/रेगरेसाSS/

सा सा रेग/रेग सारेSS/

गमगसा/रेगरे साSS/

पपमम/मपमगग/

सासारेड/रेमगसा/

यह धुन बैक ग्राउंड में कई सीनों में सुनाई देती है। अलग-अलग गति में अलग-अलग साजों में और अलग-अलग भावों में इन मुख्य सीनों में अपू धुन हैः

अपूर संसार(2) जहाँ अपू किराया चुकाने के लिए अपनी किताबें बेचने की सोच रहा है, अपूर संसार-5 अपू प्राइमरी स्कूल में नौकरी पाने की कोशिश करना अपूर संसार (27) जब अपू अपर्णा से शादी करने को तैयार हो जाता है अपूर सांसार (30) जब अपर्णा अपू के साथ कलकत्ता जाने को तैयार होती है अपूर संसार (31) जब अपर्णा फटे परदे से हटकर अपू पर केन्द्रित हो जाती है। अपूर संसार (61-63) जब अपू जंगल में घूमता है, और पहाड़ी पर उपन्यास के पन्ने बिखरते देखता है।

अपू धुन और देश राग की मिश्र धुन अपू संसार-64 में है। जहाँ काजल शरारत करता है।

अपूर संसार-81 जहाँ अपू काजल को कन्धे पर उठाकर चलता है और फिल्म समाप्त होती है।

अपू खुद फ्लूट तीन बार बजाता है।

पहली (अपूर संसार-6) में काफी राग की धुन, जहाँ अपनी व्यक्तिगत दुनिया दूसरी (अपूर संसार-19) खुलना तक गाँव से जाते हुए टागोर-गान आमार सोनार बांगला...जो खुली हवा में आनन्द और देशप्रेम का ऐलान हो तीसरी (अपूर संसार-32) में, समाज राग की धुन, जहाँ सहजीवन का संतोष है।

माँझी का गीत दो बार है

अपूर संसार (29) शादी के बाद

अपूर संसार 71ः काजल के पास, पहली बार उस देखते हुए।